4.E

Dr. med. Adalbert Schönhammer
8301 Langquaid / Landshut
Tel 09452 / 369
(Langquaid)

Adalbert Schönhammer
PSI und der dritte Weltkrieg

Adalbert Schönhammer

PSI UND DER DRITTE WELTKRIEG

Das große Buch der Voraussagen mit Zeittafeln

Rohm Verlag 7120 Bietigheim

ISBN 3 87683 143 1

Gesamtherstellung: Hieronymus Mühlberger, Augsburg

Vorwort zur zweiten Auflage

Am 22. Dezember 1978 wurde im Österreichischen Fernsehen eine Sendung mit dem Titel ausgestrahlt: »Gibt es Gott? – Naturwissenschaftler antworten«. Darin gaben die kompetentesten Naturwissenschaftler des deutschsprachigen Raumes zu einer schwierigen Frage möglichst erschöpfende Antworten. Merkwürdigerweise erwähnte nicht einer der interviewten Wissenschaftler auch nur mit einem Wort, daß er für die Beantwortung dieser Frage eigentlich gar nicht zuständig sei. Dies ist deswegen so erstaunlich, da Gelehrte durchwegs darauf bedacht sind, ihre Kompetenzen nicht zu überschreiten. Wenn sich Naturwissenschaftler öffentlich mit einer rein geisteswissenschaftlichen Frage auseinandersetzen, so mag dies mehrere Gründe haben. Der Hauptgrund dürfte aber sein, daß heute die Geisteswissenschaften nicht mehr in der Lage sind, den ihnen zustehenden Rang einzunehmen. Trotzdem geht es nicht an, Fragen aus der geistigen Dimension mit Antworten aus dem naturwissenschaftlichen Bereich abzutun.
In der Erstauflage dieses Buches wurde noch versucht, zur Erklärung von Psi-Phänomenen sowohl geistes- wie naturwissenschaftliche Erklärungen heranzuziehen. Dieses Vorgehen ist unzulässig. Hellsehen kann und darf nur aus geistiger Sicht gesehen und erklärt werden. Eine Überarbeitung der einschlägigen Kapitel wurde daher unumgänglich.

Sogar der deutsche Ärzteverlag glaubte bei der Buchbesprechung der Erstauflage auf: »die Gefahr sektiererischen Wahrsagens, eine angesichts von Guyana nicht unwichtige Feststellung« aufmerksam machen zu müssen. So gibt die Neuauflage des Buches Gelegenheit, die wissenschaftlichen Grundlagen von Psi-Phänomenen, von Glauben und Religion noch schärfer herauszuarbeiten.

Vorwort zur dritten Auflage

Der Text der zweiten Auflage kann unverändert übernommen werden, ist es doch tagtäglich zu sehen, wie sich die wirtschaftlichen, politischen und geistigen Konstellationen zwar langsam aber sicher auf die Endzeit einzupendeln beginnen.
Von aufmerksamen Lesern wurde ich auf zwei Unkorrektheiten hingewiesen, die hiermit richtiggestellt werden sollen. Dr. Adlmeier ging bei der Berechnung des Ecksteins deutscher Zeit (Seite 38) vom Todestag Karls des Großen aus. Richtiger ist es wohl, wie ja in dem Lied der Linde angegeben, von der Kaiserkrönung auszugehen. Dann kommt man aber nicht auf 1933, die Machtergreifung durch Adolf Hitler, sondern auf 1919. Damals wurde der Versailler Vertrag geschlossen, die Zeit tiefster deutscher Erniedrigung.
Ebenso wurde übernommen, daß Ostern 1998 auf den Markustag fallen solle, was nicht den Tatsachen entspricht. In diesem Jahrhundert fallen Ostern und Markustag nicht mehr zusammen. 1998 trifft Ostern auf den 12. April.

1

Einleitung

Gestern noch konnte vor den gestrengen Wissenschaften nur bestehen, was nachprüfbar und beweisbar war, was man messen oder wiegen, oder sonstwie mit einem Parameter belegen konnte. Hätte man gestern versucht, einem Wissenschaftler zu erzählen, es gäbe Menschen mit der Gabe der Hellsichtigkeit, Menschen die die Zukunft wissen und vorhersagen können, man wäre darüber aufgeklärt worden, daß derlei okkulte Praktiken entweder glatter Betrug oder aus dem Mittelalter stammender finsterer Aberglaube seien.

Heute gibt es einen Lehrstuhl für Parapsychologie. Nicht nur Hellsehen und Telepathie, auch andere paranormale Phänomene werden mit wissenschaftlichen Methoden erforscht. Ihr Vorkommen ist einwandfrei nachgewiesen, unklar und strittig ist allein, wie man ihr Zustandekommen erklären soll. Gestern ging man noch davon aus, daß dem Menschen nur ein einziges Erkenntnis- und Erfahrungssystem zur Verfügung stehe, nämlich Verstand und Intelligenz. Heute weiß man, daß es noch ein zweites Erfahrungssystem gibt, das der außersinnlichen Wahrnehmung. Wie es funktioniert, ist Gegenstand der Forschung.

Morgen erst wird die Menschheit imstande sein, die volle Tragweite des neuen Forschungsgebietes der außersinnlichen Wahrnehmung zu erfassen. Dann kann der Mensch bewußt teilhaben an dem schier unerschöpflichen Reservoir an Wissen, das wie in einer Bibliothek gespeichert ist. Doch im Gegensatz zu den herkömmlichen Bibliotheken ist im geistigen Bereich nicht nur Vergangenheit und Gegenwart, sondern auch die Zukunft abrufbereit. Gelegentlich und spontan gegebene Prophezeiungen, wie sie in diesem Buch zusammengestellt wurden, beweisen, daß es zumindest im Prinzip möglich ist, die Zukunft zu erforschen. Es ist wohl nicht anzuzweifeln, daß jedes Wissen um kommende Ereignisse, wozu auch das Wissen um die Lösung technischer Probleme gehört, dem Menschen hilft, Umwege zu vermeiden, Irrtümern auszuweichen.

Man kann immer wieder sonst gebildeten Menschen begegnen, die über den dritten Weltkrieg nicht die mindesten Kenntnisse besitzen, die überhaupt die Möglichkeit, etwas über die Zukunft in Erfahrung zu bringen, als reine Phantasterei betrachten. Eine so naive Einstellung muß heute als rückständig, als revisionsbedürftig angesehen werden. Die Psi-Forschung wird in Ost und West zügig vorangetrieben, das Fach Hellsehen wird jetzt dem Bereich der ernst zu nehmenden Wissenschaften zugerechnet.

Auch über den ersten und zweiten Weltkrieg hat es einzelne Vorhersagen gegeben, doch über den dritten Weltkrieg gibt es eine schier unüberblickbare Fülle. Warum? Nun, große Ereignisse werfen ihre Schatten voraus. Sicher ist der dritte Weltkrieg als Atomkrieg ein einmaliges Ereignis, doch seine Bedeutung wird noch dadurch gesteigert, daß er Teil eines noch größeren Geschehens ist. Dieses noch bedeutendere Ereignis wird nicht mit Pulver und Blei, sondern auf der geistigen Ebene ausgetragen; schon die Propheten des Alten Testamentes haben es herbeigesehnt, es wird hier die Zeitenwende genannt. Die Menschheit steht jetzt an der Schwelle schicksalsträchtiger Entwicklungen, die geeignet sind, die Grundlagen des heutigen Weltgeschehens hinwegzufegen.

Um in diesem Durcheinander von turbulenten Ereignissen nicht den Faden zu verlieren, folgt hier zunächst in gedrängter Kürze eine Zusammenstellung der wichtigsten Geschehnisse im zeitlichen Zusammenhang.

Den Auftakt bildet eine 25jährige Krisenzeit, in der nicht nur Wirtschaftskrisen, sondern auch Arbeitslosigkeit, Preissteigerungen und Inflation vorhergesagt sind. Rußland wird sich mit China verbünden, den Oberbefehl übernimmt Rußland. In dieser Zeit sind nicht nur Umstürze und Revolutionen zu erwarten, sondern auch kriegerische Verwicklungen. Indien wird unterworfen, eine verheerende Ölkrise schließt sich an. Überraschenderweise beginnen in den Ostblockländern Christenverfolgungen, die aber auch auf Westeuropa übergreifen. Den Anfang macht die Bundesrepublik mit einem blutigen Umsturz, der aber gottlob nur ein bis zwei Monate andauert, dann kommt ein strenger Herrscher an die Regierung. In Frankreich, England und Italien dauern Revolution und Bürgerkrieg wesentlich länger und sind auch für die Bevölkerung verlustreicher.

Die Kriegshandlungen beginnen im Nahen Osten, eine gewisse Zeit kann der Konflikt lokal begrenzt werden. Doch urplötzlich bricht der dritte Weltkrieg los, überraschend rattern über Nacht massierte Panzerarmeen los. Drei Panzerkeile werden in westlicher Richtung durch die Bundesrepublik, einer durch Oberitalien getrieben, sie kommen erst am Atlantik zum Stehen. Weitere Angriffe richten sich gegen Skandinavien, vom Fernen Osten aus sogar gegen Kanada und die USA!

Nach dem Durchbruch der Panzerverbände wird durch Flugzeuge der westlichen Verteidigung eine undurchdringliche Sperre gelegt, die von der Nordsee bis zum Schwarzen Meer, oder bis zur Adria reicht. Dadurch müssen die nachrückenden Millionenheere nach Süden umgelenkt werden, wo sie bei Harmagedon in Israel mit Mann und Roß und Wagen vernichtet werden. Die nach Frankreich durchgebrochenen Panzerverbände werden in pausenlosen Schlachten dezimiert, auf dem ungeordneten Rückzug werden ihnen bei Lyon und Köln schwere Niederlagen bereitet und in der Schlacht am Birkenbäumchen in Westfalen werden sie schließlich gänzlich aufgerieben.

Der nun in das zweite Stadium eintretende Atomkrieg hat verheerende Folgen; Hunger und Pest gesellen sich dazu. Doch noch fürchterlicher ist die sich am Ende des Krieges einstellende kosmische Katastrophe. Die Erde wird plötzlich aus ihrer Bahn geworfen, Erdbeben und Springfluten, ein Flammenmeer und Giftgas dezimieren die Menschheit während einer undurchdringlichen Finsternis von 72 Stunden Dauer. Doch wer am Ende der drei finsteren Tage »das Zeichen des Menschensohnes« am Himmel erblickt, kann sich glücklich preisen: es folgt eine lange Friedenszeit, ein neues Christentum läßt die Menschheit wieder gläubig werden. Für Deutschland wird der bereits heute legendäre »Große Monarch« im Dom zu Köln vom geflohenen Papst zum Kaiser gekrönt. Die Grenzen des neuen Deutschen Reiches werden durch die Sprachgrenzen gebildet, die Kleinstaaten lösen sich ebenso auf wie die Supermächte, die in mehrere Teile zerfallen.

Glaubt man überhaupt an die Möglichkeiten des Hellsehens, so erscheinen Ausbruch, Verlauf und Ausgang des dritten Weltkrieges sowie der kosmischen Katastrophe einleuchtend und verständlich. Es mutet aber wie eine Mär aus längst vergangener Zeit an, zu hören, die Menschheit solle wieder gläubig werden und ein neues Christentum solle die Welt bekehren. Haben nicht die modernen Wissenschaften ein Weltbild erstellt, ein Weltbild der Realitäten, in dem so verschwommene Gebilde wie Geister und Hexen, Teufel und Hölle dahin geschickt wurden, wo sie hingehören, nämlich in das Reich des Aberglaubens? Glauben die guten, alten Propheten, das Rad der Geschichte zurückdrehen zu können? Gewiß nicht, doch die Deutung könnte ebenfalls eine Überraschung sein.
Es gibt Forscher, die über mediale Begabungen verfügen; soweit sie sich mit Seelenforschung beschäftigen, kommen sie alle zu den gleichen Ergebnissen, sie sagen das gleiche wie auch die Hellseher, nämlich, daß es ein Weiterleben nach dem Tode gebe. Es liegen auch detaillierte Berichte vor, wie sich dieses Weiterleben gestaltet; im Hauptteil wird auf diese Forschungsergebnisse näher eingegangen. Wenn man nun davon ausgeht, daß die Seele nach dem Tode weiterlebt, daß es also notwendi-

gerweise eine geistige Welt gibt, so lassen sich auch die vielfältigen Psi-Phänomene einer ungekünstelten Erklärung zuführen. Wenn es aber erst einmal soweit ist, daß Seelen- und Geisteskunde wissenschaftlich untermauert sind, daß man hinreichend sichere Kenntnisse über die Lebensbedingungen der Geistseelen im Jenseits hat, kann es auf die Dauer gar nicht ausbleiben, daß die Menschheit wieder zu echter Gläubigkeit und tiefer Religiosität zurückkehrt.
Die Schlange sprach zu Adam im Paradies, wenn er vom Baume der Erkenntnis esse, werde er sein wie Gott. Und Adam aß von dem Baume und er verstieg sich zu der frevlerischen Behauptung, wenn sich Gott und metaphysische Dinge mit dem Verstande nicht beweisen lassen, so gebe es weder Gott noch ein Weiterleben nach dem Tode. Doch Gott schickte in seiner Langmut seine Propheten, um die Menschen wieder auf den rechten Weg zurückzuführen: Sie lehrten, daß der Verstand nützlich und notwendig ist, die Natur, Gottes Schöpfungswerk zu erforschen. Zur Erforschung der metaphysischen Dinge aber ist allein das Erfahrungssystem der außersinnlichen Wahrnehmung geeignet. Der Mensch kann und soll nun aber seinen Verstand zusammennehmen, um aus den Bausteinen der Natur- und Geisteswissenschaften sich ein Weltbild zurechtzuzimmern; er sollte aber stets eingedenk sein, daß dieses Weltbild immer nur seinem jeweiligen Erkenntnisstand angepaßt sein kann und daß die Schlange immer noch zu Einflüsterungen bereit ist.
Als Kostprobe und zur Einführung folgt zunächst eine Vorhersage, der eine Schilderung über alle drei Weltkriege zugrunde liegt; an ihr kann zum Teil überprüft werden, wie genau die Vision des Sehers mit den dann später tatsächlich eingetretenen Geschehnissen übereinstimmt.

Der blinde Jüngling*

Der Vorfall stammt aus dem Jahre 1356 n. Chr. Damals wurde dem herrschenden deutschen Kaiser Karl IV. in Prag ein blinder tschechischer Jüngling vorgeführt, der aufgrund seiner Gabe der Weissagung schon von sich reden gemacht hatte. Es sind heute über diese Begegnung keine Einzelheiten mehr bekannt, aber der Inhalt der Prophezeiung war furcht- und schreckenerregend. Der Kaiser ließ jedenfalls die Bekanntgabe und Weiterverbreitung dieser Prophezeiung verbieten. Aber wie das des öfteren so geht, wer wollte die Einhaltung dieses Verbotes garantieren? Jedenfalls gibt es eine Abschrift dieser Weissagung, die, wenn sie auch vielleicht nicht die authentische Niederschrift aus dem Jahre 1356 darstellt, so doch eine nachweislich Jahrhunderte alte Abschrift ist. Das Schriftstück lautet:
Die Weissagungen des BLINDEN JÜNGLINGS:

1. Eine und noch eine und eine halbe Zeit werden über Böhmen fremde Herrscher sein.
2. In einer Zeit, da einer länger denn sechzig Jahre Herr über Böhmen war, wird durch einen Fürstenmord ein großer Krieg entstehen.
3. Dann werden die gekrönten Häupter wie reife Äpfel von den Bäumen fallen.
4. Der böhmische Löwe wird nicht mehr Untertan sein, sondern selber herrschen.
5. Zwei Völker werden in Böhmen leben.
6. Das Herrschervolk wird dem anderen nach dem Leben trachten und ihm keine Freiheit gönnen.
7. Bis ein Mächtiger kommt.
8. Dann werden die Herren in Prag dem zweiten Volke die Freiheit aus dem Fenster zuwerfen, aber zu spät.

* Eine Aufstellung aller in diesem Buche erwähnter Hellseher findet sich am Schlusse dieses Buches auf Seite 235.

9. Es kommt abermals ein großer Krieg zwischen allen Völkern der Erde.
10. Deutschland wird ein großer Trümmerhaufen und nur die Gebiete der blauen Steine werden verschont bleiben.
11. Der große Krieg wird zu Ende gehen, wenn die Kirschen blühen.
12. Solange die Kirschen reifen, möchte ich kein Deutscher sein.
13. Wenn aber die Kirschen geerntet sind, dann möchte ich kein Tscheche sein.
14. Zweimal wird das Böhmerland gesiebt werden: Das erste Mal bleiben nur so viel Deutsche, wie unter einer Eiche Platz haben.
15. Wieder wird der tschechische Löwe über Böhmen herrschen, aber sein Glanz ist zu Ende.
16. In Böhmen wird nur noch ein Volk leben.
17. Ein neuer Krieg wird ausbrechen, es wird der kürzeste sein.
18. Das Volk in Böhmen wird durch den Krieg vernichtet und alles im Land wird verschüttet werden.
19. Zweimal wird das Böhmerland gesiebt werden: Das zweite Mal werden nur so viel Tschechen übrigbleiben, die auf einer Hand Platz haben.
20. Aber es wird nicht eher Friede in Europa sein, ehe nicht Prag ein Trümmerhaufen ist.
21. Abermals zur Kirschblüte wird Prag vernichtet werden.
22. Eine Sonne wird stürzen und die Erde beben . . .
23. Die Rache kommt übers große Wasser.
24. Wenn zum zweiten Male die Kirschen reifen, werden die Vertriebenen aus Böhmen traurig wieder zu ihren Herren, ihren Webstühlen und Feldern zurückkehren.
25. Aber nur wenige werden es noch sein.
26. Und diese wenigen werden einander fragen: Wo hast du gesteckt und wo du?

27. Die Bauern werden hinter dem Pflug mit der Peitsche knallen und sagen: Hier hat Prag gestanden.
28. Über die Welt wird ein neues Zeitalter kommen, das man das Goldene nennen wird.

Während der Sinn von Satz 1 im dunkeln bleibt, geben die Sätze 2–16 die politische Machtkonstellation und das deutschböhmische Verhältnis ebenso wieder wie den zeitlichen Ablauf der Geschichte. Der Beginn des ersten Weltkrieges ist präzis vorhergesagt, wenn man weiß, daß Kaiser Franz Josef 68 Jahre lang regierte, ein wohl ziemlich einmaliges Ereignis. Die Beendigung des zweiten Weltkrieges wird auf die Zeit der Kirschblüte, also Anfang Mai, festgelegt. Das ganze Elend der Verfolgung und Vertreibung der Deutschen nach dem zweiten Weltkrieg drückt er kurz und prägnant in dem Satz aus: Solang die Kirschen reifen, möchte ich kein Deutscher sein. Daß aber auch die Tschechen unter der russischen Knute nicht viel zu lachen haben, sagt er gleich zweimal: Er möchte auch kein Tscheche sein, und der Glanz des tschechischen Löwen ist zu Ende, wenn er auch noch herrschen wird.
In dieser Schilderung, die zwar kurz aber treffend ist, sind nicht nur historische Tatsachen, sondern auch deren Hintergründe angedeutet, daß es schwerfällt, sich eine noch bessere Darstellung in gedrängter Kürze vorzustellen.
Es bleibt also festzuhalten, daß der BLINDE JÜNGLING bereits vor vielen hundert Jahren die zwei ersten Weltkriege vorhergesagt hat. Diese Vorhersagen sind derart präzise, daß man kaum sagen kann, Kriege hat es immer gegeben und wird es immer wieder geben, eine Vorhersage muß ja einmal zufällig das Richtige treffen. Es sind hier vielmehr die zwei ersten Weltkriege derart detailliert beschrieben, daß man unmöglich an einen Zufall, an ein Erraten denken kann. Auch eine andere Möglichkeit scheidet vollständig aus: Die Möglichkeit, daß man im Jahre

1356 die zukünftige Entwicklung schon hätte kommen sehen, also erahnen können. Wenn man halbwegs logisch denkt, muß man zugeben, daß es dem BLINDEN JÜNGLING auf unerklärliche Art möglich gewesen ist, Zukünftiges vorherzusagen und zwar in einer derart präzisen Schilderung, daß eine Verwechslung unmöglich ist.

Aus diesen Überlegungen kann sich nur eine einzige Folgerung ergeben: Wenn der BLINDE JÜNGLING drei Weltkriege vorhergesagt hat und zwei sind der Weissagung entsprechend genauso eingetroffen, so spricht doch alles dafür, daß der dritte Weltkrieg mit der gleichen Präzision eintreffen wird wie die beiden vorausgegangenen. Es ist nicht einzusehen, warum man an einen dritten Weltkrieg plötzlich andere Maßstäbe anlegen sollte, nur weil vielleicht ein dritter Weltkrieg nicht so recht in unser Konzept passen würde.

Es wäre also festzustellen, daß es eine Kraft gibt, die es gelegentlich Menschen gestattet, die Zukunft mit bewunderungswürdiger Präzision vorherzusagen. Diese Kraft wird in der Parapsychologie *Faktor Psi* genannt, in einem späteren Kapitel wird darauf näher eingegangen werden.

Um nun ein umfassendes Bild der kommenden Entwicklung zu bekommen, brauchen lediglich die Vorhersagen solcher Menschen gesammelt und in einen Zeitplan eingeordnet zu werden. Leider betreffen aber die Visionen nur ganz kurze Zeitspannen, so daß eine Einordnung in einen Zeitplan sehr schwierig wird. Wenn man aber die zeitliche Einordnung nicht mit Bestimmtheit vornehmen kann, verliert die ganze Prophezeiung an Wert. Es ist deshalb unerläßlich, die verschiedensten Prophezeiungen miteinander zu vergleichen, die Propheten richtig in ein Kreuzverhör zu nehmen, um von einem Ereignis auf das andere schließen zu können. Als Leitlinien dienen dabei Vorhersagen, wie die des BLINDEN JÜNGLINGS, die einen großen Zeitraum umfassen, um einen Rahmenplan aufstellen zu können. Als selbstverständlich darf unterstellt werden, daß hier nur solche Seher berücksichtigt werden, deren Vorhersagen in der Vergangenheit auch eingetroffen sind, die also ihre übersinnlichen Fähigkeiten bereits unter Beweis gestellt haben. Solch eine zusammenhängende Schilderung des dritten Weltkrieges gibt es auch von einem Mann unserer Tage, von IRLMAIER.

Alois Irlmaier

IRLMAIER war schon in seiner Jugend ein spürsicherer Wünschelrutengänger, der auch ohne Wünschelrute jede Wasserader mit seinen Händen aufspürte. Dann »wurlte« es in den Fingern, die Blutadern traten dick hervor. Die Wünschelrute schlug so unwiderstehlich aus, daß sie auch von kräftigen Leuten nicht festgehalten werden konnte. So wurde er Brunnenbauer und Wünschelrutengänger in Freilassing im Südosten Bayerns. Zu dieser einzigartigen Begabung kam dann später noch eine andere. Er war im ersten Weltkrieg verschüttet worden und hatte einen Nervenzusammenbruch erlitten. Dies dürfte sicher mitgespielt haben, daß IRLMAIER dann später hellsehen konnte, wenn er seine erste Erscheinung auch erst 1928 im Alter von 34 Jahren hatte. Er wurde mit der Zeit einer der begabtesten Hellseher unserer Zeit, weit und breit bekannt wegen seiner Hilfsbereitschaft und seines einfachen Wesens. Er hatte zwar eine gewisse Bauernschläue, eine hohe Intelligenz aber wurde ihm von seinen Bekannten nicht bescheinigt. Von der Treffsicherheit seiner Begabung gibt es heute noch Tausende von Zeugen; im zweiten Weltkrieg war er dafür bekannt, daß er bereitwillig über das Schicksal von Soldaten, Verwundeten und Vermißten Auskunft erteilte, ohne auch nur einen Pfennig dafür zu verlangen. So kam es, daß er bald im ganzen Land bekannt wurde, die Presse tat ein Übriges; IRLMAIER konnte sich bald vor Rat- und Hilfesuchenden nicht mehr retten und so blieb es nicht aus, daß in den letzten Jahren seines Lebens ein Schild vor der Tür seiner Behausung hing mit der Aufschrift: »Bin nur noch in Sachen des Brunnensuchens zu sprechen«. Er starb arm wie er gelebt hatte 1959 im Alter von 65 Jahren an Leberkrebs.

Es kam bei Irlmaier nur ausnahmsweise vor, daß er keine Auskunft erteilen konnte, weil er einfach nichts sah. Gelegentlich wußte aber der Hellseher über die Probleme der Ratsuchenden auch schon Bescheid, bevor diese überhaupt ihr Anliegen vorgetragen hatten. Die Umschaltung vollzog sich bei ihm nach seinen eigenen Angaben so, daß es ihm »einen Riß« gab, und dann sah er vor seinem geistigen Auge in rascher Folge ein Geschehen ablaufen wie einen Farbtonfilm, aber nicht nur lebende Personen und Landschaften, auch Verstorbene als »Schleiergestalten«, daneben Striche und Zahlen, die Irlmaier allerdings selbst meist nicht zu deuten wußte. Seine Aufgabe bestand dann darin, das soeben Geschaute in Worte zu fassen.

Am Ende des Buches werden noch einige Beispiele der Treffsicherheit Irlmaiers gebracht. Hier nur ein Vorfall, der bei der Stuttgarter Staatsanwaltschaft nachgeprüft werden kann:

Der Mörder im Leichenzug

Vor längerer Zeit war in Stuttgart eine Frau ermordet aufgefunden worden. Da sie mit ihrem Mann nicht gerade eine glückliche Ehe geführt hatte, entstand der Verdacht, daß sie von ihrem Ehemann ermordet worden wäre. Die Untersuchung setzte mit aller Schärfe ein, obwohl der Mann in höchster Erregung seine Unschuld beteuerte. Eine Vernehmung folgte der anderen und trieb den Verdächtigen an den Rand der Verzweiflung.

Schließlich machte er dem Untersuchungsrichter den Vorschlag, man möge doch den Hellseher Irlmaier von Freilassing beiziehen, dann werde sich seine Unschuld schon herausstellen. Die Kriminalpolizei ging auf den Wunsch des geplagten Mannes ein, und so fuhren eines Tages zwei Beamte mit dem Mann nach Freilassing zu dem Hellseher. Ein Freilassinger Polizist und die beiden Stuttgarter gingen zu IRLMAIER hinein, der Verdächtige mußte draußen warten. Dann wurde dem Brunnenmacher das Bild des Ehepaares vorgelegt mit der Frage, ob der Mann seine Frau umgebracht habe. Sofort sagte IRLMAIER: »Na, na, der hat's nicht umgebracht, des war ein anderer, teat's mir das andere Bild her, des ihr noch dabei habt's!« Tatsächlich hatte der eine Kriminalbeamte noch ein zweites Bild in seiner Mappe, eine Fotografie des Leichenzuges, als die Ermordete unter großer Anteilnahme der Bevölkerung zu Grabe getragen wurde. Da deutete IRLMAIER mit dem Finger auf einen Mann im Leichenzug und sagte: »Der da is gwen, der hat's umgebracht. Er hat den Schmuck gestohlen, an Ring und an Fotoapparat, aber das hätt's scho rausbringen können, ihr habt's ja a Schreiben daheim, da steht's drauf. Der hat einer anderen Frau was geschenkt von dem g'stohlenen Zeug, zu dera geht's hin, na dawischts'n, den Richtigen.«

Als die Beamten wieder nach Stuttgart kamen, berichteten sie dem Untersuchungsrichter, was IRLMAIER gesagt hatte. Bei genauer Durchsicht der Akten fand sich ein Brief ohne Unterschrift vor, in dem eine Frau verdächtigt wurde wegen des Besitzes eines wertvollen Ringes. Es stellte sich heraus, daß dieser Ring Eigentum der Ermordeten gewesen war, der Mörder hatte ihn seiner Geliebten verehrt. Er wurde verhaftet und gestand sein Verbrechen. Er hatte die Frechheit gehabt, an der Beerdigung seines Opfers teilzunehmen und war auf dem Bild des Leichenzuges genau an der Stelle zu erkennen, auf die IRLMAIER hingedeutet hatte. – Als IRLMAIER seinen Tod nahen fühlte, meinte er, er wäre froh, daß er das nicht mehr erleben müsse, was er vorausgesehen habe. Der Wortlaut der Prophetie wird im Hauptteil des Buches gebracht.

Anton Johansson

Der nächste Seher, über den hier berichtet werden soll, ist Anton Johansson. Er wurde 1858 in der nordschwedischen Provinz Vösterbotten geboren, die Familie wanderte 1876 wegen schwerer Mißernten nach Lebesby in der norwegischen Provinz Finnmarken aus, die nahe am Nordkap, im Land der Mitternachtssonne liegt. Er bekleidete in der kleinen Gemeinde verschiedene Vertrauensstellungen, so war er 18 Jahre lang Abgeordneter der Gemeindeverwaltung, 30 Jahre lang Polizeigehilfe und Kirchendiener und assistierte bei der Landesvermessung. Sein eigentlicher Beruf war aber Landwirt und Eismeerfischer. Da ihm eine innere Stimme sagte, er sei berufen, die Menschheit vor dem kommenden Unheil zu bewahren, blieb er unverheiratet und verstarb 1929 im Alter von 70 Jahren.
Was in unserer modernen Welt an Johansson befremdet, sind zwei Eigentümlichkeiten: Erstens ist Johansson, wie ja auch sonst viele Propheten, von der Göttlichkeit seiner Eingebungen felsenfest überzeugt: Er hatte in der Nacht vom 14. November 1907 eine gewaltige Schau, in der ihm die Ereignisse des ganzen Jahrhunderts mitgeteilt wurden. Dabei erschien ihm Jesus Christus persönlich, um ihm dies alles zu erklären. Diese Darstellungsweise, hellseherische Gesichte als göttliche Offenbarungen im guten Glauben hinzustellen, ist sehr verbreitet und findet sich eigenartigerweise auch in anderen Religionen. Dabei geben die Propheten ihre Gesichte (Visionen) als das Wort Gottes aus. Johansson war auch nicht frei von Vorurteilen. Er hat zum Beispiel alles, was Deutschland betraf, bedingungslos gut geheißen, sogar den Einmarsch der Deutschen in Skandinavien im zweiten Weltkrieg. Er hat aber in den harten Schicksalsschlägen, die England noch bevorstehen, die gerechte Strafe Gottes gesehen, für den Übermut und Hochmut des englischen Volkes.

Die zweite Eigentümlichkeit teilt Johansson mit seinem Verleger, A. Gustafsson. Beide sind felsenfest davon überzeugt, daß sie berufen sind, die Welt und insbesondere die mächtigen Männer dieser Erde zu Buße und Einkehr zu bewegen, um die geschauten Katastrophen noch abwenden zu können.

Ein Wort wäre noch über die Zeitangaben bei Johansson zu sagen: Johansson behauptet, ihm sei in seiner Vision ein fortlaufendes Band mit Jahreszahlen gezeigt worden und daneben die zugehörigen Ereignisse. Heute, nach fast 70 Jahren, kann mit Sicherheit gesagt werden, daß diese Jahreszahlen nicht stimmen können. Wenn im Vergleich dazu Irlmaier sagt, was die Striche bedeuten weiß ich nicht und kann es nicht sagen, Johansson aber ganze Serien von falschen Jahreszahlen angibt, so ist der Unterschied deutlich. Der Wahrheitsgehalt der eigentlichen Gesichte wird dadurch zwar nicht geschmälert, doch die Einordnung der Gesichte in einen Zeitplan wird wesentlich schwieriger. Wenn im Folgenden Differenzen mit anderen Sehern sich ergeben, so ist von vornherein die Angabe von Johansson als die weniger zuverlässige zu betrachten.

Johansson ist noch ein anderer schwerwiegender Fehler unterlaufen: Er hat den zweiten und dritten Weltkrieg nur als ein Geschehen gesehen und somit kommen Verwechslungen vor. Seine Abneigung gegen England ging so weit, daß er im indischen Krieg den Aggressor als Engländer identifiziert, was man ebenfalls als eine Verwechslung bezeichnen könnte. Andererseits ist nicht zu verkennen, daß die Visionen als solche sicher echt und glaubwürdig sind, nur hat sich Johansson erlaubt, sie nach seiner Art und Weise auszulegen und auszudeuten.

Jakob Lorber

Im Jahre 1800 wurde in der Südsteiermark in Österreich Jakob Lorber geboren, dem die Welt die Niederschrift religiöser Eingebungen verdankt, die zu den gewaltigsten Zeugnissen inspirierten Schrifttums zählen. Er war ein schlichter Musiklehrer von mittlerer Schulbildung, bis er in seinem 40. Lebensjahr eine innere Stimme vernahm, die ihm befahl: »Nimm deinen Griffel und schreibe!« Als tiefgläubiger Mensch folgte er diesem Ruf und als »Schreibknecht Gottes« verfaßte er in zwei Jahrzehnten 25 umfangreiche Werke. Allein zehn Bücher befassen sich ausführlich mit Lehre und Leben Jesu. Das »Große Evangelium Johannes«, wie dieses zehnbändige Werk genannt wird, erläutert und erklärt das Evangelium der Bibel für die heutige Zeit.
Lorber hat die Eigentümlichkeit, in Ichform zu schreiben, das heißt, Lorber schreibt lediglich die ihm diktierten Gedanken Jesu Christi auf. »Ich« bedeutet also immer Christus und zwar zu der Zeit seines Erdenwandels. Lorber hat, ähnlich wie andere Propheten der Neuzeit, den Niedergang der derzeitigen Kirchen vorhergesagt, ohne allerdings zu vergessen, daß dies nur die Vorbedingung ist für ein neues, ein echtes Christentum. Er kündigt den Untergang der derzeitigen Lehre in der bevorstehenden Endzeit an, wenn er schreibt:

... »Eine Art läuterndes Feuer wird darin bestehen, daß Ich schon etliche hundert Jahre vor dem Endgerichte stets heller erleuchtete Seher, Propheten und Knechte erwecken werde. (Zum Beispiel Lorber!) Diese werden die Menschen klar und wahr über Mein Wort belehren und sie dadurch befreien von allerlei Trug und Lüge, durch die sich die falschen Propheten und Priester Meines Namens in nicht allzulanger Zeit den Weg zu ihrem Untergange bahnen werden ...«

... »Wenn von nun an eintausend und nicht ganz tausend Jahre verflossen sind und Meine Lehre in der tiefsten Materie begraben sein wird, da werde Ich wieder Männer erwecken, die das hier Geschehene wortgetreu aufschreiben und in einem großen Buche der Welt übergeben werden . . .«

. . . »In einem künftigen großen Weltgerichte will Ich der Hure Babels ein völliges Ende bereiten, in einem Gerichte wie zur Zeit Noahs. Es werden große Zeichen geschehen auf der Erde, dem Meere und am Himmel. Und Ich werde Propheten aufstehen lassen, die werden aus Meinem Worte weissagen und mehrfach das kommende Gericht verkünden. Aber der Hochmut der Menschen wird ihrer spotten und wird sie als Narren verlachen. Dies jedoch wird das sicherste Zeichen sein, daß das große Gericht bald eintreffen und durch das Feuer alle Täter des Übels verzehren wird. Auch werden in derselben Zeit so manche Jünglinge Gesichte haben und Mägde weissagen von den Dingen, die da kommen. Wohl denen, die sich dadurch bessern und wahrhaft bekehren . . .«

Die Heilige Schrift

Wenn hier die Heilige Schrift angeführt wird, so bedarf dies einer kurzen Erklärung. Vorweg sei allerdings festgestellt, daß die folgenden Ausführungen keine tiefschürfenden theologischen Erörterungen sein sollen, sondern lediglich die Zusammenstellung von Prophezeiungen, wie sie sich zwanglos in das Gesamtbild des dritten Weltkrieges einordnen lassen.

Es ergibt sich der merkwürdige Sachverhalt, daß der von den Sehern geweissagte dritte Weltkrieg zeitlich mit einer Zeit zusammenfällt, die in der Heiligen Schrift viele Namen hat. Man nennt sie dort unter anderem die Zeit der Drangsale, die Zeit der Betrübnis, die Endzeit oder das Ende der Zeiten, die Zeitenwende, das Strafgericht Gottes oder den Tag des Herrn. Damit ist jedoch keineswegs der Untergang der Welt gemeint, also das Ende des Planeten Erde. Sicher haben die Apostel in MATTHÄUS 24.03 nach dem Weltuntergang gefragt, weil sie zwischen letztem Gericht und Weltuntergang nicht unterschieden, sondern beide Geschehnisse miteinander vermengten. In den Augen der Jünger gab es hierin eben keinen Unterschied. Wie noch ausgeführt werden wird, kommt nach dem dritten Weltkrieg ein glückliches, goldenes Zeitalter, keineswegs aber der Weltuntergang.

Hinweise auf die Endzeit finden sich besonders im Alten Testament an unzähligen Stellen; im speziellen Teil dieses Buches werden einige Beispiele angeführt. Bei einer Zusammenstellung der verschiedenen Prophezeiungen ergibt sich folgendes Bild: Am Ende der Zeiten werden die in alle Welt zerstreuten Juden wieder in das Gelobte Land zurückkehren, seßhaft werden, sich wieder vermehren und zu Wohlstand gelangen. (JEREMIA 2.33) Es werden falsche Heilsverkünder auftreten, es gibt Kriege, Kriegsgeschrei, Inflation und Erdbeben, das ist die erste Zeit (Krisenzeit).

Dann kommen Christenverfolgungen und falsche Propheten; der Glaube wird ganz klein werden, obwohl das Evangelium in der ganzen Welt verkündet wird. Wenn aber »Der Greuel der Verwüstung an Heiliger Stätte« zu sehen sein wird, dann rette sich, wer kann. Es wird eine Trübsal sein, wie sie noch nie war; und wie sie auch später nicht wieder sein wird.

Bald aber nach jener Trübsal werden Sonne und Mond ihren Schein verlieren, und die Kraft des Himmels wird erschüttert werden; und alsdann wird das Zeichen des Menschensohnes am Himmel erscheinen. Das sind die Worte der Heiligen Schrift, wie es bei MATTHÄUS, 24. Kapitel, nachzulesen ist.

An anderer Stelle wird die Art der Trübsal näher beschrieben; es sind dies die Wirrnisse eines noch nie dagewesenen Krieges, die zu der Schlacht bei Harmagedon führen, einer Vernichtungsschlacht unvorstellbaren Ausmaßes (HESEKIEL 38. 39).

Bei unvoreingenommener Prüfung und beim Vergleich der Darstellung der Heiligen Schrift mit dem Bild unserer Seher fallen einige Übereinstimmungen auf, die nicht rein zufällig sein können. Da wäre in erster Linie nach einer längeren Krisenzeit mit Christenverfolgungen ein Krieg, wie er noch nie war und auch nie mehr sein wird; das kann eigentlich nur der Atomkrieg sein, wie er von unseren Sehern so eindringlich geschildert wird.

Als nächste Analogie wäre das kosmische Ereignis zu nennen, das »bald nach dem Kriege« in Erscheinung tritt. Die Darstellung der Bibel: »Sonne und Mond werden ihren Schein verlieren, und die Kräfte des Himmels werden erschüttert werden« deckt sich genau mit der Beschreibung der drei finsteren Tage.

Als Abschluß oder direkt im Anschluß an die drei finsteren Tage wird von allen Sehern einhellig ein Himmelszeichen – das Zeichen des Menschensohnes – gesehen.

Eine weitere Übereinstimmung ergibt sich überraschenderweise insofern, als auf Grund der Vorhersagen der westlichen Seher erklärt werden kann, warum es überhaupt zu der Schlacht bei Harmagedon kommen kann und sogar kommen muß.

Abweichende Aussagen finden sich für den Beginn des Krieges. Während bei den westlichen Sehern der Mord am dritten Hochgestellten das Signal zum Angriff darstellt, erscheint im Nahen Osten der »Greuel der Verwüstung an Heiliger Stätte«.

Der Ausdruck »Greuel der Verwüstung an Heiliger Stätte« stammt aus dem jüdischen Kultbereich. Es wird damit die frevelhafte Entweihung des Heiligen, also einer besonders geschützten Zone des Tempels, durch eine heidnische Person oder einen unheiligen Gegenstand bezeichnet. Schon einmal in der jüdischen Geschichte gab es einen solchen »Greuel der Verwüstung an Heiliger Stätte«; damals, im Jahre 165 vor Christus, drang der griechisch-syrische König Antiochus Epiphanes in

den Tempel ein und ließ darin ein Schwein schlachten und »opfern«.
Hier soll allerdings eines nicht übersehen werden. Einen Greuel der Verwüstung an Heiliger Stätte kann es erst geben, wenn die Juden wieder eine Heilige Stätte, einen Tempel in Jerusalem gebaut und den Tempeldienst wieder eingeführt haben. Diesem Neubau steht aber ein gewichtiges Hindernis im Weg. Nach dem Gesetz Moses ist für den Bau des Tempels eine bestimmte Stelle und zwar der Berg Morija in der jüdischen Altstadt von Jerusalem vorgesehen. Dort wurde vor etwa 3000 Jahren der erste, der Salomonische Tempel errichtet. Der zweite entstand vor 2400 Jahren durch die aus der babylonischen Gefangenschaft zurückkehrenden Juden. Herodes der Große ließ ihn zur Zeit Christi renovieren und erweitern. Im Jahr 70 nach Christus wurde das herrliche Bauwerk nach Einnahme der Stadt Jerusalem durch die Römer ein Raub der Flammen. Heute steht genau auf der Stelle des früheren Tempels eine Moschee der Mohammedaner: der Felsendom, der als das zweitgrößte Heiligtum der Moslems gilt. Als die Israelis am dritten Kampftag im Juni 1967 bis an die Klagemauer, den letzten Überrest des alten Tempels, vorgedrungen waren, sagte der Verteidigungsminister Moshe Dajan: »Wir sind zur heiligsten unserer Heiligen Stätten zurückgekehrt und werden sie niemals wieder aufgeben.«

Die Sprache der Propheten

Die Propheten können natürlich nur in *der* Sprache sprechen, die sie gelernt haben. Deshalb muß der oft altertümliche sprachliche Ausdruck erst in eine zeitgemäße Ausdrucksweise übersetzt werden. So liest man in Off.9.7–10:
»Und die Heuschrecken sind gleich den Rossen, die zum

Kriege gerüstet sind, und auf ihrem Haupt ist's wie Kronen, dem Golde gleich, und ihr Antlitz gleich der Menschen Antlitz; und hatten Haare wie Weiberhaare, und ihre Zähne waren wie die der Löwen, und hatten Panzer wie eiserne Panzer, und das Rasseln ihrer Flügel war wie das Rasseln der Wagen vieler Rosse, die in den Krieg laufen, und hatten Schwänze gleich den Skorpionen und Stacheln; und in ihren Schwänzen war ihre Macht, Schaden zu tun den Menschen fünf Monate lang . . .«
Bernhard Philberth übersetzt diese Stelle folgendermaßen: »Er (d. h. Johannes) sieht die Zerstörungsgeschwader auf die Menschen aus der Luft niederstoßen wie die Heuschreckenschwärme auf die Felder. Mit ihrer Flügel- und Rumpfform, mit der Steifheit und dem metallischen Glanz ihres Chitins, mit der Art ihrer Körperhaltung und der Flugbewegung hat die Heuschrecke mehr Ähnlichkeit mit dem Flugzeug als jedes andere flugfähige Tier. Er sieht die metallische Verschalung der Flugzeuge – und vergleicht sie mit der Rüstung von Kampfrossen. Er sieht die Flugzeugkanzel mit ihrer durchbrochenen Metallkonstruktion – und vergleicht sie mit goldähnlichen Kronen. Er sieht den Piloten durch die Kanzel schauen und erkennt das Gesicht des Menschen – der Gedanke, daß hier der Homo sapiens selbst in seiner flugzeuggemäßen Pilotengarnitur schaltet und waltet, scheint ihm gar nicht gekommen zu sein – und wäre wohl auch zu grotesk aus antiker Sicht. Er sieht die Kondensstreifen als ein Gewirr feinster Nebelfäden längs der Ionisationsbahnen der sich elektrisch aufladenden Abgasteilchen – und vergleicht sie mit dem Frauenhaar. Er sieht die Verstabungen und Verzahnungen durch die Kanzel – und vergleicht sie mit Löwenzähnen. Er erkennt die Leichtmetall-Legierungen der Flugzeugaußenhaut in ihrer eisenähnlichen metallischen Beschaffenheit, wobei er merkt, daß sie sich vom Eisen doch unterscheiden. Er hört den gewaltigen Lärm der Triebwerke, die er als ›Flügelschlag‹ bezeichnet, und vergleicht sie mit dem

Lärm vieler in den Kampf stürmender Streitwagen ... Er sieht die Läufe der Bordwaffen als ›Schwänze‹ und ›Stacheln‹ und empfindet, daß eben aus diesen das (der Schuß) ausgestoßen wird – wie mit dem Schwanz eines Skorpions – das die Menschen schädigt und peinigt. Fünf Monate währen diese Angriffe.«

Bei Hesekiel 38.4 heißt es: »Und ich will dich ausziehen lassen mit deinem ganzen Heer, mit Roß und Mann, die alle voll gerüstet sind; und sie sind ein großer Heerhaufe, die alle kleine und große Schilde und Schwerter tragen.« Irdisch gedeutet könnte damit die Ausrüstung des russisch-chinesischen Invasionsheeres im dritten Weltkrieg geschildert sein. Das wäre heute wohl kaum ein zeitgemäßer Krieg, wollte man jetzt noch einen Angriff mit Kavalleriedivisionen vortragen, die mit Lanze, Schwert und Schild bewaffnet sind. Heute würde es zutreffend heißen: Ich will dich ausziehen lassen, mit deinem ganzen Heer, voll motorisiert, mit Kriegsgerät, das von leichten Handfeuerwaffen bis zu schweren taktischen Kernwaffen reicht.

Wenn in den folgenden Darstellungen die altertümlichen Bezeichnungen beibehalten werden, so daß es manchmal aussieht, als würde der dritte Weltkrieg mit Roß und Reitern, mit Schildern und Schwertern geführt, so deswegen, um den ursprünglichen Sinn nicht zu entstellen und um der Phantasie nicht allzu freien Lauf zu lassen.

Es ist eine bemerkenswerte Tatsache, daß viele Seher Vorhersagen machen, die sie selbst gar nicht deuten können. Man kann das etwa mit einem Traum vergleichen. Auch Träume haben für den Schläfer eine Bedeutung, und Seelenforscher können aus Träumen oft erstaunliche Diagnosen stellen, auch wenn der Schläfer selbst die Symbolik des Traumgeschehens nicht durchschauen kann. Genauso haben Seher Gesichte, die sie zwar schildern, aber nicht deuten können. Manchmal ist es allerdings

unmöglich zu entscheiden, ob eine bestimmte Stelle wörtlich zu nehmen oder ob sie nur in übertragenem, geistigen Sinn auszulegen ist.
Offenbarungen wie die Johannesapokalypse sollten tunlichst weder nur nach ihrem geistigen Aspekte, noch allein nach irdischen Gesichtspunkten ausgelegt werden. Die tiefsinnige Symbolik der Johannesapokalypse stellt primär den geistigen Entwicklungsgang der Weltvollendung dar, sie geht also ursächlich nicht von den irdischen Verhältnissen, unserer unheilen Welt aus. Alles, können wir sagen, geht zunächst in der Wirklichkeit des Geistes vor sich und manifestiert sich dann in der äußeren Erscheinungswelt. So betrachtet hat die Apokalypse einen geistigen wie einen irdischen Aspekt, genauso wie die irdische Geschichte gleichsam den Schattenriß zur göttlichen Heilsgeschichte darstellt. Vorrangig bleibt ihr geistiger Symbolcharakter. Johannes schaute geistige Bilder, große heilsgeschichtliche Zusammenhänge, die in der Endauseinandersetzung zwischen Licht- und Finsternismächten und dem endlichen Siege des Lichtes über die Finsternis gipfeln. Daß dieser große und entscheidende Endkampf seinen Niederschlag und Austrag auch auf der irdischen Ebene haben wird, auf unserem Planeten, der ein heilsgeschichtlich hochbedeutsamer Punkt im Schöpfungsganzen darstellt und wir Menschen dieser Erde deshalb in einem besonderen Spannungsfeld zwischen Licht und Finsternis, Gut und Böse stehen, dürfte außer Zweifel stehen. Von diesem Gesichtspunkt her muß zu Philberts Auslegung allerdings gesagt werden, daß sie allzu einseitig rationalistisch angelegt ist. Auch die hier folgende Darstellung des dritten Weltkrieges und der kosmischen Katastrophe legt vorerst bewußt den Schwerpunkt auf die Darstellung der irdischen Geschehnisse und Abläufe, wobei aber doch keineswegs verkannt wird, daß die ursächlichen inneren Zusammenhänge an erster Stelle zu stehen hätten. Als Ausgleich wird versucht, in einem Ausblick am

Schluß des Buches Verständnis für die zugrunde liegenden, möglicherweise evolutionsbedingten geistigen Auseinandersetzungen der Menschheit mit der geistigen Welt zu wecken.
Hinzuweisen wäre vielleicht noch auf eine Eigentümlichkeit der geographischen Lage: Wenn es bei uns heißt, der Angriff komme aus dem Osten, so ist das dasselbe, als wenn es in Israel heißt: Der König des Nordens oder die Völker von Mitternacht überschwemmen das Land. Für Israel sind die Könige des Ostens, die den Euphrat überqueren, wohl sicher chinesische Einheiten, während der König des Südens sowohl Ägypten als auch ein nordafrikanischer Staat, also wohl ein arabischer Staat sein kann.
Um dem Leser die Möglichkeit zu geben, sich selbst ein unvoreingenommenes Bild der kommenden Entwicklung zu machen und ihm keine einseitige Deutung aufzuzwingen, werden im Folgenden die Prophezeiungen möglichst im vollen Wortlaut gebracht. Kurze Erläuterungen werden nur gelegentlich eingestreut, wenn der Text nicht für jedermann verständlich erscheint, oder ein kurzer Gedanke eingeflochten werden soll. Zusätzliche oder zusammenhängende Darstellungen, die die Meinung des Verfassers wiedergeben, werden nach Bedarf am Schluße des jeweiligen Kapitels als Kommentar gekennzeichnet.

2

Die Vorkriegszeit

Die Krisenzeit

Wenn man unterstellt, daß der dritte Weltkrieg, wie im Zeitplan ausgeführt, erst am Ende der neunziger Jahre kommt, so hätten die europäischen Völker eine Epoche von etwa 50 Jahren ungestörter Entwicklung hinter sich. Man sollte meinen, daß dann Friede, Glück und Wohlstand herrschen, daß Kunst und Wissenschaften blühen, daß die Staatsfinanzen nicht nur geordnet, sondern auch ein gehöriger Notgroschen zurückgelegt worden sei. Man könnte als Optimist vielleicht sogar annehmen, Europa werde dann wenigstens nach außen eine Einheit bilden, und die Ausgaben für Verteidigung oder doch wenigstens für Kernwaffen könnten der Vergangenheit angehören.

Von solchen Utopien ist bei den Propheten nichts zu lesen. So heißt es bei Nostradamus, einem der bekanntesten und auch gelehrtesten Hellseher aller Zeiten, in einem Brief an König Heinrich von Orlèans: »Das Allerheiligste wird zerstört durch Heidentümer. Das Alte und Neue Testament werden vernichtet und verbrannt. Dann wird der Höllenfürst selbst als Antichrist in Erscheinung treten. Zum letzten Mal erzittern alle Reiche der Christenheit, auch die der Ungetreuen, während eines Zeitraumes von 25 Jahren . . .«

Nostradamus war sicher einer der größten Hellseher aller Zeiten. Er war Arzt und Gelehrter, Astronom und Astrologe und konnte seine Gesichte über Jahrhunderte hinweg zeitlich einordnen. Er hat seine Weissagungen, die bis zum Jahre 3797 reichen, in etwa 1000 Verse gekleidet, hat es aber leider für notwendig erachtet, die Reihenfolge der Verse nach einem bisher unbekannten Schlüssel doppelt zu versiegeln; erst nach 500 Jahren soll es gelingen, die richtige Reihenfolge wieder herzustellen. Infolgedessen haftet allen seinen Vorhersagen eine gewisse, beabsichtigte Unsicherheit an; auch Namen wurden von ihm entstellt, ein Antichrist kommt mehrfach vor. Infolge dieser beabsichtigten Unsicherheiten weiß man nie genau, ob eine bestimmte Stelle auch zu der fraglichen Zeit gehört; dennoch sieht es so aus, als würde auf 25 Jahre des Wirtschaftswunders und des Aufbaues eine ebensolange Zeit der Stagnation und der Krisen folgen. NOSTRADAMUS bestätigt aber ausdrücklich, daß diese Krisenerscheinungen weltweit sind und sich nicht nur auf die westliche Welt beschränken, wenn er sagt, daß auch die Reiche der Ungetreuen, also wohl die nichtchristlichen Ostblockländer, betroffen werden.

Der nordische Seher Anton JOHANSSON sagt für die Zeit vor dem dritten Weltkrieg große Erdbeben und Vulkanausbrüche voraus, aber auch Grubenunglücke und gewaltige Überschwemmungen, die besonders Westdeutschland, Nordfrankreich und Holland heimsuchen sollen. Neben verheerenden Unwettern sieht er auch fürchterliche Orkane voraus.

Auf die tieferen Ursachen, die dieser Krisenzeit zugrunde liegen, geht JAKOB LORBER, der »Schreibknecht Gottes«, ein, der sich eingehend mit religiösen Problemen befaßt: »In dieser Endzeit werden die Menschen zu einer großen Geschicklichkeit in allen Dingen gelangen und mancherlei Maschinen erbauen, die alle Arbeiten verrichten werden wie lebende Tiere und vernünftige Menschen. Dadurch aber werden viele Hände arbeitslos, und der Menschen Elend wird sich steigern bis zu einer unglaublichen Höhe und es wird weiter kommen, daß die Menschen große Erfindungen machen und auch auf die Natur der Erde so einzuwirken beginnen, daß diese am Ende ordentlich leck werden muß. Die Folgen davon werden als sichere Strafe des schlecht verwendeten Willens hervorgehen, aber nicht von Gott gewollt, sondern durch den Eigenwillen der Menschheit hervorgebracht . . .«

Der Ausdruck, die Natur müsse ordentlich leck werden, kann vielleicht so verstanden werden, daß durch Raubbau an den Rohstoffquellen, fortschreitende Industrialisierung und Um-

weltverschmutzung das Selbstreinigungsvermögen der Natur überfordert wird und zusammenbricht.
Keine guten Worte findet LORBER auch für weitere Folgen der Industrialisierung: »Zwar wird eine reine Gemeinde fortbestehen, jedoch umgeben von völlig glaubenslosen Menschen, die nur gewinnbringende Industrie treiben und sich weder um Meine Lehre, noch um das Heidentum Roms kümmern werden. Diese Industriezeit wird aber eine derart karge werden, daß die stolzen Beherrscher mit aller Gewalt sogar Steuern von dem fordern werden, was die Menschen essen und trinken (Konsumsteuern, Verbraucherabgaben!). Daraus wird entstehen große Teuerung, Not und Lieblosigkeit unter den Menschen, die sich gegenseitig betrügen und verfolgen werden. Da wird eine magere Zeit über die Erde kommen, daß die Armen von der Erde wegsterben. Werden sich die Reichen der Armen annehmen und ihren Wucher einstellen, dann sollen auch die Gerichte aufgehalten werden. Im Gegenfalle aber soll alles ins Verderben geraten, denn es ist dann auch die Erde selbst schon zum Sauerteige geworden . . .«
Hier wird das Profitdenken verurteilt, das Not und Teuerung, ja sogar Hungersnot nach sich zieht. Wenn diese Not alle Menschen gleichmäßig treffen würde, könnte man das als unabänderlich hinnehmen. Die krassen sozialen Gegensätze aber prangert LORBER an: » . . . Wenn es auf Erden einmal zu viele Epikuräer (Prasser auf Kosten der Armen) geben wird, dann wird bald ein allgemeines Weltgericht über alle Menschen von Gott zugelassen werden. Und das Feuer des Gerichtes wird heißen Not, Elend und Trübsal, wie die Erde eine größere noch nie gesehen hat. Glaube und Liebe werden erkalten, und alle armen Menschengeschlechter werden klagen und verschmachten. Aber die Großen und Mächtigen werden den Bittenden nicht helfen ob der Härte ihrer Herzen. So wird auch ein Volk sich erheben wider das andere und wird es bekriegen mit tödlichen

Feuerwaffen. Dadurch werden die Herrscher in unerschwingliche Schulden geraten und werden ihre Untertanen mit untragbaren Steuern quälen, die Teuerungen und Hungersnöte hervorgehen lassen . . .«

». . . Es werden Zeiten kommen schlechter als jene, wie sie vor der großen Sündflut Noahs waren. Sie werden dem Golde und Silber ihr Elend zu verdanken haben, und nichts als ein Feuer aus den Himmeln, das da verzehren wird all den Unrat der Hölle, wird die Menschen erlösen von dem Elend des Elends . . .«

Auch Lorber sieht hier keinen Ausweg, wenn er sagt:

». . . Solange nicht die reine Liebe und wahre Demut die Völker leiten wird, wird es auch finster bleiben auf dieser Erde. Die im Lichte wandeln werden, derer wird es stets nur wenige geben. Solange noch weltgroße und über alle Maßen stolze und ruhmsüchtige Herrscher die Welt regieren, wird auch in allen Schichten der Menschheit der Same des Hochmuts und der Mitherrschaft fortwuchern. Und es werden Finsternis, Selbstsucht, Neid, Geiz, Verfolgung und Verrat durch die wahren Elemente der Hölle nicht weichen, bis zur Zeit des großen Gerichts, in der die Erde von neuem durch Feuer gereinigt wird. Danach wird kein Mächtiger mehr ein Volk der Erde beherrschen, sondern herrschen wird allein das Licht Gottes, und das wird von jetzt an gerechnet in nahezu 2000 Jahren eintreten . . .«

Es ist zu beachten, daß ähnlich, wie schon einmal die Erde in der Sintflut gereinigt wurde, so in der Zukunft von einer Läuterung durch Feuer die Rede ist. Und danach kommen andere Zeiten, in denen die Mächtigen dieser Erde sich nicht mehr wie Tyrannen gebärden können. Man muß unwillkürlich an die »Volksrepubliken« denken, wenn man nachfolgende Zeilen von Lorber liest:

»Die Machthaber werden sich der Menschen abermals wie der

Tiere bedienen und werden sie kaltblütig und gewissenlos hinschlachten, wenn sie sich nicht ohne Widerrede der glänzenden Macht fügen. Die Weltmächtigen werden die Armen plagen mit allerlei Druck und werden jeden freien Geist (!) mit allen Mitteln verfolgen; dadurch wird eine Trübsal unter die Menschen kommen, wie noch nie eine war.«

Sepp Wudi, ein Bauernknecht aus dem Böhmerwald, der im ersten Weltkrieg in Galizien fiel, drückt das in seiner einfachen Sprache so aus: »Ich verstehe auch die Leute nicht, daß sie gar keinen ›Herein‹ haben, und sie werden alleweil gescheiter und gottloser, so daß es so kommen muß, und wie gesagt, es wird wieder werden wie vor hundert Jahren.« Wobei »Herein« etwa mit Gehorsam oder Gottesfurcht zu übersetzen wäre.

Über die Ursachen, warum so schreckliche Prüfungen über die Menschheit kommen, gibt die Prophezeiung von La Salette Auskunft: »Da der heilige Glaube an Gott in Vergessenheit geraten ist, will jeder einzelne sich selbst leiten und über seinesgleichen stehen. Man wird die bürgerlichen und kirchlichen Gewalten abschaffen. Jede Ordnung und jede Gerechtigkeit wird mit Füßen getreten werden. Man wird nur Mord, Haß, Mißgunst, Lüge und Zwietracht sehen, ohne Liebe zum Vaterlande und zur Familie . . .«

»Die bürgerlichen Regierungen werden alle dasselbe Ziel haben, das da ist, die religiösen Grundsätze abzuschaffen und verschwinden zu lassen, um für den Materialismus, Atheismus, Spiritismus und alle Arten von Lastern Platz zu schaffen.«

Der alte Jasper, der Patriarch der westfälischen »Spökenkieker« (Spukseher) mit bürgerlichem Namen Wessel Dietrich Eilert, ein Schäfer aus Deininghausen, kennzeichnet bereits um 1800 die Zeit vor dem dritten Weltkrieg folgendermaßen:

»Ein Hauptzeichen des ausbrechenden Krieges aber wird es sein, wenn allgemeine Religionslosigkeit und teilweise Sittenverfall eintritt, wenn man Tugend für Laster und Laster für

Tugend hält, wenn man fromm mit dem Namen Töricht und ungläubig mit dem Namen Aufgeklärt belegt. Auch wird vor dem Ausbruch des Krieges selbst noch ein sehr fruchtbares Jahr vorangehen.«

Im Stamm der hohlen Linde, die am Hohlweg zum Friedhof der Stadt Staffelstein steht, wurde vor über hundert Jahren ein Gedicht entdeckt, in dem die Zukunft Deutschlands vorhergesagt wird. Herkunft und Verfasser des Liedes »DER ALTEN LINDE SANG VON DER KOMMENDEN ZEIT« sind unbekannt:

»Alte Linde bei der heiligen Klamm,
Ehrfurchtsvoll betast' ich deinen Stamm,
Karl den Großen hast du schon gesehn,
Wenn der Größte kommt, wirst du noch stehn.

Dreißig Ellen mißt dein grauer Saum,
Aller deutschen Lande ältester Baum,
Kriege, Hunger schautest, Seuchennot,
Neues Leben wieder, neuen Tod.

Schon seit langer Zeit dein Stamm ist hohl,
Roß und Reiter bargest einst du wohl,
Bis die Kluft dir sacht mit milder Hand,
Breiten Reif um deine Stirne wand.

Bild und Buch nicht schildern deine Kron',
Alle Äste hast verloren schon,
Bis zum letzten Paar, das mächtig zweigt,
Blätter freudig in die Lüfte steigt.

Alte Linde, die du alles weißt,
Teil uns gütig mit von deinem Geist,
Send ins Werden deinen Seherblick,
Künde Deutschlands und der Welt Geschick!

Großer Kaiser Karl, in Rom geweiht,
Eckstein sollst du bleiben Deutscher Zeit,
Hundertsechzig, sieben Jahre Frist,
Deutschland bis ins Mark getroffen ist.

Fremden Völkern front dein Sohn als Knecht,
Tut und läßt, was ihren Sklaven recht,
Grausam hat zerrissen Feindeshand,
Eines Blutes, einer Sprache Band.

Zehre Magen, zehr vom deutschen Saft,
Bis mit einmal endet deine Kraft,
Krankt das Herz, siecht ganzer Körper hin,
Deutschlands Elend ist der Welt Ruin.

Arme werden reich des Geldes rasch,
Doch der rasche Reichtum wird zu Asch,
Ärmer alle mit dem größer'n Schatz.
Minder Menschen, enger noch der Platz.

Da die Herrscherthrone abgeschafft,
Wird das Herrschen Spiel und Leidenschaft,
Bis der Tag kommt, wo sich glaubt verdammt,
Wer berufen wird zu einem Amt.

Bauer heuert bis zum Wendetag,
All sein Müh'n ins Wasser nur ein Schlag,
Mahnwort fällt auf Wüstensand,
Hörer findet nur der Unverstand.

Wer die meisten Sünden hat,
Fühlt als Richter sich und höchster Rat,
Raucht das Blut, wird wilder nur das Tier,
Raub zur Arbeit wird und Mord zur Gier . . .«

Nach Dr. Adlmaier ist der »Eckstein« der deutschen Zeit so zu berechnen: Karl der Große starb am 28. Januar 814 – 813 Jahre und 1 Monat. Rechnet man 7 mal 160 also 1120 dazu, so erhält man mit zwei Tagen Differenz den 30. Januar 1933, den Tag, an dem Deutschland bis ins Mark getroffen wurde.

In manchen Versen sind Andeutungen, die noch nicht so ohne weiteres verständlich sind, so die Zeilen »Minder Menschen, enger noch der Platz« und »Bauer heuert bis zum Wendetag«. Sicher lassen sich Deutungen für beide Zeilen finden, doch möchte ich offen zugeben, daß ich es für das Beste halte, auf eine gewaltsame Auslegung ganz zu verzichten.

In Nordamerika lebt eine Hellseherin, Jeane Dixon, die den dritten Weltkrieg vorhergesagt hat; sie behauptet, daß man sich in nächster Zeit mehr mit übersinnlichen Erscheinungen beschäftigen und mancher dadurch zu höherer Einsicht geführt wird. Sie sagt aber auch, daß, obwohl das Zölibat nicht gelokkert wird, die Pfarrer mit und ohne kirchliche Erlaubnis heiraten werden.

Mühlhiasl,* der Prophet aus dem Bayerischen Wald, läßt sich über die Religion so aus: »Zuerst kommen die vielen Jubiläen, überall wird über den Glauben gepredigt, überall sind Missionen, aber kein Mensch kehrt sich mehr daran. D'Leut werden erst recht schlecht. Der Glaube wird so klein, daß man ihn unter einen Hut stecken kann, der Glaube wird so dünn, daß man ihn mit der Geißel abhauen kann, der Glaube wird so wenig, daß man ihn mit'm Geißelschnalzen vertreiben kann. Über den katholischen Glauben spotten am meisten die eigenen Christen. Den Herrgott werden manche aus dem Herrgottswinkel reißen und im Kasten versperren.«

* Unter diesem Namen werden hier die Prophezeiungen der Waldpropheten zusammengefaßt. Es sind dies:
Matthias Stromberger, Waldhirte und Aschenbrenner zu Rabenstein, Matthias Lang von Apoig, Mühlknecht, Waldhirte und Waldhüter.
Ihre Prophezeiungen decken sich großenteils.

Sepp Wudi sagt dazu, daß es nicht genug ist, wenn man in der Kirche Jazz spielt und tanzt, nein, der Pfarrer singt noch dazu.

Spielbähn, ein rheinischer Seher (gestorben 1783), geht sogar soweit, daß er die Gottesdiener der Vielweiberei bezichtigt:

73. »Sie nannten sich Gottesdiener und waren Bauchdiener.
74. Sie dienten der Wollust und machten eine Religion für ihre böse Fleischeslust.
75. Derweil sie freieten und ein Weib nahmen.
76. Und darnach zwei Weiber.
77. Sprechend: Unserm Stande gebühren der Weiber drei.
78. Das eine muß das Haus besorgen, das andere die Kinder lehren, das dritte die Kranken pflegen.«

Lorber faßt das alles noch einmal zusammen, wenn er sagt: ». . . Und es kann das noch eher geschehen, als da nach Mir zwei volle Tausende von Erdjahren verrinnen werden. In jener Zeit wird Hochmut, Zwietracht und Haß den höchsten Grad erreichen. Da wird ein Volk wider das andere ziehen, ein Krieg wird dem anderen folgen, und es werden kommen große Erdbeben, Mißjahre, Teuerung, Hungersnot und Pestilenz.« Fürwahr, der Auftakt zur Apokalypse!
Worauf sich eine Teuerung beziehen könnte, wird in den nächsten Zitaten deutlich. In Vers 11.38 schildert Nostradamus die innerpolitische Situation in den Vereinigten Staaten, wenn er sagt: »Zersetzungserscheinungen, Unruhen, Bürgerkrieg und Wirtschaftskrisen bringen die USA in eine sehr gefährliche Situation. Sie werden es erfahren, wieviel der Zentner Holz kostet«. Dieser Vers ist deswegen so bedeutungsvoll, weil andere Hinweise auf die Lage in den USA vor dem dritten Weltkrieg nicht auffindbar sind. Der letzte Satz über die Teuerung des Holzes sollte zu denken geben, wenn man dazu zwei Aussagen von Mühlhiasl stellt: »Das Holz wird so teuer wie das Brot,

aber es langt . . .« Und: »Der Bayerische Wald wird so licht wie des Bettelmanns Rock, vom Hühnerkobel bis zum Rachel wird man durch keinen Wald mehr gehen brauchen.«
In die gleiche Richtung weist Vers 5.16 von Nostradamus: »Der sabäische Tropfen steht am höchsten im Kurs. Menschenfleisch wird im Augenblick des Sterbens in Asche verwandelt . . .«
Die Sabäer waren ein arabischer Volksstamm. Mit dem sabäischen Tropfen ist also sicher das Erdöl gemeint, das sehr teuer werden wird. Der Höhepunkt dieser Teuerung liegt nach dieser Darstellung eindeutig in der Zeit des dritten Weltkrieges, in dem Menschenfleisch durch die Energie der Kernwaffen in Asche verwandelt wird.

Nach der Prophezeiung von Garabandal, einem Ort in Nordspanien, der seit 1961 durch Marienerscheinungen bekannt geworden ist, geht dem dritten Weltkrieg eine Warnung voran. Kein Mensch auf Erden, ganz gleich wo er sich befindet, wird sich der Warnung entziehen können. Das Phänomen wird wie Feuer sein, welches das Fleisch nicht verbrennt, aber körperlich und geistig spürbar sein wird.
Bald nach der Warnung wird in Garabandal und auf den umliegenden Höhen ein Wunder zu sehen sein. Das Wunder soll an einem Donnerstagabend um 20.30 Uhr stattfinden und etwa eine Viertelstunde andauern. Bei den Pinien wird für immer ein Zeichen zurückbleiben; man wird es filmen und durch das Fernsehen übertragen, aber nicht berühren können.

Von Jeane Dixon stammt folgende Prophezeiung:
Die Natur selbst greift ein:
»Etwa um die Mitte der achtziger Jahre – wie mir mein Gefühl sagt, dürfte es das Jahr 1985 sein – werden Naturkräfte das sowjetische Generalunternehmen durchkreuzen. In diesem Jahr nämlich wird sich ein Naturphänomen zeigen, das zu ein-

schneidenden Wandlungen in der Weiterentwicklung der Menschheit Anlaß gibt. Es ist ein Naturphänomen erster Ordnung. Zyniker und Zweifler werden sich anschließend erschüttert zum Christentum bekennen. Das Phänomen wird eine Wandlung in mannigfacher Hinsicht hervorrufen; wenn schließlich alles überstanden ist, wird ein Großteil der Menschen das Geschehene ableugnen.«

Ob es sich bei den beiden Prophezeiungen um zwei verschiedene Naturphänomene oder nur um eines handelt, ist nicht bekannt. Man kann sich heute auch schwerlich ein Naturereignis vorstellen, das nicht nur den russischen Angriffsplan durchkreuzen, sondern auch die ganze Menschheitsentwicklung beeinflussen könnte.

Kommentar:

Von den Sehern werden als Ursachen der Krisenzeit wirtschaftliche, politische und religiöse Gründe angeführt. Die Ursachen der religiösen Krise liegen auf der Hand: Man ist heute weitgehend der Ansicht, die modernen Wissenschaften hätten die alten Relikte aus dem Mittelalter, Glaube und Religion, als überholt bewiesen. Es mag bei oberflächlicher Betrachtung so aussehen, als hätten die Geisteswissenschaften mit den Naturwissenschaften nicht Schritt halten können. Zwar ist in den Werken Lorbers und Swedenborgs der durch die rein naturwissenschaftliche Betrachtungsweise hervorgerufene Gegensatz zwischen Glaube und Wissen überwunden, doch, ist das auch allgemein bekannt geworden? Herrscht heute nicht die Ansicht vor, Propheten und Prophezeiungen gehörten in den Bereich des Aberglaubens, auf keinen Fall aber in den Bereich der Wissenschaften? Ja, sogar Glaube und Religion werden gelegentlich als purer Aberglaube interpretiert.

Christenverfolgungen in den Ostblockländern mögen heute noch als unwahrscheinlich gelten. Wenn man aber sieht, wie sich derzeit die Verfolgung der Bürgerrechtsbewegung einbürgert, kann man sich vorstellen, daß von hier bis zur Christenverfolgung nur noch ein kleiner Schritt ist.

Es wird vielfach behauptet, durch fortschreitende Industrialisierung, durch Elektrifizierung und Mechanisierung, durch Elektronik- und Computertechnik müsse langsam aber sicher eine wirtschaftliche Blüte eintreten, müsse die Menschheit einem goldenen Zeitalter entgegengehen. Die Seher sagen aber das Gegenteil, nämlich Arbeitslosigkeit und damit verbunden Not und Elend voraus. Im Gefolge dieser Wirtschaftskrisen wird das soziale Gefüge empfindlich gestört; Kriminalität, Radikalismus und innere Unruhen sind die Folgen. Als hätte sich alles gegen die Menschheit verschworen, gesellen sich noch Unbilden der Witterung, Mißernten, Stürme und Orkane, Überschwemmungen und Erdbeben dazu.
Nicht nur die Industrieländer, sondern die ganze Welt scheint derzeit in eine Wirtschaftskrise geschlittert zu sein, und die Propheten lassen keinen Zweifel daran, daß dieser Prozeß erst am Anfang seiner Entwicklung steht. Bei oberflächlicher Betrachtung könnte man zu der Ansicht kommen, das ganze Problem käme daher, daß die Menschen auf zu engem Raum zusammengepfercht wären. So sprechen die Psychologen davon, daß durch allzu starke Einengung der Entfaltungsmöglichkeiten eines Individuums Aggressionen erzeugt werden. Man sollte denken, die Ursache dieser Entwicklung sei die Bevölkerungsexplosion, die unsere gute alte Erde aus allen Fugen und Nähten platzen läßt. Selbst wenn dies zutreffen sollte, von den Sehern wird dieses Problem überhaupt nicht erwähnt. Das mag seinen Grund darin haben, daß das Bevölkerungsproblem als der ewige Kampf ums Dasein für sie etwas mehr oder weniger Natürliches darstellt. Das gleiche Problem besteht ja nicht nur beim Menschen, sondern auch im Tier- und Pflanzenreich.

Man darf nicht denken, daß es in alten Zeiten noch Platz genug auf der Erde gegeben hätte. Der Grund für Kriege und Völkerwanderungen war zumeist Raumnot. Das Bevölkerungsproblem könnte in der Tat ein vorgeschobener Entschuldigungsgrund sein; die Propheten nennen die wirklichen Ursachen der krisenhaften Entwicklung. Diese Ursachen sind Haß und Neid, oder wie die christlichen Seher sagen, die Abkehr vom gottesfürchtigen Glauben, das Erkalten der christlichen Tugenden, insbesondere der Nächstenliebe. Statt sich um geistige Werte zu bemühen, hängt der Mensch der Endzeit am Profitdenken, am Götzen Mammon; Lohntüte, Gewinnspanne und Zuwachsrate sind ihm wichtiger als Liebe, Treue und Glauben.

Die vorausgegangene Schilderung sozialer Mißstände mag uns Europäern ein wenig an den Haaren herbeigezogen erscheinen. Wir sollten aber nicht vergessen, daß auch heute noch nicht nur Hunderttausende, sondern Millionen an Hunger sterben und daß ein großer Teil der Weltbevölkerung unterernährt ist. Es scheint, daß trotz Entwicklungshilfe und der Anstrengungen im Nord-Süd-Dialog die Gegensätze nicht kleiner, sondern noch größer werden.

Es liegt auf der Hand, daß Wirtschaftskrisen mit Arbeitslosigkeit den Nährboden abgeben, auf dem die Bereitschaft für soziale Unruhen und umstürzlerische Machenschaften wächst. Bereits heute spricht man davon, daß ein zunehmender Engpaß in der Energieversorgung Arbeitsplätze gefährden müßte. Bürgerinitiativen mit juristischen Interventionen oder auch ein Lieferstop für spaltbares Material könnten dazu beitragen, eine prekäre Lage zu schaffen. In dieser angespannten Situation muß ein Öl-Embargo wie ein Funken wirken, der ins Pulverfaß geworfen wird.

Nach Nostradamus fällt der Höhepunkt der Energiekrise mit dem dritten Weltkrieg zusammen; die Teuerung von Holz und Öl kann wohl nur als eine Energiekrise interpretiert werden.

Nun hat die Welt das Schauspiel einer Ölverknappung bereits im Winter 1973-74 erlebt. Damals wurde davon gesprochen, daß die Ölvorräte Arabiens begrenzt seien und deshalb kontingentiert werden müßten. Es wurde nicht bekannt, daß die Vorräte in der Zwischenzeit wieder gewachsen wären, und doch wurde der Ölhahn wieder voll aufgedreht; das hat einen einleuchtenden Grund:
Noch während der Ölkrise wurden von den westlichen Regierungen Maßnahmen eingeleitet, um einer neuerlichen Krisensituation besser begegnen zu können. Man erinnerte sich wieder der Kohle und arbeitete noch intensiver an der Erschließung der an sich unerschöpflichen Kraftquelle, der Kernenergie. Doch die Tücken der Atomspaltung wurden von Wissenschaftlern, Technikern und Politikern gleichermaßen unterschätzt. So ist vorhersehbar, daß die Kernenergie nicht den von ihr erwarteten Beitrag zu leisten in der Lage sein wird, die Nutzung anderer umweltfreundlicher Energiearten wurde und wird vernachlässigt, ein Energie-Engpaß bereits in den nächsten Jahren ist die unerbittliche Konsequenz. Die Öl exportierenden Länder können den Westen durch Preiserhöhung und langsames Zudrehen des Ölhahnes in wirtschaftliche Schwierigkeiten bringen. Heute sind sich die OPEC-Länder ihrer Macht- und Schlüsselposition voll bewußt: Die Gefahr, daß bei Nichterfüllung der politischen Forderungen der Ölhahn eines Tages schlagartig und vollständig zugedreht wird, ist nicht von der Hand zu weisen. Die verheerenden Folgen eines solchen Schrittes brauchen nicht erst an die Wand gemalt zu werden, sie sind auch heute schon unübersehbar.
Wenn gesagt wird, der Bayerische Wald wird so licht wie des Bettelmanns Rock, so muß man sich folgendes vergegenwärtigen: Wälder werden im allgemeinen im Winter geschlagen, das Holz muß trocknen und zerkleinert werden und steht dann erst im nächsten Winter als Brennholz zur Verfügung. Von dem

Zeitpunkt an, an dem der Ölhahn zugedreht wird, bis zur Abholzung unserer Wälder, können viele Jahre ins Land ziehen. Wirtschaftliche Engpässe, Not und Elend werden sich kaum umgehen lassen.

Ein weiterer Gesichtspunkt wäre noch zu erwähnen: Es ist kaum vorstellbar, daß die Wälder allein deswegen gerodet werden müssen, um den Bedarf an Brennholz zu decken. Auch im zweiten Weltkrieg kam kein Öl über die Grenzen, deswegen mußten aber keine Kahlschläge vorgenommen werden. Ein so gewaltiger Bedarf an Holz, das so teuer wird wie Brot, ist nur vorstellbar, wenn es auch noch für andere Zwecke dringend gebraucht wird. Es sei nur daran erinnert, daß schon einmal Kohle-Hydrierung und Holzvergasung den Treibstoff für Automobile liefern mußten.

Das Öl-Embargo stellt offensichtlich die erste Stufe eines Erpressungsversuches dar, der Krieg im Nahen Osten ist die zweite Stufe. Schließlich ist der Weltkrieg die dritte Stufe einer unheilschwangeren Entwicklung. An diesem Beispiel kann aber gesehen werden, daß der dritte Weltkrieg nur der Schlußpunkt eines von langer Hand vorbereiteten Planes ist. Wer heute Angst hat, ein Weltkrieg könne sozusagen aus Versehen entfesselt werden, weil der rote Draht zwischen Moskau und Washington gerissen sein könnte, der kann beruhigt werden. Die OPEC-Länder haben bereits im Winter 73/74 den Ernstfall geprobt. Sie werden es sein, die in einer abgestimmten Aktion im Verein mit Moskau und Peking endlich den Knopf drücken werden, der vordergründig zwar nur den Ölstrom zum Versiegen bringen, letztlich aber den Weltenbrand auslösen wird.

Es gibt Politiker, die nicht begreifen wollen oder können, warum Rußland seine dem Westen sowieso überlegenen Offensivstreitkräfte weiterhin vermehrt und verstärkt. Dabei hat Moskau nie ein Hehl daraus gemacht, daß der weltweite Sieg des Kommunismus das Ziel ist, das es unter allen Umständen zu erreichen gilt. Fraglich ist lediglich die Wahl der Mittel und der Zeitpunkt der eingeplanten Endlösung. Dieser Zeitpunkt scheint klug und mit Bedacht gewählt zu werden: Erst nach einer fünfundzwanzigjährigen Krisenzeit, nach einem Öl-Embargo, das den Westen einer Zerreißprobe unvorstellbaren Ausmaßes aussetzt, nachdem bereits nicht nur in den USA, sondern auch in Europa Zersetzungserscheinungen mit anarchistischen Umstürzen den Boden vorbereitet haben, setzt die seit langem einsatzbereite Rote Armee zum Sprung an.

Der indische Krieg

Man geht heute allgemein davon aus, daß Rußland und China unversöhnliche Feinde sind, zwischen denen es über kurz oder lang zu einer militärischen Auseinandersetzung kommen müsse. Diese Ansicht beruht auf einer Fehleinschätzung; die ideologischen Gegensätze können überbrückt werden, wie die Seher behaupten. Somit muß für die nähere Zukunft mit einer weitgehenden Annäherung zwischen Rußland und China gerechnet werden. Daß eine solche Allianz der übrigen Welt Furcht und Schrecken einjagt, ist nur verständlich. Diese Situation wird von NOSTRADAMUS in Vers 6.21 so dargestellt: »Wenn die Völker am nördlichen Pol vereinigt sind, gibt es im Osten großen Schrecken und Furcht. Ein Neuer wird erwählt, und das große Zittern geht weiter.«
In dem Brief an König Heinrich sagt NOSTRADAMUS: »Viele Völkerschaften werden dann dem 50. und 52. Breitengrad untreu. Sie werden gezwungen, Religionen zu huldigen – fern von Europa, dem Norden und dem 48. Breitengrad, der zuerst in Schrecken versetzt wird. Danach werden auch die westlichen, südlichen und östlichen Länder Europas erzittern. Obwohl die Staaten verschiedenen Glauben haben, einigt sie doch der Drang nach kriegerischen Eroberungen. Durch diese Eintracht

und Union wird ihre Macht nahezu unüberwindlich sein.« Der 48. Breitengrad, der zuerst in Schrecken versetzt wird, berührt sowohl Ungarn als auch die Tschechoslowakei. Das Band, das Rußland und China verbindet und auch zusammenhält: Ihr Drang nach kriegerischen Eroberungen.

Die Furcht vor unliebsamen Überraschungen ist keineswegs unbegründet, wie schon die Prophezeiung eines Krieges »Rußland gegen Indien« besagt. Ein solcher Krieg wurde möglicherweise von Lorber vorhergesagt. Die Stelle, die dieses annehmen lassen könnte, lautet: »Siehst du nicht, wie der nordische Eisbär (!) sich die Zähne spitzig schleift? Ihn lüstet schon lange nach den Rindern und Schafen des Südens. Bald wird er aus den Zähnen seines Gebisses lauter Reißzähne geschliffen haben, dann wehe den fetten Rindern und feisten Schafen! Ich sage dir, ihr Fett wird sehr gerinnen an den Eisküsten Sibiriens. Siehe, dieser Eisbär ist einer, der keine Furcht hat vor den Gänsekielen; aber viel Gold und Silber und sehr viele Reiter, Flinten und Kanonen sind seine Sache. Wehe, wenn er sein Lager verlassen wird. Ich sage dir, er wird siegen durch Macht und durch tyrannische Großmut! Und das sehr bald, wenn sich die südlichen Rinder und Schafe nicht bald in Löwen umgestalten, in Löwen der Weisheit und inneren Gotteskraft. Nun denke nicht, daß dies alles schon gleich geschehen muß, weil Ich es dir vorhergesagt habe, sondern es *kann* so geschehen, wenn diese Menschen sich nicht ändern und in ihrer großen Torheit beharren, dann erst sage Ich dazu das unerbittliche und unabänderliche Amen! . . .«

Auch Johansson sagt einen indischen Krieg voraus, allerdings einen Krieg Indiens gegen die Kolonialherrschaft Englands. Es ist keine Frage, daß ein solcher Krieg auf absehbare Zeit gar nicht mehr stattfinden kann, denn Indien ist ja längst frei und unabhängig. Hier muß man sicher berücksichtigen, daß Johansson stets gegen England voreingenommen war und daß folglich die Objektivität der Berichterstattung deshalb gelitten hat. Man wird daher mit Fug und Recht annehmen können, daß Johansson den indischen Krieg gesehen hat, nämlich den Angriffskrieg Rußlands gegen Indien.

Johanssons Vorhersage lautet:

»Der erste große Krieg, den England nach Beendigung des Weltkrieges allein auszukämpfen hatte, war der Krieg in Indien. Er begann mit Unruhen im nordwestlichen Teil Indiens. Die Stadt Delhi wurde dabei besonders heimgesucht. Nach dem Aufflammen des Krieges in Nordindien brachen auch in Mittel- und Südindien Unruhen aus. Kalkutta wurde als einer der wichtigsten Plätze genannt, denn hier wurde der Krieg entschieden, die Engländer wurden ins Meer getrieben. Zwischen Delhi und Kalkutta erstreckten sich riesige Fronten und unübersehbare Schlachtfelder. Auch in der Nähe dieser beiden Städte wurden erbitterte Schlachten ausgefochten. Die Front verlief von Nordwesten nach Südosten, und die Kämpfe tobten an der ganzen Front mit unerhörter Verbissenheit. Die Menschen fielen in solchen Massen, daß die Toten nicht begraben werden konnten. Große Strecken waren von Gefallenen übersät, die an manchen Stellen zu Hauf lagen. Der Krieg endete mit Indiens Befreiung von der englischen Herrschaft, aber er hatte entsetzliche Seuchen, katastrophale Hungersnöte und andere Leiden im Gefolge, die von der armen indischen Bevölkerung millionenfache Opfer forderten. Wenn ich mich recht entsinne, wurde in diesem Zusammenhang die Zahl von fünfundzwanzig Millionen genannt.«

Nach Johansson setzt nach diesem Krieg eine Periode von Krankheiten ein, in der neue, bisher unbekannte Krankheiten von ungewöhnlich heftigem Charakter auftreten. Er prophezeit: »Die Krankheiten waren weit gefährlicher als alle Epidemien, von denen die Menschen früher betroffen wurden, und forderten infolge ihrer Verbreitung über die ganze Erde gewaltige Opfer. Mit keinem Heilmittel werde man sie bekämpfen können, und besonders verheerend würden die Seuchen in Rußland auftreten. Die Stimme erläuterte, diese und noch andere Krankheiten würden ganz besonders Rußland seiner Gottlosigkeit wegen heimsuchen. Wenn ich mich recht erinnere, soll über ein Viertel der russischen Bevölkerung diesen Krankheiten erliegen. Eine der schlimmsten Krankheiten bestand darin, daß die Menschen blind und geistesgestört wurden. Und für die davon Befallenen werde der Genuß von Alkohol gefährlich sein.«

Trotz dieser sehr präzisen Vorhersagen möchte man meinen, ein Krieg Rußland/Indien sei schon aus rein geographischen Gesichtspunkten heraus nicht möglich. Ein Blick auf die Landkarte zeigt jedoch, daß Indien über China auf dem Landweg direkt erreich- und angreifbar ist.

Daß China dieser Kriegführung nicht unbeteiligt zusieht, kann man einer Prophezeiung LORBERS entnehmen, wenn er sagt: »Denn es soll erweckt werden ein Volk aus dem tiefen Morgenland und soll gleich einem großen Heuschreckenzuge alles zerstören, Mensch, Vieh und alle Städte und Dörfer. Und es soll knechten die Völker weit und breit in Asien, Afrika und Europa so lange, bis über alle Gottlosen ein noch größeres allgemeines Gericht folgen wird.«

Der letzte Satz verweist diese Vorhersage eindeutig in die Zeit vor dem Strafgericht Gottes, nämlich den dritten Weltkrieg. Aber auch Europa wird von Kriegen und Unruhen erschüttert, wie die nächsten Kapitel zeigen werden.

Der französisch/spanische Krieg

Ein Krieg Frankreich/Spanien kurz vor dem dritten Weltkrieg muß für heutige Beobachter der politischen Bühne sehr unwahrscheinlich erscheinen, dennoch ist er von den Propheten vorhergesagt. Die Zeitangabe bei JOHANSSON ist wieder mehr als ungenau, seine anderen Angaben aber doch sehr interessant, wenn er sagt: »Der erste Krieg, der nach den Unglücken des ersten Weltkrieges eintreffen und furchtbar für die Welt sein wird, bricht fünfzehn bis zwanzig Jahre später zwischen Spanien und Frankreich aus. Frankreich wird hart darunter leiden, weil auch Krankheiten hinzutreten werden. Es kommt nach diesem Krieg die dritte Krankheitsperiode. Es handelt sich um eine schwere Lungenkrankheit, gleichzeitig wüten aber auch andere neue und unbekannte Krankheiten; eine davon läßt die Erkrankten bis zum Skelett abmagern, eine andere widrige, lepraähnliche ruft eitrige Geschwüre hervor und führt zur vollständigen Auflösung des Körpers. In erster Linie werden die beiden kriegführenden Länder von diesen Seuchen betroffen. Sie greifen aber auch auf ganz Europa und andere Teile der Welt über. Am schrecklichsten werden sie in Frankreich wüten, wo sie die Blüte der Jugend dahinraffen.«

LUDOVICO ROCCO, ein Bruder aus dem Orden des heiligen Franziskus, besuchte die heiligen Stätten in Palästina. Wahrscheinlich auf der Durchreise verstarb er daselbst am Berg Sinai am 8. 12. 1840, nach fünfwöchiger Krankheit, während der er von Zeit zu Zeit aus tiefem Halbschlaf aufwachte und weissagte. Seitdem kursiert diese Prophetie unter dem Namen: »DER FRANZISKANER VOM BERGE SINAI«. Es heißt darin, daß Frankreich in einen auswärtigen Krieg verwickelt wird. Sobald dieser zu Ende ist, wird das Volk aufstehen und den Präsidenten ermorden, wobei ein entsetzliches Blutbad entstehen wird. Mehr als die Hälfte der Stadt Paris wird in Asche verwandelt werden. Wahrscheinlich ist dies auch die Zeit, in der das Land in zwei oder drei Teile auseinanderbricht, wie bei JASPER zu lesen ist. So ist dann auch die Ausgangsbasis dafür geschaffen, daß Rußland im dritten Weltkrieg im Westen auf Unterstützung rechnen kann.

Folglich ist dieser Krieg nicht, wie JOHANSSON sagt, fünfzehn bis zwanzig Jahre nach dem ersten Weltkrieg, sondern kurz vor dem dritten Weltkrieg einzuordnen.
Hinweise auf einen französisch/spanischen Krieg finden sich bei NOSTRADAMUS. Die zeitliche Einordnung stößt aber auf Schwierigkeiten wie bei Vers 5.98: »Am 48. Breitengrad am Ende des Krebses (wenn die Sonne am Ende des Tierkreiszeichens Krebs steht) sehr große Trockenheit. Der Fisch im Meer und im Fluß: Wie überkochender See. Bèarm und Bigorre (am Fuß der Pyrenäen) geraten durch Feuer vom Himmel in höchste Not.« Der 48. Breitengrad geht südlich von Paris durch Frankreich, das Tierkreiszeichen Krebs geht am 22. Juli zu Ende. Überkochender See und Feuer vom Himmel können Hinweise auf Atombomben sein. Damit müßte dieser Vierzeiler in die Nähe des dritten Weltkrieges gehören, da nach dem dritten Weltkrieg Atombomben kaum mehr verwendet werden.

Innere Unruhen

a) Christenverfolgungen in Rußland und China
Über die Christenverfolgungen im Ostblock hat uns NOSTRADAMUS in dem Brief an König Heinrich berichtet: 17. »Gemäß den astronomischen Berechnungen, verglichen mit den Heiligen Schriften, wird die Verfolgung der Anhänger der Kirche verursacht werden durch die Macht der Herrscher des Nordens (der Sowjetunion), die mit den Herrschern Asiens (Rotchina) im Bunde stehen. Diese Verfolgung wird andauern, bis nach 11 Jahren der Hauptherrscher des Nordens schwinden wird. Wenn diese Zeit erfüllt ist, wird der mit ihm verbündete Herrscher des südlicher gelegenen Reiches (Rotchina) die Anhänger der Kirche während eines Zeitraumes von drei Jahren noch stärker verfolgen. Dies geschieht durch die ketzerische Verfüh-

rung eines Staatsführers, der alle Macht einer Militärkirche zuführen wird.« Diese Aussage ist derart präzise, daß sich jede nähere Erläuterung erübrigt.

b) Umsturz in Deutschland Die in der »Krisenzeit« geschilderten wirtschaftlichen Verhältnisse bilden den Boden für eine Saat, die von Mühlhiasl folgendermaßen beschrieben wird: »Die hohen Herren sitzen zusammen und machen Steuern aus. Nachher steht's Volk auf. In der Stadt geht die Gaudi zuerst los. Wenn es angeht, ist einer über dem anderen, raufen tut alles. Wer etwas hat, dem wird es genommen. In jedem Haus ist Krieg. Kein Mensch kann mehr dem anderen helfen. Die reichen und noblen Leut werden umgebracht, wer feine Hände hat, wird totgeschlagen. Der Stadtherr lauft zum Bauern aufs Feld und sagt: Laß mich ackern, aber der Bauer derschlagt ihn mit der Pflugraitel. Die Kleinen werden groß und die Großen werden klein, aber wenn der Bettelmann auf's Roß kommt, kann ihn der Teufel nimmer derreiten. Dann kündigt sich ein Himmelszeichen an. Ein strenger Herrscher wird noch kommen und den armen Leuten vollends die Haut abziehen. Er wird aber nicht mehr lange regieren.«

Im Lied der Linde liest es sich so:
Da die Herrscherthrone abgeschafft,
Wird das Herrschen Spiel und Leidenschaft,
Bis der Tag kommt, wo sich glaubt verdammt,
Wer berufen wird zu einem Amt.

Bauer heuert bis zum Wendetag
All sein Müh'n ins Wasser nur ein Schlag,
Mahnwort fällt auf Wüstensand,
Hörer findet nur der Unverstand.

Wer die meisten Sünden hat,
Fühlt als Richter sich und höchster Rat,
Raucht das Blut, wird wilder nur das Tier,
Raub zur Arbeit wird und Mord zur Gier . . .«

Auch JOHANSSON hat die Revolution in Deutschland gesehen; er sagt, daß das Land unter revolutionären Unruhen zu leiden haben wird, und zwar soll sich dies sowohl zu Beginn als auch später noch am schlimmsten in den südwestlichen Staaten abspielen. So verwundert es auch nicht, daß ein Kronzeuge dieses Geschehens aus der Bodenseegegend stammt. KUGELBEER sagt: »Über Nacht kommt die Revolution der Kommunisten, verbunden mit den Nationalsozialisten, der Sturm über Klöster und Geistliche. Die Menschen wollen es zuerst nicht glauben, so überraschend tritt es ein. Viele werden eingekerkert und hingerichtet. Alles flieht in die Berge, der Pfänder ist ganz voll Menschen.«
»Wie ein Blitz aus heiterem Himmel kommt der Umsturz von Rußland her, zuerst nach Deutschland, darauf nach Frankreich, Italien und England.«
»Allerorts ist Aufruhr und Zerstörung. Es ist an einem Ort eine lange, breite, von Soldaten umsäumte Straße, darin jung und alt, Frauen, Kinder und Greise. Am Straßenrande steht eine Köpfmaschine, die der Oberhenker durch einen Druckknopf in Betrieb setzt, zu beiden Seiten von je zwei Henkern unterstützt. All diese Menschen werden enthauptet. Es fließt soviel Blut, daß die Köpfmaschine zwei- bis dreimal versetzt werden muß.«

KOMMENTAR: Bereits heute ist abzusehen, daß die Krisenjahre eine Erscheinung sind, mit der wir die nächsten Jahrzehnte werden leben müssen. Der Konjunkturbelebung und der Lösung des Arbeitslosenproblems türmen sich unüberwindliche Hindernisse in den Weg. Ob es sich um die rasche Aburteilung

von Terroristen oder die beherzte Inangriffnahme des drängenden Energieproblems handelt, wirksame Maßnahmen können unter dem Vorwand »freiheitlicher Rechtsstaat« jederzeit durch juristische Quertreibereien blockiert werden. Die Gefahr, daß der Streik nicht nur zur Durchsetzung berechtigter sozialer Forderungen, sondern zur Erzwingung ideologischer und politischer Ziele mißbraucht wird, wird immer größer. Zunehmend breitet sich Staatsverdrossenheit aus, das Staatsschiff ist kaum noch lenkbar. So treibt es durch der Parteien Zank und Hader dem Tage X entgegen, dem Tage, an dem die Anarchisten die Macht im Staate übernehmen werden.
Von vielen Politikern wird heute der Überzeugung Ausdruck verliehen, man werde nicht nur die Konjunktur und Arbeitslosigkeit, sondern auch den Terrorismus »bald« in den Griff bekommen. Bei entsprechender Würdigung der Vorhersagen der Seher muß sich allerdings die Frage stellen, ob es nicht psychologisch und somit wohl auch politisch klüger wäre, das Volk von vornherein der Wahrheit entsprechend auf eine düstere, bittere Zukunft vorzubereiten, als einem Zweckoptimismus zu huldigen. Wenn sich aber anscheinend alle Politiker einig sind, daß radikale Elemente den Fortbestand des Staates in keiner Weise gefährden können, so ist zu fragen, woher denn diese Sicherheit kommt. Die Seher sagen jedenfalls mit Bestimmtheit, der Umsturz käme unerwartet über Nacht, kurz vor dem dritten Weltkrieg, nicht nur in Deutschland, sondern auch in Frankreich, in England und in Italien. Doch, wer will einen so unbequemen Mahner schon zur Kenntnis nehmen? Videant consules . . .

c) Umsturz in Frankreich/Italien

In der Prophezeiung von La Salette heißt es: »Frankreich, Italien, Spanien und England werden im Kriege sein. Das Blut wird auf den Straßen fließen. Der Franzose wird mit dem Franzosen kämpfen, der Italiener mit dem Italiener. Schließlich wird es einen allgemeinen Krieg geben, der entsetzlich sein wird ... Man wird sich töten, man wird sich morden bis in die Häuser hinein.«

Im Lied der Linde stehen die Verse:
»Rom zerhaut wie Vieh die Priesterschar,
Schonet nicht den Greis im Silberhaar,
Über Leichen muß der Höchste fliehn
Und verfolgt von Ort zu Orte ziehn.

Gottverlassen scheint er, ist es nicht,
Felsenfest im Glauben, treu der Pflicht,
Leistet auch in Not er nicht Verzicht,
Bringt den Gottesstreit vors nah Gericht.«

Eine eingehende Schilderung dieser Ereignisse gibt der Jesuitenpater Nectou, wenn auch aus der Sicht der Kirche: »Wenn diese Ereignisse, die den Triumph der Kirche herbeiführen werden, herannahen, wird eine solche Unordnung auf Erden herrschen, daß man meinen wird, Gott habe die Menschen ganz ihrem verkehrten Sinn überlassen, und die göttliche Vorsehung kümmere sich nicht mehr um die Welt. Mit einem Wort, die Unordnung wird so allgemein sein, daß man sich nicht mehr zurechtfinden wird. Ist der Augenblick der letzten Krisis gekommen, so wird man nichts anderes tun können, als dort auszuharren, wo Gott uns hingestellt hat, und sich in sein Inneres verschließen und beten, bis der Zorn und die Gerechtigkeit Gottes befriedigt sein werden.«
»Es werden sich in Frankreich zwei Parteien bilden, die sich auf Tod und Leben bekämpfen werden. Die eine wird weit zahlreicher sein als die andere, doch die schwächere wird siegen. Es wird alsdann ein Zeitpunkt eintreten, so schrecklich, daß man glauben wird, das Ende der Welt sei gekommen. Das Blut wird

in mehreren großen Städten fließen, die Elemente werden in Aufruhr geraten. Es wird sein wie das jüngste Gericht im Kleinen. Es wird in dieser Katastrophe eine große Menschenmenge zugrunde gehen. Doch die Bösen werden die Oberhand nicht gewinnen. Sie werden die Absicht haben, die Kirche gänzlich zu zerstören. Die Zeit wird ihnen dazu nicht gelassen werden; denn diese schreckliche Periode wird von kurzer Dauer sein. In dem Augenblick, wo man alles für verloren halten wird, wird alles gerettet sein. Während dieser entsetzlichen Umwälzung, die – wie es scheint – allgemein sein wird und sich nicht nur auf Frankreich erstrecken wird, wird Paris gänzlich zerstört werden . . .« In diese Zeit dürfte auch eine Aussage von JASPER gehören, der vorhersagt:
»Frankreich wird innerlich in drei Teile zerspalten sein.« Auf diese Teilung Frankreichs wird später noch einmal eingegangen werden.

d) Revolution in England

Von dem Jesuitenpater NECTOU wird die gegenseitige Abhängigkeit der politischen Umstürze geschildert, wenn er sagt: »Wenn England anfängt, in seiner Macht erschüttert zu werden, so wird man einer allgemeinen Katastrophe nahe sein. Wie man das Nahen des Sommers erkennt, wenn der Feigenbaum zu knospen beginnt, so wird man das Nahen dieser Ereignisse erkennen an dem beginnenden Verfall Englands. England wird seinerseits eine Revolution durchmachen, schrecklicher als die französische, und diese wird lange genug dauern, um Frankreich Zeit zu geben, sich wieder zu festigen. Frankreich wird England zur Wiederherstellung des Friedens behilflich sein.«
JOHANSSON sagt, die Unruhen seien am schlimmsten im südlichen Teil des Landes, in Wales und den benachbarten Gebieten, und England stehe vor dem Abgrund und sei auf dem Wege hinabzustürzen.

Jeane Dixon sieht für England und Frankreich ebenfalls eine Menge Schwierigkeiten voraus, die politische Umwälzungen im Gefolge haben werden.
Bei Nostradamus steht ein Vers, der möglicherweise auf diese Zeit zutreffen könnte. 5.93 »Wenn Merkur als Gebieter über die runde Mondkugel herrschen wird, dann wird die Insel Schottland ein Licht anzünden, den Engländern wird eine Niederlage bereitet.«

3

Der dritte Weltkrieg

Zeitpunkt des Kriegsbeginnes

»Dem Kriegsbeginn vorausgehen wird ein gutes Jahr, dem drei Mißjahre voller Elend und Drangsale folgen.« (Knopp von Ehrenberg, Johann Peter, Knecht und später Pächter, einer der westfälischen Seher aus dem 18. Jahrhundert.)

»Dem Krieg geht voraus ein fruchtbares Jahr mit viel Obst und Getreide« (Irlmaier).

»In dem Jahre, wo der Krieg losbricht, wird ein so schönes Frühjahr sein, daß im April die Kühe schon in vollem Grase gehen« (Jasper).

Dem Angriff unmittelbar voraus gehen zwei Ereignisse, die von Nostradamus in 2.57 geschildert werden: »Vor dem Konflikt wird die große Mauer fallen. Der Große tot und ein zu plötzlicher und beklagenswerter Tod.« Man wird nicht fehlgehen, wenn man die »große Mauer« nach Berlin verlegt, obwohl das nicht ausdrücklich gesagt ist. Das zweite Ereignis wird auch von Irlmaier geschildert und zwar folgendermaßen: »Im Südosten wird der dritte Hochgestellte umgebracht. Die beiden Mörder sind von anderen bezahlt worden. Der eine Mörder ist ein kleiner, schwarzer Mann, der andere etwas größer mit heller Hautfarbe. Ich denke, auf dem Balkan wird es sein. Nach der Ermordung des dritten geht es über Nacht los.« Wenn hier die Rede davon ist, daß der dritte Hochgestellte ermordet wird, so ist die Frage berechtigt, wann und wo die ersten beiden ermordet werden sollen; hierüber ist allerdings nichts bekannt.

Daß der Krieg dann kommt, wenn man meint, der Kriegsgefahr glücklich entronnen zu sein, kann man folgender Prophezeiung des Knopp von Ehrenberg entnehmen: »Es wird Krieg geben, wenn keiner es glaubt. Man wird Krieg fürchten, doch es wird wieder ruhig und jeder sorglos sein. Wenn die Brücke zu Köln fertig sein wird, wird Kriegsvolk gleich darüber gehen. Man wird eine Straße von Linz nach Asbach bauen durch den Erpe-

ler Busch, aber sie wird nicht fertig werden. Die Arbeiter werden vom Wege laufen. Kriegsvolk wird den Rhein besetzen und alles Mannsvolk muß mit, was nur eine Mistgabel tragen kann.«
Ebenso befaßt sich die Vorhersage von Spielbähn mit dem Bau einer Rheinbrücke: »Wenn man aber bei Mohndorf eine Brücke über den Rhein bauen wird, alsdann mag es ratsam sein, mit den ersten hinüberzugehen an das andere Ufer. Doch soll man nur so lange dort verweilen, bis man ein siebenpfündiges Brot aufgezehrt, alsdann wird es Zeit sein zum Umkehren.«
Irlmaier sieht als Vorankündigung des Krieges ein Zeichen am Himmel: »Ein großes Kreuz wird am Himmel stehen und ein Erdbeben wird unter Blitz und Donner sein, daß alles erschrickt und die ganze Welt aufschreit: ›Es gibt einen Gott‹.«
Dieses Himmelszeichen wird noch von vielen anderen Sehern verkündet. Sepp Wudi z. B. sagt folgendes: »Es steht gegen Norden ein Schein, wie ihn noch niemand gesehen hat, und dann wird ringsum das Feuer aufgehen.«

Die drei Heeressäulen

Der Kronzeuge für die drei Heersäulen, Stoßkeile oder Heerwürmer ist Irlmaier. Es gibt verschiedene Fassungen, die sich etwas voneinander unterscheiden. Die folgende Darstellung ergibt sich aus Vergleich und Zusammenstellung verschiedener Texte:
»Der Angriff kommt von Osten; es geht über Nacht los und es geht sehr schnell. Der nördliche Wurm geht über Berlin nach dem Westen, der mittlere aus dem Raum Sachsen ebenfalls über den Rhein. Der dritte aus dem Raum von Prag über den Bayerischen Wald. Er überquert aber nicht die Donau, sondern geht nordwestlich.« Wahrscheinlich dürfte es sich bei dieser südlichen Heeressäule um eine Abzweigung von der dritten Haupt-

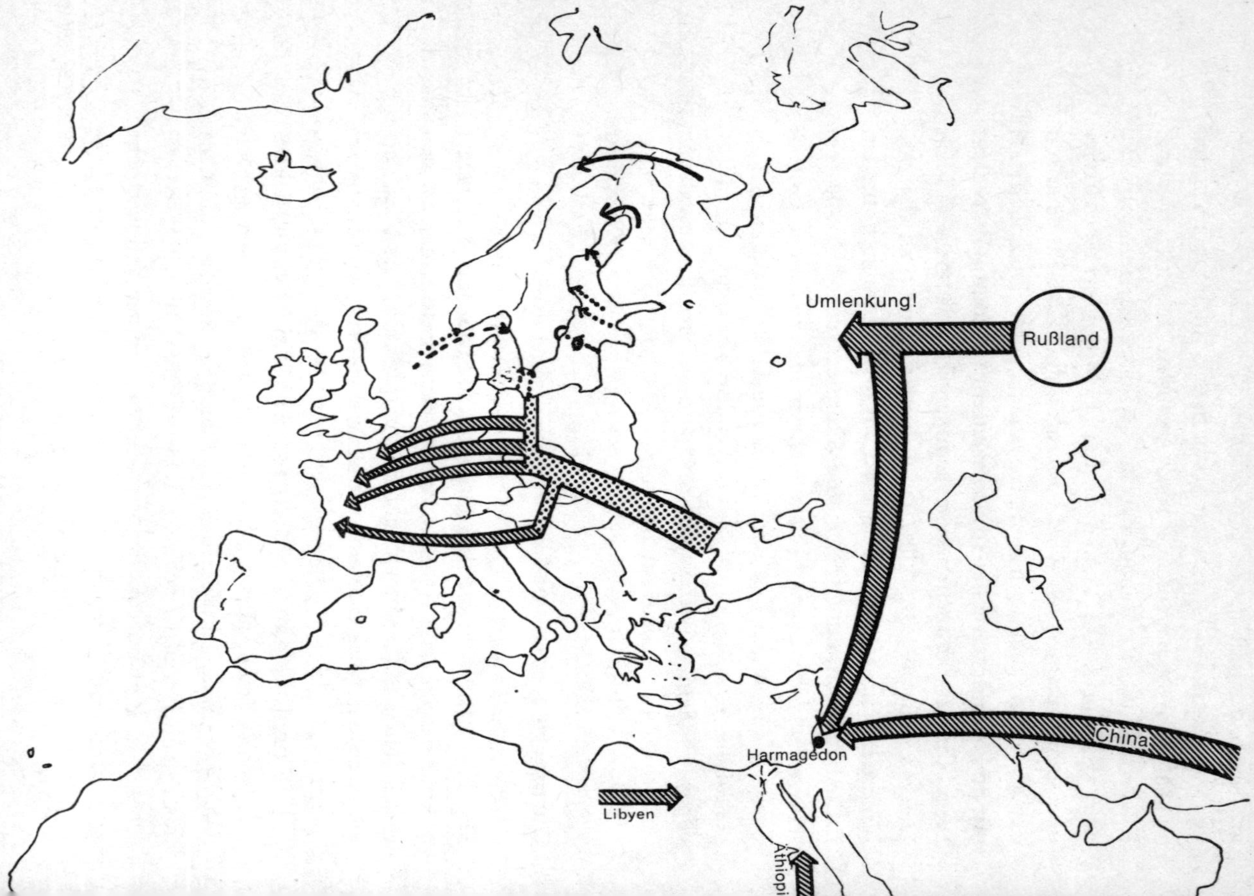
Umlenkung!
Rußland
China
Harmagedon
Libyen
Äthiopi

heeresmasse handeln, die den geraden Weg nach dem Westen nimmt. »Bis Regensburg steht keine Brücke mehr über die Donau, südlich vom blauen Wasser kommen sie nicht. Wo das Hauptquartier des Feindes ist, da steht eine Kirche, in der der Altar nicht nach Osten, sondern nach Norden zeigt.« In Zwiesel im Bayerischen Wald steht eine Kirche, deren Altar nach Norden zeigt. Es gibt aber mehrere solcher Orte. Irlmaier soll mit dem Finger auf einer Landkarte den fraglichen Ort gezeigt haben. Es ist aber nicht bekannt, welchen Ort er nun wirklich gemeint hat.

Nach der Veröffentlichung eines Verfassers, eines katholischen Priesters, der ungenannt bleiben möchte, sieht Irlmaier den Ausbruch des Krieges so: »Alles ruft Frieden, Schalom! Da wird's passieren. – Ein neuer Nahostkrieg flammt plötzlich auf, große Flottenverbände stehen sich im Mittelmeer feindlich gegenüber – die Lage ist gespannt. Aber der eigentliche zündende Funke wird im Balkan ins Pulverfaß geworfen: Ich sehe einen ›Großen‹ fallen; ein blutiger Dolch liegt daneben. – Dann geht es Schlag auf Schlag. Massierte Truppenverbände marschieren in Belgrad von Osten her ein und rücken nach Italien vor. Gleich darauf stoßen drei gepanzerte Keile nördlich der Donau blitzartig über Westdeutschland in Richtung Rhein vor – ohne Vorwarnung. Das wird so unvermutet geschehen, daß die Bevölkerung in wilder Panik nach Westen flieht. Viele Autos werden die Straßen verstopfen – wenn sie doch zu Hause geblieben wären oder auf Landwege auswichen. Was auf Autobahnen und Schnellstraßen ein Hindernis ist für die rasch vorrückenden Panzerspitzen wird niedergewalzt. Ich sehe oberhalb Regensburg keine Donaubrücke mehr. Vom großen Frankfurt bleibt kaum etwas übrig. Das Rheintal wird verheert werden, mehr von der Luft her. – Augenblicklich kommt die Rache über das große Wasser. Zugleich fällt der gelbe Drache in Alaska und Kanada ein. Jedoch er kommt nicht weit.«

Von Mühlhiasl stammt eine Prophezeiung, in der nicht nur die Straße des Durchmarsches, sondern auch die zu empfehlenden Verstecke angegeben werden: »Auf der Straße Cham – Stallwang – Straubing kommen sie einmal daher, die Rotjankerl. Wenn sie aber einmal kommen, muß man laufen und sich verstecken, denn es pressiert. Wenn man drei Laib Brot dabei hat und verliert einen, soll man ihn liegen lassen, wenn man den zweiten verliert, soll man sich auch nicht bücken, man kann es auch mit einem aushalten.« Als Versteck empfahl er die Wälder im Perlbachtal und am Buchaberg, für Englmar die Käsplatte, für Bodenmais die Bergwerke, den Fuchsenriegel und den Falkenstein. Auf diesen Angriff bezieht sich auch der Vierzeiler 9.94 von Nostradamus:

»Die Galeeren (Streitmächte) der Gläubigen schließen sich zusammen,
Der Stärkste der schlimmen Feinde steht auf dem Wall,
Die Gläubigen werden angegriffen, Wratislaw (Breslau) erzittert,
Lübeck – Meißen werden Zeuge des Aufmarsches der Barbaren.«

Es ist nicht so ohne weiteres verständlich, wie Lübeck in die Reihe der mitteldeutschen Städte Breslau und Meißen gerät. Möglicherweise handelt es sich aber auch um den Aufmarsch der östlichen Seestreitkräfte in der See vor Lübeck.

Der Vers 11.29 von Nostradamus dürfte sich ebenfalls auf diesen Angriff beziehen. Er lautet:

»Der Greif (BR Deutschland) möge sich vorbereiten, dem Feind zu widerstehen. Er möge seine Arme verstärken. Andenfalls wird der Elefant (Rußland) kommen, der ihn anfangs überwältigen wird.«

Bei Jasper liest es sich so: »Vor dem Osten habe ich bange.

Dieser Krieg wird sehr schnell ausbrechen. Abends wird man sagen Friede, Friede, und es ist kein Friede, und morgens stehen die Feinde schon vor der Türe. Doch geht es schnell vorüber, und sicher ist, wer nur einige Tage ein sicheres Versteck weiß.«
»Auch die Flucht wird sehr schnell sein. Man werfe Rad und Karren ins Wasser, sonst nehmen die fliehenden Feinde alles Fuhrwerk mit.« Es ist zu beachten, daß der Seher hier klar zwischen Angriff und Flucht des Feindes unterscheidet; diese Unterscheidung ist wichtig, da ein Teil der Rheinlande zweimal von den russischen Panzern überrollt wird.
Für Deutschland sah Mühlhiasl die »Roten« auf der Straße Furth im Wald, Cham, Stallwang, Straubing von Böhmen her über den Pilgramsberg nach Bayern einfallen, doch drei Stunden in der Breite soll niemand sicher sein. Als Irlmaier 1953 in der Nähe der erwähnten Einfallstraße sich in einem Bauerndorf aufhielt, sagte er zu seinem Begleiter: »Mei, da geh ma glei wieda, do werds wiast zuageh, da siech i an Russen zu an jedn Fenster einischaungn.« Die Russen sollen jedoch die Donau nicht überschreiten, sondern nach Westen abbiegen, »sie rennen Tag und Nacht, ihr Ziel ist das Ruhrgebiet«.

Kommentar: Das Ruhrgebiet als erstes Ziel ist ohne weiteres einleuchtend, doch scheint es dann doch anders zu kommen. Lediglich Frankfurt wird arg mitgenommen, erobert und weiterhin besetzt gehalten. Das könnte natürlich damit zusammenhängen, daß der Rhein-Main-Flughafen eine Schlüsselposition einnimmt, ist er doch als Luftbrückenkopf und Nachschubbasis von eminenter strategischer Bedeutung und nicht der Nato, sondern direkt dem US-Oberkommando unterstellt.
Wenn das Ruhrgebiet vorerst einmal liegengelassen wird, hat das seinen triftigen Grund. Die eingedrungenen Streitkräfte sehen sich plötzlich vom Nachschub abgeschnitten, es fehlt ihnen ein sicherer Hort, eine stabile Ausgangsbasis, von wo aus sie

ihre Operationen unternehmen könnten. Hier bietet sich Frankreich geradezu an, denn die politische Situation scheint mehr als verworren. Über die Natur des mißglückten französisch/spanischen Krieges kann man nur Vermutungen anstellen, doch scheint eine Intervention in Nordspanien, dem Land der Basken, am wahrscheinlichsten zu sein. Es herrscht Bürgerkrieg, Paris liegt in Schutt und Asche, die Regierung sitzt provisorisch in Avignon, das Land ist in zwei oder drei Lager gespalten. Über die Haltung der französischen Truppenverbände ist nichts bekannt, doch die Flotte oder zumindest Teile davon stellen sich bereitwillig dem russischen Oberkommando zur Verfügung und unterstützen den Überfall auf Skandinavien. In dieser Situation ist die Gefahr, daß Frankreich eine kommunistische Regierung erhält und mit den »Befreiern« gemeinsame Sache macht, nicht von der Hand zu weisen.

Der Staubregen

Während oder gleich nach dem Durchbruch der Panzerkeile wird eine Sperre gelegt, die den östlichen Angriffsheeren den Nachschub und damit den Lebensfaden abschneidet. Bei IRLMAIER liest sich das folgendermaßen: »Ich sehe die Erde wie eine Kugel vor mir, auf der nun die weißen Tauben heranfliegen, eine sehr große Zahl vom Sand herauf. Und dann regnet es einen gelben Staub in einer Linie. Die goldene Stadt wird vernichtet, da fangt es an. Wie ein gelber Strich geht es hinauf bis zu der Stadt in der Bucht. Eine klare Nacht wird es sein, wenn sie zu werfen anfangen. Die Panzer fahren noch, aber die darin sitzen, sind schon tot. Dort, wo es hinfällt, lebt nichts mehr, kein Baum, kein Strauch, kein Vieh, kein Gras, das wird welk und schwarz. Die Häuser stehen noch. Was das ist, weiß ich nicht und kann es nicht sagen. Es ist ein langer Strich. Wer darüber geht, stirbt. Die herüben sind, können nicht hinüber und die Drenteren können nicht herüber; dann bricht bei den Heeressäulen herüben alles zusammen. Sie müssen alle nach Norden. Was sie bei sich haben, schmeißen sie alles weg. Zurück kommt keiner mehr.« Über die wahrscheinliche Herkunft der Flugzeuge wird später noch zu reden sein. IRLMAIER hat sich manchmal gescheut, Namen auszusprechen, besonders wenn er eine schlechte Botschaft zu verkünden hatte. Wenn er aber in einer anderen Fassung davon spricht, daß der Strich von Prag in einer geraden Linie nach Norden bis zu der Stadt in der Bucht geht, so ist eine Verwechslung kaum möglich, es handelt sich um Stettin.

In einer anderen Fassung sagt IRLMAIER: »Die Flugzeuge werfen zwischen dem Schwarzen Meer und der Nordsee ein gelbes Pulver ab. Dadurch wird ein Todesstreifen geschaffen, pfeilgerade vom Schwarzen Meer bis zur Nordsee, so breit wie halb Bayern. In dieser Zone kann kein Grashalm mehr wachsen, geschweige denn ein Mensch leben. Der russische Nachschub ist unterbrochen.«

Es soll nun nicht verschwiegen werden, daß es von IRLMAIER auch eine andere Version dieses Staubregen-Einsatzes gibt, in der von einem »schwarzen Kastel« die Rede ist. Es heißt da: »Aber dort, wo das Hauptquartier ist, werfen's das schwarze Kastel runter, dann ist alles hin. Dann fliegen's nach Norden. In der Mitte steht ein Fleck, da lebt gar nichts mehr, kein Mensch, kein Vieh, kein Gras. Sie fliegen ganz nauf, wo die dritte Heeresmasse reinkommen ist und schneiden alles ab. Dann werden's alle umgebracht . . .«

Nach dieser Version werden auf das Hauptquartier und die Heereszüge wohl Atombomben geworfen, während der Raum zwischen den Heereszügen mit dem Staubregen verseucht wird; eine Umgehung des radioaktiv verseuchten Gebietes ist dann nicht mehr möglich.

Von der SEHERIN VON PRAG liegt eine Beschreibung des Unterganges von Prag vor. Darin ist sowohl von Atombomben als auch von einem Schwefelrauch, der Mensch und Vieh den Atem nimmt, die Rede. Es heißt da: »In dem Jahr, in welchem zwei Fünfen der Neunzehn gegenüberstehen, naht das Ende Prags. Die Glocken werden die zehnte Stunde anzeigen. Ein furchtbarer Sturm braust über das Land. Rauch von Schwefel nimmt den Menschen und dem Vieh den Atem. Dann wird der Hradschin in Flammen stehen und die Mauern werden bersten. Alles versinkt in schwarze Tiefe. Vom Vysehrad kommt ein Feuerball, die Felsen fliegen durch die Luft, und es wird überall ein Geschrei und ein Feuermeer sein. Langsam verziehen sich die Wolken. Es ist vorbei, und das Schicksal Prags hat sich erfüllt.«
Die Deutung der Jahresangaben könnte nach Putzien so aussehen: »Die beiden fünf sind China (= fünf Buchstaben) und die UdSSR (= fünf Buchstaben). Die neunzehn bezeichnet die United States Amerika (= neunzehn Buchstaben), wobei allerdings das ›of‹ weggelassen wird.«
In der Prophezeiung des BLINDEN JÜNGLINGS von Prag hat es geheißen:

18. »Das Volk in Böhmen wird durch den Krieg vernichtet und alles im Lande wird verschüttet werden.
19. Zweimal wird das Böhmerland gesiebt werden: Das zweite Mal werden nur so viel Tschechen übrigbleiben, wie auf einer Hand Platz haben.
20. Aber es wird nicht eher Friede in Europa sein, ehe nicht Prag ein Trümmerhaufen ist.
21. Abermals zur Kirschblüte wird Prag vernichtet werden.
22. Eine Sonne wird stürzen und die Erde beben . . .
23. Die Rache kommt übers große Wasser.«

Auf die Situation im geteilten Deutschland (Zwitter!) geht der Vers 2.45 von NOSTRADAMUS ein: »Allzusehr beklagt der Himmel den gezeugten Zwitter. Blut wird vergossen unter diesem Himmelsstrich. Durch Krieg wird das große Volk wiedergeboren. Fast zu spät. Doch in später Stunde wird die erwartete Hilfe schnell kommen.«

KOMMENTAR: Man geht heute allgemein davon aus, daß im Falle eines Angriffes aus dem Osten die Verteidigung Westeuropas automatisch vom Nordatlantischen Bündnis übernommen wird. Nun gibt es in den USA Stimmen, die vorschlagen, Europa möge in einem möglichen Kriegsfall die Verteidigung mit konventionellen Waffen selbst übernehmen, die USA würden sich dann darauf beschränken, die atomare Abschirmung zu garantieren. Auch eine Aufgabe oder doch eine Änderung der Strategie der »Vorne-Verteidigung« Westeuropas ist im Gespräch. Wie der Krieg gegen Indien zeigt, kann man sich nicht unbedingt darauf verlassen, daß jeder russische Überfall auch die atomare Abwehr des Westens in Gang setzt. Doch im Falle des dritten Weltkrieges löst der anfangs nur mit konventionellen Waffen vorgetragene Angriff aus dem Osten die Kernwaffen-, beziehungsweise Staubregen-Reaktion des Westens aus. NOSTRADAMUS sagt allerdings: »Fast zu spät. Doch in später Stunde wird die erwartete Hilfe schnell kommen.«

Wie die Erfahrungen aus dem Jom Kipp'ur-Krieg gezeigt haben, kann die Abwehrbereitschaft eines Landes erheblich geschwächt werden, wenn der Angriff auf einen Feiertag gelegt wird, weil Teile der Einsatzkommandos erst aus dem Urlaub geholt werden müssen. Dazu kommt das Chaos auf unseren Straßen und Autobahnen: Die nach dem unerwarteten Angriff einsetzende, zurückflutende Urlauberreisewelle würde die Verteidigung erheblich behindern, für den Angreifer würden Autokolonnen kaum ein Hindernis darstellen. Wie Panzerfahrer bestätigen, wird das Überrollen eines Personenkraftwagens von der Panzerbesatzung sehr oft überhaupt nicht bemerkt.

Im Kapitel Staubregen war die Rede davon, daß eine große

Anzahl Flugzeuge »vom Sand herauf« anfliege, um in das Kampfgeschehen in Mitteleuropa einzugreifen. Es würde sich am glaubwürdigsten Israel als Luftwaffenstützpunkt anbieten, doch hat Israel, wie noch gezeigt wird, selber unter einer gewaltigen gegnerischen Luftüberlegenheit zu leiden. Es erscheint nicht glaubwürdig, daß unter diesen Umständen eine große Anzahl von Flugzeugen für einen anderen Kriegsschauplatz zur Verfügung stehen könnte. Die sechste US-Flotte, die ja im Mittelmeer kreuzt, dürfte schon deswegen ausscheiden, da Irlmaier dann sicher nicht »vom Sand«, sondern »aus dem Wasser« gesagt hätte. Am wahrscheinlichsten scheint folgende Deutungsmöglichkeit: Ägypten bewahrt Israel gegenüber eine wohlwollende Neutralität. Die USA honorieren diese Haltung mit umfangreichen Waffenlieferungen. So wäre zu verstehen, daß Israel zwar unter der feindlichen Luftüberlegenheit zu leiden hat, daß im Katastrophenfall aber trotzdem ausreichend Flugzeuge zur Verfügung stehen. Derzeit ist auch ein Abkommen im Gespräch, auf europäischem Boden keine Neutronenwaffen zu lagern. Nun, Ägypten gehört nicht nach Europa.
Auf ein Problem, das sich zwangsläufig im Zusammenhang mit dem Staubregen ergibt, soll hier nur kurz eingegangen werden: In dem betroffenen Gebiet wird alles Leben vernichtet, die Panzerbesatzung stirbt in den Panzern, die Bevölkerung Prags wird in kurzer Zeit getötet, die Stadt vernichtet. Giftgaswolken vernichten nicht nur das menschliche Leben in großen Gebieten, auch das tierische und pflanzliche Leben erlischt. Wenn nicht Seuchen und Krankheiten ausbrechen sollen, ist es unbedingt erforderlich, die Leichen und Tierkadaver zu beerdigen, zu verbrennen oder auf andere Weise als Brutstätten von Krankheitserregern auszuschalten. Das stößt aber auf große Schwierigkeiten, denn das Gelände kann unter keinen Umständen betreten werden. Ob und wie dieses Problem gelöst werden kann, ist heute noch eine offene Frage.

Die Vernichtung der Heeressäulen

Nachdem die Panzerkeile die westliche Verteidigung überrannt und den Rhein überschritten haben, um den Atlantik zu gewinnen, spielen sich die Kämpfe in Frankreich ab. Als Kronzeuge tritt NOSTRADAMUS auf; Vers 3.93:
»In Avignon wird sich die französische Regierung aufhalten, weil Paris verwüstet sein wird. Der Zorn eines Hannibal beseelt die Truppen der Tricolore (Frankreich). Durch den Wechsel im Kampfverlauf wird Lyon schlecht getröstet werden.« Wenn die russischen Truppen bis Lyon zurückgeworfen werden, so bringt das den Einwohnern der Stadt natürlich nicht nur Freude, sondern auch manch bitteres Leid.
5.68: »In der Donau und vom Rhein wird das große Kamel trinken und es wird es nicht bereuen. Erzittern werden die an der Rhone und mehr die an der Loire. Dann wird es der gallische Hahn (Frankreich) in der Nähe der Alpen vernichten.«
9.70: »Panzer zerschneidend in den Lichtern verborgen innerhalb Lyons der Tag des Sakraments. Die von Vienne (an der Rhone) werden ganz und gar dezimiert durch die Truppen aus den lateinischen Kantonen. Màcon lügt nicht.« (Màcon an der Rhone.) Dieser Vers ist ein Hinweis auf eine neue Waffe, die, vielleicht mit Laserstrahlen (in den Lichtern verborgen), sogar Panzer zerschneiden kann. Wenn die Truppen von Vienne durch solche aus den lateinischen Kantonen aufgerieben werden, kann das bedeuten, daß die innerfranzösischen Machtkämpfe noch nicht beendet sind.
8.34: »Nach dem Sieg des (britischen) Löwen im Löwen (Tierkreiszeichen Löwe vom 23. Juli bis 23. August) findet unterhalb des (deutsch-französischen) Juragebirges ein Massenmorden statt. Lyon und Ulm werden zum Grabe für eine Weltmacht, die sieben Millionen an Toten und Gefangenen verlieren wird.« Diese Zahl von sieben Millionen ist insofern beachtens-

wert, da mit ihrer Hilfe die Stärke der durchgebrochenen Panzerarmeen geschätzt werden kann.
3.53: »Wenn ›der Größte‹ den Siegerpreis davontragen wird, im Raum von Nürnberg, Augsburg und Basel. Durch den Heerführer im Raum Köln wird Frankfurt zurückerobert. Sie werden Flandern bis nach Gallien hinein durchquert haben.« Dieser letzte Satz könnte ein Hinweis sein, daß die entscheidende Hilfe evtl. über den Atlantik kommt, da Flandern wahrscheinlich den Brückenkopf bildet für die anglo-amerikanische Entsatzungs-Armee. Wenn hier Basel als Schlachtort auftaucht, ist dies der erste Hinweis darauf, daß es der Schweiz im dritten Weltkrieg nicht noch einmal gelingen wird, die Neutralität zu wahren. Möglicherweise ist Frankfurt schon bei dem Angriff Anfang Mai überrannt und als Brückenkopf besetzt gehalten worden.
6.40: »Der Große von Magog (Rußland) wird seiner Weltmachtstellung beraubt werden, um seine Eroberungsgier zu ersticken. Die Bewohner von Köln werden es sehr beklagen, daß die große Heeresgruppe in den Rhein getrieben wird.«
Die Vernichtung der Heeressäulen kommt in ihre Endphase, es folgt die Schlacht bei Köln und am Birkenbäumchen.

Die Schlacht bei Köln

Die russischen Verbände, die, in einem Siegesrausch ohnegleichen, unaufhaltsam, alles vor sich niederwalzend, vom Eisernen Vorhang bis an den Atlantik vorgeprescht sind, werden in pausenlose Abnutzungsschlachten verwickelt. Der Umstand, daß sowohl die Versorgung als auch der Nachschub ausbleibt oder doch nur notdürftig aus der Luft erfolgen kann, sowie das Gefühl, auf verlorenem Posten zu kämpfen, mögen das ihre dazu beitragen, um den mitreißenden Elan der ersten Tage langsam schwinden zu lassen. Es werden nicht nur Schlachten verloren, sondern eine Katastrophe beginnt sich abzuzeichnen. Die russischen Truppen überschreiten zum zweiten Mal den Rhein, diesmal vom Westen kommend, anfangs vielleicht noch in geordnetem Rückzug, bald aber in wilder Flucht vor der völligen Vernichtung.

Der Einsiedler ANTONIUS, ein rheinischer Seher, schildert den Kampf so: »Der Krieg wird einmal im Elsaß von neuem ausbrechen. Ich sah die Franzosen im Besitz des Elsaß. Sie hatten Straßburg im Rücken. Ich sah auch Italiener, bereit, an ihrer Seite zu kämpfen. Plötzlich kamen von der französischen Seite aus Metz und Nancy große Truppentransporte, worauf eine Schlacht begann und 2 Tage dauerte und mit der Niederlage des preußischen Heeres (DDR-Kontingente) endete. Die Franzosen verfolgten die Preußen über den Rhein nach vielen Richtungen hin. In einer abermaligen Schlacht bei Frankfurt wurden die Preußen wieder geschlagen. Sie zogen sich bis Siegburg zurück, wo sie zum russischen Heere stießen. Die Russen machten gemeinsame Sache mit den Preußen. Mir schien es, daß die Österreicher den Franzosen halfen. Die Schlacht bei Siegburg war etwas noch nie Dagewesenes an Schrecklichkeit. Ähnliches wird nie mehr gesehen. Nach einigen Tagen zogen sich die Preußen und Russen zurück und gingen eineinhalb Meilen unterhalb Bonn auf das linke Rheinufer. Stetig vom Feinde bedrängt, zogen sie sich nach Köln zurück. Die Stadt wurde beschossen, nur ein Viertel der Stadt blieb unversehrt. Stets auf dem Rückzuge, retteten sich die Reste der preußischen Armee nach Westfalen. Dort war die letzte Schlacht ebenfalls zu ihren Ungunsten. Die Leute freuten sich, endlich die Preußen los zu sein. Sie klatschten in die Hände und ihre Gesichter strahlten vor Freude.«

Von einem KATHOLISCHEN PFARRER aus Baden stammt eine Schilderung, die einen neuen Aspekt bringt: »Aus dem Süden

Deutschlands wird ein aus Süddeutschen und Österreichern gebildetes Ordnungsheer anrücken, das anfangs klein, immer mehr Zuzug bekommen wird. Im Verein mit den rheinischen und französischen Truppen wird es die Bolschewiken, Russen und Preußen vollständig niederwerfen.«

Eine ebenso lückenlose Schilderung der Schlacht bei Köln gibt der Mönch von Werl:

»Es wird ein fürchterlicher Krieg entstehen. Auf der einen Seite werden alle Völker des Westens, auf der anderen alle des Ostens stehen. In fürchterlichen Scharen werden jene herankommen. Lange wird man mit unentschiedenem Glücke kämpfen, bis man endlich in die Gegend des Rheines kommt. Dort wird man kämpfen drei Tage lang, so daß das Wasser des Rheines rot gefärbt sein wird, bis es bald nachher zur Schlacht am Birkenbäumchen kommt. Da werden weiße, blaue und graue Soldaten kämpfen mit solcher Macht und Wut, daß jene Scharen vollkommen aufgerieben werden, und dann wird Ruhe und Friede sein.«

»Mitten in Deutschland werden sie aufeinander treffen, nachdem die Einwohner gezwungen sind, sich in die Berge und Wälder zu flüchten. In den Gegenden Niederdeutschlands wird dieser schreckliche Kampf entschieden werden. Daselbst werden die Heere Lager schlagen, wie sie der Erdkreis noch nie gesehen hat. Am Birkenwäldchen, nahe bei Bodberg, wird dieses schreckliche Treffen beginnen. Wehe, armes Vaterland! Drei Tage werden sie dort kämpfen; bedeckt mit Wunden werden sie sich noch gegenseitig zerfleischen und bis an die Knöchel im Blute waten. Dort wird jene Macht vernichtet, ihre Kraft zerbrochen, so daß kaum einige übrig bleiben, um die unerhörte Nachricht zu verkünden.«

Diese Berichte sprechen für sich selbst, ein Kommentar dazu erübrigt sich. Wie man sieht, handelt es sich eigentlich um mehrere Schlachten; besonders hervorgehoben sind aber nur die

Schlachten bei Köln und am Birkenbäumchen, sozusagen als der blutige Abschluß eines unerhörten Geschehens.

Die Schilderung von Spielbähn lautet:

»95. Die heilige Stadt Köln wird sodann eine fürchterliche Schlacht sehen.

96. Viel fremdes Volk wird hier gemordet und Männer und Frauen kämpfen für ihren Glauben.

97. Und es wird von Köln, das bis dahin noch eine Jungfrau, eine fürchterliche Verheerung nicht abzuwenden sein.

98. Und man wird all da bis ans Fußgelenk im Blute waten.

99. Zuletzt aber wird ein fremder König aufstehen und den Sieg für die gerechte Sache erstreiten.

100. Des Feindes Rest entflieht bis zum Birkenbäumchen.

101. Hier wird die letzte Schlacht gekämpft für die gute Sache.«

Die Schlacht bei Köln sieht schon Lichtenberger im Jahre 1488: »Darum sagt Methodius: Es wird die Zeit kommen, daß die Agareni (die Söhne der Hagar: die Wüstenvölker) noch einmal in deutschen Landen versammelt aus der Wüstenei gehen werden, und werden den Weltkreis einnehmen . . . und ihre Reise wird die ›Agarener Reise‹ genannt werden. Denn sie werden Städte und Reiche umkehren, und die Priester werden sie in den geweihten Städten erwürgen. Daselbst werden sie bei den Weibern schlafen, und aus den heiligen Gefäßen werden sie trinken, und ihre Tiere werden sie an der Heiligen Gräber binden, um der Bosheit willen der Christen, so zu der Zeit sein werden. Aber bei dem golden Apfel zu Cöln werden sie umkommen und vertilget werden.«

Peter Schlinkert, der Seher im Möhnetale, schildert die Endschlacht sozusagen aus nächster Nähe:

»Am Birkenbaume wird die Armee des Westens gegen die Armee des Ostens eine furchtbare Schlacht kämpfen und nach vielen blutigen Opfern den Sieg erringen. Die Krieger des

Ostens nehmen in wilder Flucht ihre Retirade über die Haar, und wenn die Bewohner unserer Dorfschaften dann den Ort Rune an der Werler Haar brennen sehen, mögen sie nur schleunigst in den Arnsberger Wald flüchten. Am Wirtshause des Kaiser (zu Stockum) werden viele Reiter in weißen Mänteln halten und einen Trunk Wasser verlangen; ehe aber die Hausfrau ihnen einen solchen zureicht, jagen sie auf und davon, denn die Krieger aus dem Westen sitzen ihnen auf den Fersen. Die Arbeiter an der Straße müssen Spaten und Hacke im Stiche lassen, so schnell wird der Andrang des Kriegsvolkes sein. Und ein anderes Gefecht findet an der Ruhrbrücke bei Obereimer statt, jedoch wird man hier nur mit Artillerie kämpfen und bei dieser Gelegenheit die drei zunächst Obereimer stehenden Häuser Arnsbergs in Brand schießen. Einige Tage später geschieht zwischen den Kriegern aus Osten und Westen die zweite und letzte große Schlacht auf deutschem Boden, und zwar bei dem Dorfe Schmerlecke am sogenannten Lusebrinke. Die Heere des Ostens werden bis zur totalen Vernichtung geschlagen, und nur sehr spärlichen Überbleibseln wird es vergönnt sein, die Kunde der ungeheueren Niederlage in ihre Heimat zu bringen. ›Ein gräßliches Wehe, wehe dir Hellweg!‹ In Soest wird eine ganze Straße bis zur alten Kirche abbrennen, und das Blut der Gefallenen wird sich stromweise ins Jakobitor ergießen. Nach diesen Tagen des Unglücks und Jammers kehrt aber Freude und Friede in Deutschland ein, obgleich im ersten Jahr nach dem Kriege die Weiber hinter dem Pfluge gehen müssen.«

Nach Putzien ist »Hellweg« der alte Heerweg, der vom Niederrhein nach der Weser führt. Nördlich reicht dieses Gebiet bis zur Lippe, südlich wird es durch die Haar begrenzt. In der Schrift »Die Völkerschlacht der Zukunft am Birkenbaume« (Cöln, 1907) zitiert Professor Dr. Friedrich Zurbonsen einige der in diesem Raum erhaltenen Überlieferungen:

»Wenn die Büdericher auf Krautweih (Maria Himmelfahrt, 15. August) aus dem Hochamt kommen, steht rings um die Kirche alles voll von Soldaten.«

»Die Bewohner des Hellwegs müssen die Haar hinauf flüchten: Sobald der Kanonendonner aus der Gegend von Münster herüber rollt, dann ist es Zeit. Wer nur einen Fuß in der Ruhr hat, wird gerettet.« »Die Stadt Unna wird man in lichten Flammen sehen, Werl ebenso und die Ostseite von Dortmund.«

Der »Junge von Elsen« schildert örtliche Verhältnisse in der Nähe von Paderborn:

»Wenn am Bocke Gerste steht, dann wird der Feind im Lande sein und alles umbringen und verwüsten. Sieben Stunden Weges wird man gehen müssen, einen Bekannten zu finden.«

»Die Stadt (Paderborn) wird acht saure Tage haben, wo der Feind darin liegen wird. Am letzten Tage wird er die Stadt plündern wollen, aber fürchtet nichts! Tragt nur euer Bestes von unten nach oben, denn der Feind wird nicht Zeit haben, seine Schuhriemen zu binden, so nahe sind eure Helfer.«

»Auch wird man vom Liboriberg aus die Stadt in Brand schießen wollen, doch nur eine Kugel wird treffen und ein Haus in Brand setzen auf dem Kampe; das Feuer wird aber gelöscht werden.«

»Die Franzosen werden kommen, nicht als Feinde, sondern als Freunde und Helfer. Solche mit blanker Brust werden zum Westtore hereinziehen und ihre Pferde auf dem Domhof an die Bäume binden.«

»Zum Gierstore herein werden Soldaten kommen in grauen Röcken mit hellblauen Aufschlägen. Sie werden aber nur hereinblicken in die Stadt und wieder zurückgehen.«

»Am Bocke steht ein großes Heer mit doppelten Zeichen, das die Gewehre zu Haufen gestellt hat.«

»Der Feind wird fliehen nach Salzkotten zu und nach der Heide hin. Dort werden große Schlachten geschlagen werden.«

»Die aus der Stadt ihn verfolgen, mögen sich hüten, über die Alme-Brücke zu gehen, denn keiner der hinüber geht, wird lebend zurückkommen.«

»Der siegreiche Fürst wird in dem Schlosse zu Neuhaus, das wieder instand gesetzt wird, seinen Einzug halten, begleitet von vielem Volk mit grünen Zweigen an den Hüten.«

»Auf der Johannesbrücke vor Neuhaus wird ein solches Gedränge sein, daß ein Kind erdrückt wird. Währenddem wird in der Stadt Paderborn auf dem Rathaus und vor demselben eine große Versammlung gehalten, und man wird einen Mann vom Rathaus herabgeschleppt bringen und davor an der Laterne aufhängen. Wenn das alles wird geschehen sein, dann wird eine gute Zeit sein im Lande. Das Mönchenkloster wird wieder hergestellt, und es wird besser sein, hier im Land Schweinehirt zu sein als da hinten im Preußenland Edelmann.«

Die örtlichen Gegebenheiten schildert auch KNOPP von Ehrenberg: »Und es wird ein Krieg sein, wie vordem nicht erlebt worden, aber er wird nicht lange dauern. Die zuletzt noch aufgefordert werden, kommen, wenn alles vorüber. Es wird hart hergehen, besonders bei Koblenz. Die Linzer (am Rhein) werden viel leiden und viele alles verlassen und im Gebüsche wohnen, müssen aber dabei noch Gott danken. Aber bei Unkel wird das Blut in Strömen fließen.«

Merkwürdigerweise liest man in den Prophezeiungen nur sehr wenig über Luftangriffe, wo doch anzunehmen ist, daß in einem kommenden Krieg die Erringung der Luftüberlegenheit von ausschlaggebender Bedeutung für das weitere Kampfgeschehen sein wird. Um so mehr müssen die wenigen Hinweise Beachtung finden. So ist bei KUGELBEER zu lesen: »Die Rheinlande werden zerstört, mehr durch Flugzeuge als durch Heere. Die Flugzeuge schwärmen wie die Schwalben und lassen Bomben gleich Regentropfen fallen. Ebenso wird Münster mitgenommen.«

Hepidanus von St. Gallen, der schon im Jahre 1080 n. Chr. die kommende Katastrophe vorhergesehen hat, ohne natürlich die Flugzeuge als solche erklären zu können, schildert folgendes: »Als ich gestern meinen täglichen Gebeten oblag, ward ich plötzlich im Geiste der Zeit entrückt und hinweggeführt an einen fremden Ort. Da sah ich einen Brand gegen Himmel steigen, gleich dem Brande einer großen Stadt. Ich hörte ein Wehklagen von Männern, Weibern und Kindern, so daß mein Herz sich betrübte. Die Menschen flüchteten vor den Gluten des Feuers, und in der Angst ihres Herzens eilte der eine hierhin, der andere dorthin. Aber die Flammen eilten ihnen mit Windesschnelle nach und umhüllten bald hier, bald da Haufen von Menschen und erstickten sie in dem Rauche und dem Qualme. Viele von ihnen waren indes dem Feuer entronnen, sie liefen in das Wasser des Flusses. Manche von ihnen ertranken, andere wurden von großen Vögeln mit eisernen Schnäbeln, deren Flügelschlag mit seinem Rauschen die Luft erfüllte, weggefangen, wie die Schwalbe im Sommer die Fliege erhascht. Allenthalben herrschte große Angst, Jammer, Not und Elend.«
Mir scheint das der Todeskampf einer Stadt am Flusse zu sein, die durch Tieffliegerangriffe »fertiggemacht« wird, nachdem die Bodenabwehr, falls vorhanden, ausgeschaltet wurde.
Merkwürdigerweise sieht der Dichter des »Liedes von der Linde« weder die Schlacht bei Köln noch jene am Birkenbäumchen. Der entsprechende Vers lautet:

»Ernten schwinden, doch die Kriege nicht,
Und der Bruder gegen Bruder ficht,
Mit der Sens' und Schaufel sich bewehrt,
Wenn verloren gingen Flint und Schwert.«

Es mag manchen überraschen, wenn hier eine Wiedergabe aus der Heiligen Schrift folgt, nämlich Daniel 8.3-7. Doch bei unvoreingenommener Prüfung des Textes stellt sich heraus, daß es sich dabei im irdischen Aspekt um die Schlacht bei Köln und den Krieg der beiden Supermächte handeln könnte. Es sei noch einmal betont, daß alles zunächst in der Wirklichkeit des Geistes vor sich geht, sich dann aber zu einer Zeit in der äußeren Erscheinungswelt manifestiert. Die Stelle bei DANIEL lautet: »Und ich hob meine Augen auf und sah und siehe ein Widder stand vor dem Fluß (Rhein?), der hatte zwei hohe Hörner, doch eines höher als das andere und das höhere war später hervorgewachsen (Rußland und China). Ich sah, daß der Widder mit den Hörnern stieß nach Westen, nach Norden und nach Süden hin, und kein Tier konnte vor ihm bestehen und vor seiner Gewalt errettet werden, sondern er tat, was er wollte, und wurde groß. Und indem ich darauf acht hatte, siehe, da kam ein Ziegenbock vom Westen her über die ganze Erde, ohne den Boden zu berühren, und der Bock hatte ein ansehnliches Horn zwischen seinen Augen. Und er kam bis zu dem Widder, der zwei Hörner hatte, den ich vor dem Fluß stehen sah, und er lief in gewaltigem Zorn auf ihn zu. Und ich sah, daß er nahe an den Widder herankam, und voller Grimm stieß er den Widder und zerbrach ihm seine beiden Hörner. Und der Widder hatte keine Kraft, daß er vor ihm hätte bestehen können, sondern der Bock warf ihn zu Boden und zertrat ihn, und niemand konnte den Widder vor seiner Gewalt erretten.«

Es kann kaum einem Zweifel unterliegen, daß dieses Gesicht, das sich ja ausdrücklich auf die Endzeit bezieht (DANIEL 8.17), den Kampf der beiden Machtblöcke, die Vernichtung der kommunistischen Angriffsheere, darstellt. Der Ziegenbock, der da heranstürmt, ohne den Boden zu berühren, symbolisiert die Luftmacht der USA oder der Nato. Es ist erstaunlich, wie treffend ein Gleichnis eine bestimmte Situation schildern kann, ohne auch nur einen Namen zu nennen.

Wenn es eines weiteren Beweises bedarf, daß die Endzeit der

Bibel und der dritte Weltkrieg möglicherweise identisch sind, kann eventuell der vorher zitierte Vers 6.40 von NOSTRADAMUS herangezogen werden. Hierin nennt NOSTRADAMUS den Verlierer der Schlacht bei Köln, den »Großen von Magog«. NOSTRADAMUS, der ja die Bibel kannte, hatte dabei wohl HESEKIEL 38.2 im Auge, wo es heißt: »Du Menschenkind, richte dein Angesicht auf Gog, der im Lande Magog ist . . . und weissage gegen ihn.«

In den zwei FELDPOSTBRIEFEN* wird von einem Naturereignis gesprochen: » . . . Kommt Rußland und fällt über Deutschland her, wird aber zurückgeschlagen, weil die Natur eingreift. Da wird in Süddeutschland ein Platz sein, wo das Ereignis eintritt. Später kommen die Leute aus aller Welt, um das anzuschauen.«

Auch IRLMAIER sagt: »Die Russen müssen nach Norden, weil die Natur eingreift.« An anderer Stelle in den zwei FELDPOSTBRIEFEN steht: »Weil die Berge Feuer speien.« Doch bleibt die Natur dieses Ereignisses unklar.

In den beiden FELDPOSTBRIEFEN finden wir noch eine Stelle, die mit heutigem Wissen kaum gelöst werden kann: »Die Flüsse sind alle so seicht, daß man keine Brücken mehr braucht zum Hinübergehen.« Auch IRLMAIER spricht davon: »Die Flüsse werden so wenig Wasser haben, daß man leicht durchgehen kann.«

Wenn man nun fragt, welche Gegenden besonders heimgesucht werden, so antworten die FELDPOSTBRIEFE: »Bis zur Donau und zum Inn wird alles dem Erdboden gleichgemacht und vernichtet. Von der Isar an wird den Leuten kein Leid geschehen, es wird nur Not und Elend hausen.«

IRLMAIER sieht es so: »Südostbayern (der Saurüssel) wird beschützt, da breitet die ›liebe Frau von Altötting‹ ihren Mantel darüber. Da kommt keiner her. . . . Das Alpenland wird von Norden und Süden ein wenig hineingezogen. Aber im Osten des Landes ist Ruhe.« Lediglich von Landau an der Isar wird

* Siehe Seite 235

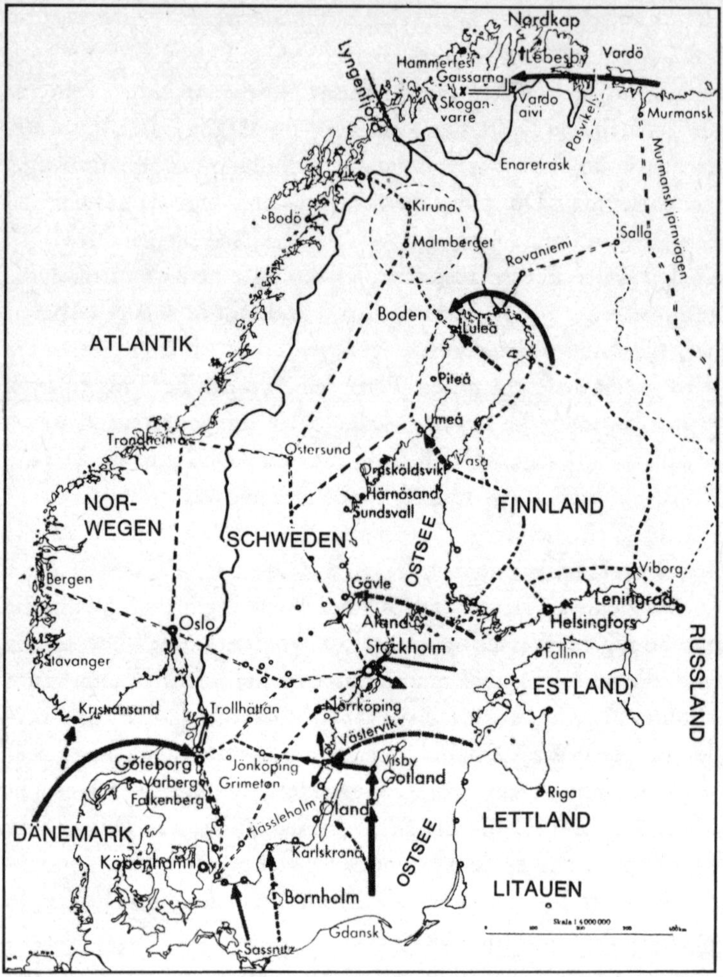
Nordkap
Hammerfest
Lebesby
Vardö
Gaissarna
Skogan-varre
Vardo aivi
Murmansk
Lyngenfjord
Pasvikelv
Enaretrask
Narvik
Bodö
Kiruna
Malmberget
Salla
Rovaniemi
Murmansk järnvägen
Boden
Luleå
ATLANTIK
Piteå
Umeå
Trondheim
Östersund
Vasa
Örnsköldsvik
Härnösand
Sundsvall
NOR-
WEGEN
FINNLAND
SCHWEDEN
OSTSEE
Bergen
Gävle
Viborg
Leningrad
Åland
Helsingfors
Oslo
Stockholm
Tallinn
RUSSLAND
Stavanger
ESTLAND
Kristiansand
Trollhättan
Norrköping
Västervik
Göteborg
Jönköping
Visby
Varberg
Grimeton
Gotland
Falkenberg
Riga
Öland
LETTLAND
DÄNEMARK
Hassleholm
Karlskrona
OSTSEE
Köpenhamn
LITAUEN
Bornholm
Gdansk
Sassnitz

gesagt, daß es durch eine verirrte Bombe oder Rakete zu leiden haben wird.
Zu der Frage, welche Teile Deutschlands besonders schwer getroffen werden, hat Hepidanus von St. Gallen bereits im Jahre 1080 folgende Aussage gemacht: »Zwischen dem Rhein und der Elbe und dem morgenwärts fließenden Strome Donau wird ein weites Leichenfeld sich ausdehnen, eine Landschaft der Raben und Geier.«

Der skandinavische Krieg

Denkbar wäre, daß sich dieses Kapitel auf die Zeit vor dem dritten Weltkrieg bezieht, besonders wenn man den Ausgang des Krieges, den Friedensschluß, in Betracht zieht. Wahrscheinlicher ist jedoch, daß dies ein Teil des dritten Weltkrieges ist und von Johansson teilweise falsch gedeutet wurde. Die Schilderung lautet:
»Das letzte große Unglück, das mir offenbart wurde, war der Krieg Schwedens und Norwegens gegen die Russen und Franzosen im Jahre 1953 oder 1958. Zu dieser Zeit besaßen die Sozialisten die politische Macht im ganzen Norden. Und in Schweden hielten sie die Zügel der Regierung in ihren Händen. Es hatte den Anschein, als schalteten und walteten sie nach Gutdünken. Durch ihr Verhalten wurden sie mitschuldig am Krieg und an seinem unglücklichen Verlauf. Es war ihnen gelungen, die Heeresstärke zu verringern und große Einschränkungen im Verteidigungswesen des Landes vorzunehmen. Die Folge davon war, daß in diesem Krieg viele schwedische Männer ihr Leben unnötig opfern mußten und daß der verhältnismäßig leicht zu erringende Sieg ausblieb. Das Unglück bestand nicht zuletzt darin, daß sie der in breiten Schichten der Bevölkerung herrschenden Gottlosigkeit Vorschub geleistet hatten; zur Strafe mußte das ganze Land dafür leiden.«

»In großer Hast wurde dann aufgerüstet. Einige, bisher wahrscheinlich geheim gehaltene oder erst kürzlich vollendete Erfindungen schienen für die Landesverteidigung von großem Nutzen zu sein. Besonders galt dies für eine Erfindung auf elektrischem Gebiet, über die Schweden als einzige Nation der Welt verfügte und womit es bei Göteborg den Franzosen große Verluste zufügte. Wie bereits erwähnt, fehlte nicht viel, daß Schweden den Sieg hätte erringen können; wenn seine übrigen Verteidigungsmittel nicht in so schlechtem Zustand gewesen wären, hätten weder Russen noch Franzosen die Schweden übermannen können. Die Stimme sagte mir:
›Hätten die Schweden nur noch 14 Tage aushalten können, wäre das ganze französische Heer niedergemacht worden«, und weiter: ›Wäre den Franzosen bekannt gewesen, was für furchtbare Waffen die Schweden besäßen, würden sie niemals einen Angriff gewagt haben.‹«
»In diesem Krieg bediente man sich auch anderer Kriegserfindungen, die noch nicht vorhanden sind. Flugzeuge und auch Luftschiffe waren bedeutend größer und mehr entwickelt als die heutigen, von denen sie sich auch äußerlich unterschieden. So waren die Luftschiffe der Franzosen beispielsweise, die bei dem Bombenangriff auf Göteborg zum Masseneinsatz kamen, in drei übereinander liegenden Schichten oder Lagen konstruiert, und zwar mit ziemlich großen Zwischenräumen zwischen den einzelnen Schichten, die, wenn ich es richtig erfaßt habe, durch dünne Stahltrossen miteinander verbunden waren. Zuoberst befand sich ein spulenförmiger, ziemlich großer Gasballon, in ziemlich weitem Abstand darunter – etwa 100 Meter tiefer – ein etwas kleinerer Ballonkörper und zuunterst ein noch kleinerer. Die Luftschiffe näherten sich, großen Wolken ähnlich, in ganzen Schwärmen oder Flottillen, waren völlig in Rauch gehüllt und warfen Unmengen von Bomben über den Kampfzielen ab. In Göteborg wurden zahllose Menschen getö-

tet. Seltsamerweise befanden sich viele Menschen auf den Straßen. Der größte und bedeutendste Teil Göteborgs, der zu jener Zeit westlich des Götastromes lag, wurde, wie bereits erwähnt, in einen Schutthaufen verwandelt, während die andere Stadthälfte besser davon kam.«

»Die heftigsten und blutigsten Kämpfe fanden westlich des Götastromes und an der Küste statt. Die Franzosen gingen wiederholt zum Angriff vor und erlitten beträchtliche Verluste, aber unaufhörlich landeten neue Truppen und Verstärkungen; die Schweden erhielten jedoch keinen nennenswerten Nachschub. Dennoch waren bei der Kapitulation Schwedens die Hilfsquellen der Franzosen nahezu erschöpft, und selbst auf dem verhältnismäßig kleinen Kampfgebiet hatten sie riesige Verluste erlitten. Über der ganzen schwedischen Westküste bis hinunter nach Hälsingborg und Malmö lag undurchdringlicher Rauch, und ich hörte, daß die hier liegenden Städte ebenfalls Luftangriffen ausgesetzt waren. Auch Stockholm wurde von Luftgeschwadern angegriffen, dieser Stadt gelang die Verteidigung jedoch besser als Göteborg. Hier schien die Luftabwehr besser geordnet und wirkungsvoller zu sein; unter anderem hatten die Schweden hier mehr ›Luftmaschinen‹ zur Verfügung.«

»In Nordschweden fielen die Russen teils von der Landseite her über Torneå, wo damals gerade eine Eisenbahnlinie angelegt worden war, und teils von der Seeseite, und zwar von Kvarken her ein. Die Schweden kämpften hier und unmittelbar nördlich von Stockholm mit großer Verbissenheit und Tapferkeit, und die Russen erlitten ungeheure Verluste, führten aber ständig neue Truppenmassen heran. Und schließlich wurde ganz Nordschweden von den Russen erobert. Ich hörte, daß Gävle (ungefähr 170 Kilometer nördlich von Stockholm) besonders schwer heimgesucht und ausgeplündert wurde. Die Festung Boden wurde durch Verrat der Sozialisten ohne großen Kampf übergeben. Auch in Südschweden, wahrscheinlich in der Nähe des

ostschwedischen Hafens Västervik (genau konnte ich die Stelle nicht erkennen), landeten die Russen, um von hier aus nach Stockholm und Göteborg zu gehen. Vorher hatten sie schon Gotland und Öland erobert, und es war zu befürchten, daß auch letzteres beim Friedensschluß an Rußland abgetreten werden müsse, denn ich erinnere mich, im Zusammenhang mit den Friedensbedingungen auch den Namen Öland gehört zu haben. Wegen der Vielfalt der Bilder fiel es mir jedoch schwer, alle Einzelheiten aufzunehmen. Auf Gotland erblickte ich endlose russische Marschkolonnen, über der Insel lagen dichte Rauchwolken. Die russischen Truppen, die sich auf dem Wege nach Göteborg befanden, um den Franzosen zu Hilfe zu eilen, hatten erst Smaland erreicht, als schon die Kapitulation der Schweden in Göteborg erfolgte.
In Norwegen fielen die Russen in den nordöstlichen Teil des norwegischen Finnmarken ein. Zu jener Zeit führte eine Eisenbahnstrecke hinauf zum Enare-See und weiter durch das Pasviks-Tal nach Osten; an der Südspitze zweigte eine Nebenlinie zu einer nördlich gelegenen Siedlung ab. Den ersten großen Zusammenstoß sah ich am Tanafluß zwischen Valljok und Poschd im südlichen Teil der Gemeinde Karasjok. Die Front war hier etwa 20 Kilometer lang, und die Schlacht verlief äußerst blutig. Die Norweger wurden geschlagen und zogen sich in die Gegend zwischen Gaggangajsarna und dem unteren Skoganvaravattnet zurück, wo sie neue Stellungen bezogen und wo neue erbitterte Kämpfe ausgefochten wurden. Hier erblickte ich Massen von Gräbern, schrecklich verstümmelte Gefallene mit verzerrten Gesichtszügen. Die Toten lagen über weite Gebiete verteilt, stellenweise zu großen Haufen gestapelt. Auch weiter nach Kirkenes zu hatten schwere Kämpfe stattgefunden; die oben erwähnten Schlachtfelder und die dort stattfindenden Kämpfe sah ich jedoch besonders deutlich.«

»Die Kämpfe beschränkten sich aber nicht nur auf diese Gebiete, denn die Stimme sagte mir: ›An den Grenzen wird heiß gekämpft – und hier siehst du zwei Schlachten.‹ Die Norweger wurden trotz wiederholter Angriffe und Gegenangriffe auch dort geschlagen und mußten der russischen Übermacht nach Süden weichen. In Südnorwegen, bei Oslo, dicht an der schwedischen Grenze, kämpften Norweger und Schweden Schulter an Schulter.«

»Französische Kriegsschiffe und Luftflotten griffen die norwegischen Küstenstädte an und richteten zum Teil erheblichen Schaden an. Die ganze norwegische Küste, von der Südspitze bis hinauf nach Trontheim, das besonders erwähnt wurde, war diesen Luftangriffen ausgesetzt. Drammen, Stavanger, Bergen und Kristiania (Oslo) wurden betroffen, doch wurde keine norwegische Stadt so gründlich zerstört wie Kristiansand, das einem wahren Trümmerhaufen glich.«

»Schwedens Niederlage besiegelte auch die Niederlage Norwegens. Norwegen mußte das Land nördlich und östlich von Lyngenfjord, also das ganze norwegische Finnmarken, an Rußland abtreten. Der Krieg war nur kurz: Im Sommer 1953 oder 58 begann er und schien noch im gleichen Sommer oder zu Herbstbeginn beendet zu sein.«

»Die Finnen hatten nicht daran teilgenommen, sie waren zu der Zeit, wie schon erwähnt, unterjocht und besaßen anscheinend keine Waffen. Holland war infolge seines Kolonialkrieges in Ostasien mit sich selbst beschäftigt, hätte den Norwegern aber sonst geholfen. Es hätte nur einer Kleinigkeit bedurft, und das Kriegsglück hätte sich zugunsten Norwegens und Schwedens gewendet.«

»Über den Friedensschluß herrschte in ganz Schweden große Empörung. Europa glaubte, daß Schweden und Norwegen völlig vernichtet werden würden. Die Russen schienen die Absicht gehabt zu haben, sich die ganze nördliche Hälfte Skandinaviens anzueignen. Als ich den HERRN ängstlich fragte, ob beide Länder an die Russen verlorengingen, erwiderte er, auf den Lyngenfjord zeigend: ›Bis dahin werden sie kommen, und nicht weiter.‹ Wenn ich mich nicht irre, blieb es den Schweden erspart, einen Teil Norrlands abzutreten.«

Es kann keinem Zweifel unterliegen, daß JOHANSSON wieder einige Fehler unterlaufen sind. Das Jahr 1953 bezeichnet offensichtlich den dritten Weltkrieg. Die Flugzeuge der Franzosen könnten natürlich genausogut Luftabwehrsperrballone der Verteidiger sein, die von angreifenden Flugzeugen überflogen werden. Bei den europäischen Ländern, die Skandinavien nicht helfen wollten oder konnten, hat JOHANSSON wieder einmal nicht aufgepaßt. Für die Gebietsabtretung Skandinaviens an Rußland gibt es einen triftigen Grund. Wie JOHANSSON sagt, hat der Krieg nur ganz kurze Zeit gedauert. Rußland ist also vorerst Sieger, die Kämpfe in Europa sind noch lange nicht entschieden. Andererseits zeichnet sich bereits eine Niederlage für Rußland auf europäischem Gebiet ab, es hat also ein großes Interesse daran, einen möglichst schnellen Friedensschluß zu erreichen, denn die Zeit arbeitet gegen Rußland.

Interessant ist, daß der schwedische Pfarrer Birger CLAESSON 1950 den Angriff auf Schweden ebenfalls vorhergesehen hat. Er sagt, er sehe eine Feindesmacht an fünf verschiedenen Stellen gegen Schweden angreifen. Umee, Göteborg, Malmö, Stockholm, Västervik werden bombardiert. Kulma wird völlig dem Erdboden gleichgemacht. Der Angriff erfolgt blitzartig, ohne vorherige Warnung. Es entsteht eine große Panik.

Man wird geneigt sein, an der Vorhersage JOHANSSONS wieder, wie beim indischen Krieg, den Partner Frankreich auszuwechseln. Es könnte durchaus sein, daß statt der französischen Flotte die russische Seemacht vor der skandinavischen Küste kreuzt und den Angriff der Bodentruppen unterstützt. Es gibt aber noch eine andere Deutungsmöglichkeit:

Wie bereits erwähnt, wird Frankreich in zwei oder drei Teile gespalten sein. Folglich könnten auch die Truppeneinheiten unterschiedlichen Kommandos unterstehen. Da die Flotteneinheiten nicht so ortsgebunden sind wie die Bodentruppen, ist es ohne weiteres möglich, daß sie sich entweder ganz oder doch zu einem überwiegenden Teil auf die kommunistische Seite schlagen werden. So kann es geschehen, daß der russische Angriff gegen Skandinavien von einer französischen Flotte, die unter dem Kommando einer kommunistischen Teilregierung steht, unterstützt wird.
In diesem Licht muß auch die Aussage des Hepidanus gesehen werden: »Ein mächtiges Reich wird in jenen Tagen zugrunde gehen und ein mächtigeres an seine Stelle treten. Von Osten weht ein Sturm und aus dem Westen heult der Wind: Wehe allem, das in den Bereich dieses furchtbaren Wirbels geraten wird.« Die Gefahr dieses Wirbels könnte darin bestehen, daß der Hauptangriff zwar aus dem Osten, eine latente Bedrohung aber auch vom Westen ausgeht. Wenn an anderer Stelle Nostradamus angibt, der Zorn eines Hannibal beseele die Trikolore, so muß das insofern kein Widerspruch sein, da Frankreich ja geteilt ist und auf beiden Seiten mit verbissener Wut gekämpft werden kann. Die gleiche gegenseitige Erbitterung ist auch für den Kampf Deutscher gegen Deutsche am Birkenbäumchen vorhergesagt.

Kernwaffenangriff in der Nordsee

Nach Irlmaier tritt im Anschluß an die Vernichtung der drei Heereszüge ein Ereignis ein, das er wie folgt beschreibt: »Da sehe ich aber einen daherfliegen von Osten, der schmeißt was in das große Wasser, dann geschieht etwas Merkwürdiges: Da hebt sich das Wasser wie ein einziges Stück turmhoch und fällt wieder nunter, dann wird alles überschwemmt. Es gibt ein Erdbeben und die große Insel wird zur Hälfte untergehen.« Wobei unter der Bezeichnung »große Insel« England zu verstehen sein wird.

Johansson sieht das gleiche Ereignis, er schildert aber die ihm nicht bekannte Ursache der Katastrophe als ein gewaltiges Erd- oder Seebeben, das mit einem Vulkanausbruch in der Nordsee im Zusammenhang stehen soll. In seiner ausführlichen Schilderung heißt es: »Unter den großen Heimsuchungen, die nach Beendigung des Weltkrieges eintraten, waren besonders zwei von verhängnisvollem Ausmaß. Es handelt sich um zwei Naturkatastrophen: einerseits um einen wütenden Orkan, der über zwei Kontinente raste, andererseits um ein gewaltiges Erdbeben, das mit einem Vulkanausbruch in der Nordsee im Zusammenhang stand.«

»Nachdem ich die Schrecken des Weltkrieges und das dadurch bedingte Unheil zu schauen bekam, wurde ich im Geiste zu den Ländern und Küstengebieten der Nordsee geführt, wo die Verheerungen des Erdbebens mir offenbart wurden.«

»Das Land, das in Verbindung mit diesen Zerstörungen an erster Stelle genannt wurde, war Schottland, danach auch Island. Ich konnte jedoch keine Gewißheit darüber gewinnen, ob das Erdbeben vom Land oder vom Meeresgrund der Nordsee ausging. Als der Herr mir diese Namen nannte, war ich sehr verwundert, denn ich wußte ja, daß es in diesen Gebieten der Erde keine Vulkane gibt und auch Erdbeben dort nicht vorzukommen pflegen; aber der Herr nannte die Namen klar und deutlich mehrere Male. Daß ich mich nicht verhört hatte, wurde mir bald darauf klar, als ich die vom Unglück betroffenen Gebiete sah. Alle Nordseestaaten waren fühlbar in Mitleidenschaft gezogen, doch kein Land schien so schwer getroffen wie Großbritannien, besonders dessen Ostküste. Die Stimme sagte, dieses Unglück sei eine Strafe für Englands Hochmut.«

»Über allen Nordseestaaten lag Dämmerung. Kein Stern war zu sehen, und vom Meer her wehte ein starker Wind. In den norwegischen Gebirgen war noch kein Schnee gefallen. Im Geiste wurde ich in die Nähe von Trontheim geführt. Ich stand am Strand und schaute über das Meer. Plötzlich begann der Boden zu erbeben. Die Häuser der Stadt zitterten wie Espenlaub, und einige hohe Holzbauten an der Küste stürzten zusammen. Gleich darauf erscholl vom Meer her ein furchtbares Getöse, und eine gewaltige Sturzwelle näherte sich mit rasender Geschwindigkeit der Küste und zerschellte an den Felswänden. In den flachen Gebieten rollte die Flut weit ins Land hinein, überschwemmte große Teile von Trontheim und richtete erheblichen Schaden an. Große Speicher und Lagerhäuser barsten auseinander und wurden ins Meer gespült. Die Überschwemmung erstreckte sich über die ganze norwegische Küste, von Südnorwegen bis hinauf in die Gegend von Bodö. Ich vernahm die Namen mehrerer dort liegender Städte.«

»Weiter wurde ich im Geiste zu den großen Städten an der englischen Ostküste geführt, wo die Naturgewalten den allergrößten Schaden anrichteten. Die ganze englische Ostküste stand bis weit ins Land hinein unter Wasser. Besonders gelitten hatte die Stadt Hull und ihre nähere Umgebung. Schottland mußte einem besonders heftigen Anprall ausgesetzt gewesen sein, denn es schien, als seien große Teile des Landes ins Meer abgesunken. Dann gewahrte ich London. Hier schien die Katastrophe ihren Höhepunkt erreicht zu haben. Hafen- und Kaianlagen waren völlig zerstört, unzählige Häuser eingestürzt, das Wasser von schwimmenden Wrackteilen bedeckt. Im Hafen waren viele Schiffe gesunken, andere waren sogar weit auf das Land zwischen die Häuser geschleudert worden. Auf dem Meer sanken die Schiffe, und zahllose Matrosen ertranken. Riesige Mengen toter Fische, vor allem Heringe, trieben auf der Wasseroberfläche. Danach zwängten sich die Sturzwellen durch den Kanal und zerstörten dort auf beiden Seiten Häfen und Städte. Besonders schwer betroffen wurde Rouen, aber auch andere Städte der französischen Nordküste litten stark. Der Namen dieser Städte entsinne ich mich nicht mehr. Auch große Teile Hollands, Belgiens und der deutschen Nordseeküste wurden schrecklich heimgesucht. Zu den Städten, die besonders große Schäden aufwiesen, gehörten Antwerpen und Hamburg. Letztere bekam ich zu sehen, und mir schien, sie habe nach London am schwersten gelitten. Es wurde mir auch gesagt, daß dort riesige Warenvorräte verlorengingen. Auch die dänische West- und Nordküste und die dort liegenden Städte und die ganze schwedische Westküste – insbesondere Göteborg, Hälsingborg und Malmö – bekamen ebenfalls die Folgen der Katastrophe zu spüren.«

Ebenso sieht Nostradamus für Großbritannien und England eine große Überschwemmung voraus. Der Vers 11.50 lautet: »Ein wenig davor oder danach wird England durch den Tod des (russischen) Wolfes tief am Boden liegen. Es wird sehen, wie das Meer gegen das (atomare) Feuer ankämpfen wird, das es mit Gewalt entzündet, sowie das Blut unter der menschlichen Haut strömt. – Mangel an Brot, Überfluß an Messern.« Das heißt wohl Hungersnot, Überfluß an Messern könnte aber auch Bürgerkrieg oder Kriminalität bedeuten.

Es sollen hier noch zwei Nostradamus-Verse zitiert werden, die wohl sicherlich auch in diese Zeit zu verlegen sind:

10.6: »Sardo (auf Sardinien) und Nimes (Südfrankreich) werden so hoch überschwemmt werden, daß man glauben wird, die Zeit der Sintflut sei wieder erstanden. Viele werden in das Kolosseum flüchten. Dann wird Vesta, die Göttin des Feuers, erloschene Vulkane wieder zum Speien bringen.«

8.16: »Wo Hiero von Syrakus seine Flotte baute, dort wird eine sehr große Überschwemmung ganz plötzlich kommen. Man wird keinen Ort und kein Land haben, wohin man sich retten

kann. Bis zur höchsten Erhebung von Fiesole bei Florenz wird die Flutwelle steigen.«
Hierher gehört sicher auch, was JOHANSSON über Italien sagt: »In Italien waren große Scharen obdachlos ... Italien wird schwer heimgesucht, und dort ganz besonders Sizilien. Übrigens wird Italien noch von einem anderen Unglück betroffen; welcher Art dieses war, wurde mir jedoch nicht klar.«
Es liegt nahe, hier im Mittelmeer dasselbe Geschehen wie in der Nordsee anzunehmen.

Revolution im Ostblock

»In Rußland bricht eine Revolution und Bürgerkrieg aus. Die Leichen sind soviel, daß man sie nicht mehr wegbringen kann von den Straßen. Das russische Volk glaubt wieder an Christus, und das Kreuz kommt wieder zu Ehren. Die Großen unter den Parteiführern bringen sich um, und im Blut wird die lange Schuld abgewaschen. Ich sehe eine rote Masse, gemischt mit gelben Gesichtern, es ist ein allgemeiner Aufruhr und grausiges Morden. Dann singen sie das Osterlied und verbrennen Kerzen vor schwarzen Marienbildern. Durch das Gebet der Christenheit stirbt das Ungeheuer aus der Hölle, auch die jungen Leute glauben wieder an die Fürbitte der Gottesmutter.«
Diese Prophezeiung stammt von IRLMAIER. In der Fassung von P. Norbert Backmund bricht das grausige Morden im Osten im Anschluß an den Atombombenabwurf in der Nordsee los. Wenn sich diese Zeilen möglicherweise auch auf das Ende des Krieges beziehen, so ist doch nicht zu verkennen, daß eine solche Entwicklung nicht von heute auf morgen über das Land hereinbricht. Wahrscheinlich kommt es bald nach der Niederlage bei Köln zu Umstürzen und Bürgerkriegen.

Der Kampf im Nahen Osten

Daß hier ein Kapitel über den Krieg im Nahen Osten eingefügt wird, geschieht aus mehreren Gründen:

1. Die endzeitlichen kriegerischen Verwicklungen im Nahen Osten sind an unzähligen Stellen des Alten und Neuen Testamentes niedergelegt. Sie zählen zu den am besten verbürgten Geschehnissen überhaupt.
2. Dem dritten Weltkrieg gehen Kampfhandlungen im Gelobten Land voraus, die zwar nicht die Ursache des Weltkrieges sein werden, die aber den Zeitpunkt des Kriegsbeginnes mitbestimmen werden.
3. Israel und Ägypten kommt wegen ihrer geographischen Lage eine Schlüsselposition zu.
4. Die Schlacht von Harmagedon hat kriegsentscheidende Bedeutung.

Der Beginn dieser kriegerischen Auseinandersetzungen soll gekommen sein, wenn die Juden wieder nach Israel zurückgekehrt sind. JEREMIA 2.33: »Und ich will die Übriggebliebenen meiner Herde sammeln aus allen Ländern, wohin ich sie verstoßen habe, und will sie wieder bringen zu ihren Weideplätzen, daß sie sollen wachsen und viel werden.«

Bei DANIEL 11.25 ff. ist die Zeit beschrieben, die der Endzeit vorausgeht, also unsere Jetztzeit. Da ist die Rede von Kämpfen und Kriegen zwischen dem Norden und dem Süden, offenbar liegt Israel als Pufferstaat dazwischen. Das erste Mal siegt der König des Nordens über den Süden, dann folgen Konferenzen. Beim zweiten Angriff wird er zur Umkehr gezwungen. »Und seine Heere werden kommen und Heiligtum und Burg entweihen und das tägliche Opfer abschaffen und das Greuelbild der Verwüstung aufstellen« (DANIEL 11.31).

Dies ist insofern sehr erstaunlich, da derselbe DANIEL in Kapitel 8 sagt, daß der Greuel der Verwüstung von einem Manne aufge-

stellt wird, der aus einem Nachfolge- und Tochterstaat der USA hervorgeht. Hier wird die Dauer der Verwüstung mit 1150 Tagen, dort mit 1290 bzw. 1335 Tagen angegeben. Aber selbst wenn die Zeitdauer die gleiche wäre, es handelt sich offenbar um zwei verschiedene Zeitabschnitte. Der erste Greuel der Verwüstung wird während des Russeneinfalles, der zweite in der Zeit nach dem Auseinanderbrechen der USA aufgestellt.
Hier wird vom Greuel der Verwüstung gesprochen, es handelt sich um das gleiche Geschehen, wie im Neuen Testament, wenn es heißt: »Der Greuel der Verwüstung an Heiliger Stätte.« Man kann heute noch im Zweifel sein, ob bis zum Ausbruch des neuen Weltkrieges in Israel schon wieder ein Tempel erbaut sein wird. Hierzu lesen wir bei Hesekiel 37.21 ff.: » . . . Siehe, ich will die Kinder Israels herausholen aus den Heiden, wohin sie gezogen sind, und will sie von überall her sammeln und wieder in ihr Land bringen . . . Und ich will sie erhalten und nähren, und mein Heiligtum soll unter ihnen sein für immer, und ich will unter ihnen wohnen und will ihr Gott sein, und sie sollen mein Volk sein, damit auch die Heiden erfahren, daß ich der Herr bin, der Israel heilig macht, wenn mein Heiligtum für immer unter ihnen sein wird.«
In diese Zeit fällt auch die Heuschreckenplage, wie sie in Off. 9.3 ff. geschildert wird. Es wird darin angekündigt, daß die feindlichen Flugzeuge wie die Heuschrecken das Land überfallen und – offenbar nach Niederringung der Bodenabwehr – die Bewohner terrorisieren.
Während bei Daniel in den vorhergehenden Versen der Kampfverlauf nicht ganz klar ersichtlich ist, wird das ab Vers 40 anders: »Und zur Zeit des Endes wird sich der König des Südens mit ihm messen, und der König des Nordens wird mit Wagen, Reitern und vielen Schiffen gegen ihn anstürmen und wird in die Länder einfallen und sie überschwemmen und überfluten. Und er wird in das herrliche Land einfallen, und viele werden

umkommen. Es werden aber seiner Hand entrinnen Edom, Moab und der Hauptteil der Ammoniter. Und er wird seine Hand ausstrecken nach den Ländern, und Ägypten wird ihm nicht entrinnen, sondern er wird Herr werden über die goldenen und silbernen Schätze und über alle Kostbarkeiten Ägyptens; Libyer und Kuschiter werden ihm folgen müssen. Es werden ihn aber Gerüchte erschrecken aus Osten und Norden, und er wird mit großem Grimm ausziehen, um viele zu vertilgen und zu verderben. Und er wird seine prächtigen Zelte aufschlagen zwischen dem Meer und dem herrlichen, heiligen Berg; aber es wird mit ihm ein Ende nehmen, und niemand wird ihm helfen.«

Wenn hier eine Deutung versucht werden soll, so nur mit großen Vorbehalten. Die Zusammenhänge und militärischen Aktionen sind nur andeutungsweise zu erfassen. Es ist nicht zu verkennen, daß es den Propheten weniger um die Darstellung der Kriege, sondern *um geistige Werte* geht. Jedenfalls gibt es verschiedene kriegerische Verwicklungen, und Israel leidet schwer unter der eindeutigen Luftüberlegenheit des Gegners. Fünf Monate lang wird das Volk von Tieffliegern und Kampfflugzeugen angegriffen und in Angst und Schrecken versetzt. In dieser Zeit ist es des öfteren zweifelhaft, ob ein Krieg der Supermächte verhindert werden kann; von dieser Zeit sagen unsere heimischen Seher, es droht einige Male Krieg und die Soldaten mußten an die Grenze, aber die Lage beruhigt sich wieder. Dann kommt plötzlich und überraschend, sozusagen über Nacht, nach der Ermordung des dritten Hochgestellten, der Generalangriff der Russen, nicht nur in Deutschland, Italien und Skandinavien, sondern auch im Nahen Osten.

Harmagedon

(Nördlich von Jerusalem, auch Armageddon oder Harmageddon geschrieben)

Wie im Kapitel »Staubregen« ausgeführt wurde, können die aufmarschierten russischen Heere den nach Westen durchgebrochenen Panzerspitzen nicht folgen, da eine undurchdringliche Sperre errichtet wurde. Es scheint als einziger Ausweg noch der Weg nach Süden gangbar. So kommt es, daß die ganze riesige Armee eine Schwenkung um 90 Grad machen muß. Das neue Ziel heißt vorerst Israel – Ägypten.

Den Ansturm riesiger Invasionsheere aus dem Norden schildert HESEKIEL in den Kapiteln 38 und 39 (gekürzt): »So spricht Gott der HERR: Siehe ich will an dich, Gog, der du der Fürst bist von Rosch, Meschech und Tubal! Siehe, ich will dich herumlenken (!) und dir einen Haken ins Maul legen und will dich ausziehen lassen mit deinem ganzen Heer, mit Roß und Mann, die alle voll gerüstet sind; und sie sind ein großer Heerhaufen, die alle kleine und große Schilder und Schwerter tragen. Du führst mit dir Perser, Kuschiter und Libyer, die alle Schild und Helm tragen, dazu Gomer (Deutsche) und sein ganzes Heer, die vom Hause Togama, die im Norden wohnen, mit ihrem ganzen Heer; ja du führst viele Völker mit dir. Wohlan, rüste dich gut, du und alle deine Heerhaufen, die bei dir sind, und sei du ihr Heerführer! Nach langer Zeit sollst du aufgeboten werden; am Ende der Zeiten sollst du in ein Land kommen, das dem Schwert entrissen ist, und zu dem Volk, das aus vielen Völkern gesammelt ist, nämlich auf die Berge Israels, die lange Zeit verwüstet gewesen sind, und nun ist es herausgeführt aus den Völkern, und sie alle wohnen sicher. Du wirst heraufziehen und daherkommen wie ein Sturmwetter und wirst sein wie eine Wolke, die das Land bedeckt, du und dein ganzes Heer und die vielen Völker mit dir . . . Und ich will ihn richten mit Pest und

Blutvergießen und will Platzregen mit Hagel, Feuer und Schwefel über ihn und sein Heer und über die vielen Völker kommen lassen, die mit ihm sind.«

Als hätte der Prophet HESEKIEL vor fast 3000 Jahren geahnt, wie unwahrscheinlich einem oberflächlichen Beobachter der Jetztzeit die »Umlenkung« der russischen Heere erscheinen muß, wiederholt er es in Kapitel 39: »Siehe, ich will dich herumlenken und herbeilocken aus dem äußersten Norden auf die Berge Israels bringen und will dir den Bogen aus deiner linken Hand schlagen und die Pfeile aus deiner rechten Hand. Auf den Bergen Israels sollst du fallen, du mit deinem ganzen Heer und mit den Völkern, die bei dir sind . . . Ich will dich den Raubvögeln, allem was fliegt, und den Tieren auf dem Felde zum Fraß geben. Du sollst auf freiem Feld fallen; denn ich habe es gesagt, spricht Gott der HERR. Und ich will Feuer werfen auf Magog und auf die Bewohner der Inseln, die so sicher wohnen, und sie sollen erfahren, daß ich der HERR bin . . . Und die Bürger in den Städten Israels werden herausgehen und Feuer anzünden und die Waffen verbrennen, kleine und große Schilde, Bogen und Pfeile, Keulen und Spieße. Und sie werden sieben Jahre lang damit Feuer machen; sie brauchen kein Holz auf dem Felde zu holen oder im Walde zu schlagen, sondern von den Waffen werden sie Feuer machen und werden die berauben, von denen sie beraubt sind, und plündern, von denen sie geplündert sind, spricht Gott der HERR. Und zu der Zeit soll es geschehen, da will ich Gog einen Ort geben zum Begräbnis in Israel, nämlich das Tal der Wanderer östlich vom Meer, und das wird den Wanderern den Weg versperren. Dort wird man Gog mit seinem ganzen Heerhaufen begraben; und es soll heißen: ›Tal der Heerhaufen des Gog‹. Und das Haus Israel wird sie sieben Monate lang begraben, damit das Land gereinigt werde. Ja, alles Volk des Landes wird an ihnen zu begraben haben; und sie werden Ruhm davon haben an dem Tage, an dem ich meine Herrlichkeit erweise, spricht Gott der HERR.«

Wenn man sich nicht an der altertümlichen Bewaffnung stößt, sind die Vorgänge ohne weitere Erklärung verständlich. Auffallenderweise ist hier nicht die Rede davon, daß das Land nicht betreten werden kann, die Leichenbestattung macht lediglich wegen der Menge der zu bestattenden Leichen Schwierigkeiten. Eine Erklärung hierfür müßte in der Art der Waffeneinsätze zu suchen sein.

In der OFF. 16.12 steht zu lesen: »Und der sechste Engel goß aus seiner Schale auf den großen Wasserstrom Euphrat; und sein Wasser vertrocknete, damit bereitet würde der Weg den Königen vom Aufgang der Sonne.« Es ist zu beachten, daß hier die Rede ist von den »Königen vom Aufgang der Sonne«, also vom Osten, oder präzise ausgedrückt, von dem chinesischen Heer. Wenn andererseits aber gesagt wird, daß der riesige Euphratstrom austrocknet, so könnte das doch mehr sein als eine reine Höflichkeitsfloskel den Angreifern gegenüber. Merkwürdigerweise trocknet nämlich auch der Nil aus, wenn der Angreifer, nämlich Rußland, das Land überschwemmt. So ist bei JESAJA 19.4 ff. zu lesen: »Aber ich will die Ägypter übergeben in die Hand eines grausamen Herrn, und ein harter König soll über sie herrschen, spricht der Herrscher der HERR Zebaoth. Und das Wasser im Nil wird vertrocknen, und der Strom wird versiegen und verschwinden. Und die Wasser werden stinkend werden, und die Flüsse Ägyptens werden seicht und trocken werden, daß Rohr und Schilf verwelken. Und das Gras an den Wassern wird vergehen, und alle Saat am Wasser wird verdorren und zunichte werden.« Es ist hier gesagt, daß Ägypten von einem grausamen König erobert werden wird, und die Wasser des Nil werden vertrocknen. Das ist deswegen so erstaunlich, da man ja annehmen sollte, daß der Assuanstaudamm eher gesprengt werden und eine Überschwemmung die Folge sein könnte. Es ist doch immerhin sehr merkwürdig, daß überall, wo der Russe einmarschiert, die Flüsse vertrocknen. Ausdrücklich gesagt ist dies von den europäischen Flüssen, vom Euphrat und vom Nil.

Hier wird also vorhergesagt, daß Gog, der an anderer Stelle auch der König des Nordens genannt wird, ein riesiges Heer mobilisieren wird. Dieses Heer ist voll ausgerüstet, also wohl motorisiert, da von Reitern die Rede ist und nicht nur von Fußvolk. Gog führt mit sich natürlich die Völker von Mitternacht, also die eigentlichen Russen (vom äußersten Norden), aber auch Perser und Nordafrikaner, genannt sind Äthiopier und Libyer. Dazu kommen osteuropäische Völker und Mongolen.

Der Umstand, daß auch Deutsche (Gomer) und zwar das Hauptkontingent der Deutschen (und sein ganzes Heer) im Invasionsheer miterwähnt werden, ist aufschlußreich: Der gelbe Strich, der einen Wall gegen die anstürmende Flut aus dem Osten darstellt, liegt östlich der DDR. Wenn nun Deutsche in dem Heer sind, das nach dem Süden abgelenkt wird, so können diese Verbände nicht in der DDR stationiert gewesen sein. Es könnte ein Hinweis darauf sein, daß der dritte Weltkrieg nicht aus dem Stegreif entsteht, sondern von langer Hand vorbereitet wird. Würde der Krieg nämlich plötzlich über Nacht ausbrechen, müßten die deutschen Kontingente westlich des gelben Striches stehen. Es sieht so aus, als wären die Angriffsheere so aufgestellt, wie es der Marschordnung entspricht: In der DDR, also an der Spitze, die Panzerwaffen, der Stoßkeil, wie Irlmaier sagt. Dahinter, und somit östlich der DDR, die große Masse der motorisierten Infanteriedivisionen, wahrscheinlich noch weiter östlich die nachfolgenden chinesischen Invasionsheere. So ist zu verstehen, daß sogar Deutsche in Israel erscheinen. Es kommen aber auch die Könige des Ostens, also die chinesische Heeresmacht, die ihren Weg über den Eu-

phrat nimmt. Von der Zeit, zu der das geschehen soll, heißt es ausdrücklich: »Am Ende der Zeiten, wenn das Volk des Herrn sicher wohnen wird, das aus den Heiden gesammelt und sich Vieh und Güter gesammelt hat.«
Sicherlich ist eine kosmische Ursache für den Untergang dieser Riesenheere denkbar. Wenn man aber zum Vergleich den Untergang Prags heranzieht, so muß doch eine gewisse Ähnlichkeit beider Vernichtungsaktionen ins Auge fallen. Auch dort ist von Feuer und Schwefel die Rede, die vom Himmel fallen. Daß sich in diesem Himmel Flugzeuge befinden, die gelben Staub abregnen lassen und eventuell »schwarze Kasteln« hinabwerfen, ist von den alten Sehern nicht für möglich gehalten worden.
Nach der Vernichtung der russischen, chinesischen und afrikanischen Heere samt ihrem Oberbefehlshaber bricht der eigentliche gegenseitige Atomkrieg los. Es wird Feuer geworfen, nicht nur auf Rußland, sondern auch auf die Bewohner der Inseln, also wohl Amerika und England, die geglaubt hatten, sicher zu wohnen. Man sollte nun annehmen, daß nach diesem Sieg der Feind sich zurückziehen würde. Nach Daniel 11.45 ist aber die Besatzungszeit noch nicht vorbei; der endgültige Frieden scheint, ähnlich wie in Europa, so auch im Nahen Osten, erst nach der dreitägigen Finsternis zu kommen.
Wenn es bei Hesekiel 39.11 heißt, daß Gog ein Ende finden wird im Tal der Wanderer, östlich vom Meer, so ist das kein Widerspruch zu Off. 16.16, wo es heißt: »Und er hat sie versammelt an einem Ort, der da heißt auf hebräisch Harmagedon.« Tausende von Divisionen können nicht auf einem kleinen Platz zusammengepfercht werden. So tauchen auch noch andere Namen auf, denn viele Propheten des Alten Testaments haben vor Jahrtausenden den Tag des Herrn, den Tag des Gerichts, angekündigt. So sagt Joel 4.12 ff.: »Die Heiden sollen sich aufmachen und heraufkommen zum Tal Josaphat; denn

dort will ich sitzen und richten alle Heiden ringsum.« ... »Es werden Scharen über Scharen von Menschen sein im Tal der Entscheidung; denn des Herrn Tag ist nahe im Tal der Entscheidung.«
Die Stärke des gesamten Invasionsheeres ist nachzulesen in der OFF. 9.16: »Und die Zahl der Kriegsheere zu Roß (war) zweimal zehntausend mal zehntausend.« Natürlich handelt es sich hierbei zunächst um eine symbolische Zahl*, es könnte gleichzeitig aber auch die tatsächliche Mannschaftsstärke angegeben sein, denn es wird warnend hinzugefügt: »Ich hörte ihre Zahl.« Nach heutigen Vorstellungen entspricht das einem Aufgebot von etwa 10 000 Divisionen. Obwohl eine derartige Truppenmassierung im Altertum überhaupt unmöglich und auch heute kaum glaubhaft erscheinen muß, wurde uns diese Zahl doch über fast zwei Jahrtausende hinweg getreulich überliefert; es wäre leichtsinnig, sie nicht auch für eine irdische Betrachtung wenigstens in Erwägung zu ziehen.
KOMMENTAR: Wenn ein Steinkrug zerbrochen wird, ist es eine schwierige Aufgabe, die Scherben wieder zusammenzusetzen. Sollte nun dabei ein kleines Bruchstück verloren gegangen sein, bedarf es einer geschickten Hand des Restaurators, den fehlenden Teil wieder zu ersetzen. In einer ähnlichen Lage ist der Verfasser, wenn eine bestimmte Prophezeiung einfach fehlt. Es ist nämlich nicht so ohne weiteres einzusehen, warum die aufmarschierten Heere des Ostblocks nicht mehr nach Westen marschieren können, wo die Panzerverbände bereits stehen. Der Staubregen soll ja nur von Stettin bis Prag oder nach einer anderen Version von der Nordsee bis zum Schwarzen Meer reichen. Man sollte meinen, von Prag wäre nach Süden noch reichlich Platz, um den gelben Strich umgehen zu können.

* Siehe Arthur Schult: Weltenwerden und Johannesapokalypse, Turm Verlag, Bietigheim 1976

Auch eine Barriere bis zum Schwarzen Meer wäre über die Türkei und den Balkan zu umgehen. Selbst der Umstand, daß die Panzerverbände nicht mehr zur Verfügung stehen, dürfte kein Hinderungsgrund sein; sie könnten ja sicher im Notfall zurückbeordert werden.
Wie bereits gezeigt wurde, machen die nachrückenden Heeresverbände eine Schwenkung nach Süden, um in einem großen Bogen über Israel, Ägypten und Nordafrika Europa vom Süden her angreifen zu können. Es gibt eigentlich nur einen Grund, warum die Truppen alle auf den weiten Umweg über den Süden geschickt werden müssen: Dann nämlich, wenn der gelbe Strich von Stettin über Prag weiter nach Süden, nämlich bis an die Adria reicht. Wenn diese Annahme auch nur den Wert einer vorläufigen Hypothese hat, aus folgenden Gründen erscheint sie wahrscheinlich:

1. Nach dem Kriege gibt es kein tschechisches Volk mehr. Es ist zwar nirgends gesagt, wie breit der gelbe Strich ist, wenn er aber südlich nur bis Prag reichen würde, müßten doch die Menschen der südlichen Tschechei unversehrt bleiben.
2. Nach dem Kriege fehlt auch das ungarische Volk. Ungarn liegt aber südlich der CSSR.
3. Wien wird nach dem dritten Weltkrieg veröden, »auf dem Stephansplatz wächst Dill«. Ob dies mit dem Staubregen zusammenhängt, ist zwar nicht gesagt, immerhin aber möglich.
4. Wie bekannt, geht eine Heersäule aus dem Raum Jugoslawien über Italien nach dem Westen. Es wäre organisatorisch wohl gar kein Problem, die nachrückenden russischen und chinesischen Verbände von den abgeschnittenen drei nördlichen nach der südlichen Heersäule umzulenken. Aber offensichtlich ist dem auch hier ein Riegel vorgeschoben.

Welcher Art diese Sperre ist, kann aus keiner Prophezeiung ersehen werden. Es könnte aber möglich sein, daß der Westen, aus welchem Grunde auch immer, im Norden den Staubregen als dünnen Strich, weiter südlich aber mehr flächenhaft einsetzt. Denkbar wäre natürlich auch, daß zum Beispiel nach Erschöpfung der im Augenblick verfügbaren Vorräte an Staubregen andere chemische Kampfstoffe zum Einsatz kommen. Wie dem auch sei, der Zweck, das Land für den Gegner unpassierbar zu machen, wird sicher erreicht; für die Bevölkerung sind die Folgen nicht nur entsetzlich, sondern absolut tödlich.

In dieser Situation ist für die anrollenden Invasionsheere guter Rat teuer. Ihnen bleibt nur ein Ausweg, Europa von der Südflanke her aufzureißen, noch dazu, da sich die Araber geradezu als Hilfsvölker anbieten. Die Seeherrschaft im Mittelmeer scheint für den Osten kein Hindernis zu sein. Die riesigen Invasionsheere, die Richtung Westen stehen, werden also um 90 Grad umgelenkt, die neue Richtung heißt Süden. Es ist nun aber eine geographische Eigentümlichkeit, daß der Weg zur europäischen Südflanke über Israel und Ägypten nach Nordafrika führt. Wie ein Blick auf die Landkarte zeigt, sperren der jüdische Staat und Ägypten den Weg von Eurasien nach Afrika. Insofern nehmen die beiden Staaten eine einmalige strategische Schlüsselposition ein. Sie stellen sozusagen das Nadelöhr dar, durch das alle angreifenden Heeresverbände hindurch müssen. So kommen die russischen Verbände von Norden, die chinesischen über den trocken gelegten Euphrat von Osten her gegen Israel. Da wollen natürlich die Todfeinde der Juden, die Araber nicht beiseitestehen und den Bundesgenossen den Sieg über den gehaßten Feind überlassen. So kommt es, daß sogar eine dritte Heeresmasse aus dem Süden gegen Israel anstürmt, das regelrecht überschwemmt wird.

Aus dieser Perspektive ist dann auch zu verstehen, warum sich alle diese Truppenmassen auf den weiten Weg nach Israel machen. Sie werden regelrecht »herumgelenkt und herbeigelockt«, wie Hesekiel treffend sagt. Auch die ungeheuere Zahl von

10 000 mal 20 000 Mann wird verständlich, wenn man weiß, daß nicht nur Rußland und China, sondern auch der arabische Block gegen Israel anstürmen. Es ist zwar nirgends ausdrücklich erwähnt, steht aber zu vermuten, daß sich sogar aus Indien »Freiwillige Kontingente« dem Heereszug anschließen dürften; die Praxis Rußlands seinen Satelliten gegenüber kann sich kaum so schnell ändern.

Noch ein anderes Motiv könnte mitspielen, warum sich so viele Truppen auf den heiligen Bergen Israels ein Stelldichein geben. Wahrscheinlich ist der strategische Plan doch so: Rußland versucht in den Besitz von Europa zu kommen, während China offensichtlich auf Afrika zielt. Rußland kann aber nun nicht am gelben Strich stehenbleiben, bis der Weg wieder einmal frei wird, während China Afrika erobert und womöglich dann auch Europa von Süden her aufrollt. Rußland hätte dann das Nachsehen. Auf diese Weise könnte, bewußt oder unbewußt, ein Wettrennen nach dem Gelobten Land einsetzen.

ABC-Waffen

(atomare, biologische und chemische Waffen)

In den vorhergehenden Kapiteln konnte es gelegentlich scheinen, daß es sich um lokale Kriegshandlungen, wenn auch unter vereinzeltem Einsatz von Atombomben handle. Die folgenden Ausführungen lassen über die weltweiten Auswirkungen allerdings kaum einen Zweifel:

Der Vers 6.98 von Nostradamus lautet: »Vernichtet in den Gebieten an der Wolga, heimgesucht von furchtbaren Schrecken. Ihre große Stadt mit Blut befleckt und (radioaktiv) verpestet. Sonne (China) und Mond (Halbmond, Türkei) heimgesucht und ihre Tempel geschändet, und auch die beiden Ströme (Euphrat – Tigris) röten sich von fließendem Blut.« Im Vers 7.21

heißt es: »Infolge des Krieges und der Pestilenz in den Gebieten an der Wolga wird der Tyrann im verborgenen wüten.« Diese Zeilen geben Kunde von den Vorgängen hinter dem Eisernen Vorhang. Die Nachrichten hierüber sind nicht sehr zahlreich. Ausführlicher beschrieben werden die Ereignisse in Europa; so sagt Cäsarius von Heisterbach, ein Ordensprior, der 1240 n. Chr. verstorben ist: »Alle Elemente werden entfesselt und der ganze Zustand der Welt verändert. Die Erde wird an mehreren Orten vor Furcht beben und die Lebendigen verschlingen. Viele Städte und Festungen werden zugrunde gehen. Die Früchte der Erde werden sich vermindern und die Wurzeln ohne Saft sein. Die Saaten werden auf den Feldern verfaulen und die Keime keine Frucht bringen.«

Noch eindringlicher werden die Gefahren der ABC-Waffen von Sepp Wudi, einem Bauernknecht von der tschechischen Seite des Böhmerwaldes geschildert, wenn er sagt: »Du hast das Essen vor dir und darfst es nicht essen, weil es dein Tod ist, du hast das Wasser im Grandel und darfst es nicht trinken, weil es auch dein Tod ist. Aus dem Osser kommt noch eine Quelle, da kannst du trinken. Die Luft frißt sich in die Haut wie ein Gift, leg alles an, was du an Gewand hast, und laß nicht das Nasenspitzel herausschauen. Setz dich in ein Loch und wart, bis alles vorbei ist, lang dauert's nicht, oder such dir eine Höhle am Berg. Wenn dir die Haare ausfallen, hat es dich erwischt. Wenn kein Uhumanderl mehr schreit und die Hasen zum Haus kommen und umfallen, dann geh weg vom Wasser und mähe kein Gras. Es wird alles kommen, wie es der Stromberger (Mühlhiasl) gesagt hat. Aber er hat nicht alles gesagt, oder sie haben ihn nicht verstanden, denn es kommt viel schlimmer. Geh nach Bayern, dort hält die Mutter Gottes ihren Mantel über die Leut, aber auch dort wird alles drunter und drüber gehen.«

Eine Deutung dieser Zeilen ist überflüssig; klarer kann man wohl die Wirkung von Radioaktivität und Gift nicht darstellen.

Der Mönch vom Kloster Maria Laach sagt über den dritten Weltkrieg: »Da wird es kein Brot mehr für die Menschen und kein Futter für die Tiere geben; giftige Wolken, von Menschenhand gemacht, senken sich, alles vernichtend, herab. Der Geist der Menschen wird vom Irrsinn befallen.«

Die Gräfin Beliante prophezeite: »Ich sehe Gelbe und Schwarze (!) vereint gegen Europa aufbrechen. Dann werden die Staaten, die die Kirche verfolgen, in Flammen aufgehen. Ganz Europa wird in einen gelben Dunst gehüllt. Alle, die diesen Dunst atmen, werden sterben. Die Häuser und Kirchen werden niederbrennen und das Vieh auf den Weiden wird an diesem Dunst sterben.«

Diese Prophezeiung ist in mehrfacher Hinsicht bemerkenswert. Erstens gibt es nur wenige Stellen, die über den Schwarzen Kontinent berichten. Hier heißt es, daß Asiaten und Afrikaner gemeinsam gegen Europa aufbrechen. Zweitens: Der Staubregen soll eine Frontwaffe sein und auf eng begrenztem Raum eingesetzt werden können. Wenn man hier liest, ganz Europa befinde sich in einer giftigen, gelben Dunstwolke, so muß man wohl an eine andere Waffe, an Giftgas, denken. Drittens: In vielen Prophezeiungen steht: »Feuer vom Himmel«. Man denkt dabei in erster Linie an Explosivwaffen. Eventuell könnte aber auch etwas gemeint sein, das Sepp Wudi folgendermaßen ausdrückt: »Der Böhmerwald wird einmal versengt werden wie ein Strohschübel.« Es wäre denkbar, daß dieser gelbe Dunst die Luft leicht entflammbar macht, was sich mit einer Aussage Lorbers decken würde: »An jenen Punkten, wo sich die Menschen zu große und prachtvolle Städte erbaut haben werden . . . werden Fabriken in großem Maßstabe errichtet werden, worin statt der Menschenhände Feuer und Wasser im Verband mit kunstvollen Maschinen arbeiten werden. Wenn solches Tun und Treiben durch die höchste Gewalt des Feuers einmal seinen höchsten Punkt erreicht hat, dann wird an solchen Punkten die

Erdenluft zu mächtig mit brennbaren Ätherarten erfüllt werden. Diese werden sich da und dort entzünden und werden solche Städte und Gegenden samt vielen ihrer Bewohner in Schutt und Asche verwandeln.«

Eine sehr realistische Schilderung dieser Zeit gibt der Waldhirt Prokop, wenn er erzählt: »I schlof und schlof net, wenn i in der Nacht in der Hütt'n lieg. Aber Sachen macht's mir vür, zum Grausen, und i schlof do net, weil i draußt meine Stier hör und 'n Wind und 'n Regen. Oamal siehg i, wia da Wind 's Feuer daherbringt und alle Baam brennen wia Zündhölzl, a andermal siehg i, daß drunten alles verkommen is, koa Mensch is mehr da, und koa Haus. Grad mehr Mauertrümmer. Und alleweil wieder kemman Wolk'n, feuerrot, und es blitzt, aber es donnert net. Und amal is alles finster, und drunten auf der Waldhausstraß' geht oana mit an brennend'n Ast und schreit: Bin i wirkli no da Letzt'? Bin i wirkli no da oanzig? Und nacha is wieda da Himml gelb wie a Zitrona und is so tiaf herunt. Koa Vogl singt, i find koan Stier mehr und koa Wasser. Auf 'n Berg is koans mehr und drunt im Reg'n aa koa Tropfa mehr. Muaß ja aa so kemma, weil d'Leut nix mehr glaub'n, a jeda tuat, als waar er alleweil aaf da Welt da, und a jeda moant, was er wohl ist und no werd'n kunnt. Wer'n no alle 's Spinna ofanga und moana, sie könnan vo da Gscheitheit leb'n und net vo da Arbat. Dö, wo arbat'n, werd'n eh alleweil wenga, und dö, wo von dene ihre Arbat leb'n, alleweil mehr. 's Regiern is halt leichta wie d'Arbat.«

Lorber sagt dazu: »Wollen die Menschen jener Zeit die ganze Erde in Flammen sehen, so dürfen sie nur emsig alle Wälder vernichten, und die Naturgeister werden sich derart vermehren, daß die Erde auf einmal in ein Blitzmeer eingehüllt sein wird.«

»Der vierte Engel goß seine Schale auf die Sonne aus. Da war ihr Kraft verliehen, die Menschen mit Feuer zu versengen. Die Menschen wurden von großer Glut versengt.« (Off. 16/8).

Wie Sepp Wudi bereits ausführte, werden die Einwirkungen der ABC-Waffen viele Nahrungsmittel ungenießbar machen. Cäsarius von Heisterbach sagt dazu: »Eine furchtbare Hungersnot wird die ganze Welt und besonders den Westen heimsuchen. Nie seit dem Beginn der Welt wird man dergleichen gehört haben.«

Dazu kommt eine weitere Plage, die Spielbähn nach der Schlacht bei Köln erwähnt: »Die Fremden haben den Schwarzen Tod mit ins Land gebracht. Was das Schwert verschont, wird die Pest fressen. Das bergische Land wird menschenleer sein und die Äcker herrenlos. Also daß man ungestört von der Sieg bis zu den Bergen wird pflügen können. Die in den Bergen verborgen waren, werden die Äcker wieder anbauen.« Bei Nostradamus 9.55 heißt es: »Der schreckliche Krieg, der sich dem Abendland nähert. In dem darauffolgenden Jahr wird die Pest überaus schrecklich wüten, und weder Jung noch Alt, noch Tier verschonen ...« Das Schicksal der europäischen Städte wird im »Lied der Linde« wie folgt beschrieben:

»Eine große Stadt der Schlamm verschlingt,
Eine andere mit dem Feuer ringt,
Alle Städte werden totenstill,
Auf dem Wiener Stephansplatz wächst Dill.«

Es ist nicht ganz klar, warum die Seher nicht gern Namen nennen. Die gleiche scheue Zurückhaltung findet man auch bei Irlmaier, der ebenfalls drei Städte untergehen läßt: »Die große Stadt mit dem hohen eisernen Turm (Paris) steht im Feuer. Aber das haben die eigenen Leut angezündet, nicht, die von Osten heranmarschiert sind ... Die schöne Stadt am blauen Wasser (Venedig?) versinkt fast ganz im Meer und im Schmutz und Sand, den das Meer hinauswirft. Drei Städte sehe ich versinken gegen Süden, gegen Nordwesten und gegen Westen (London?).«

In der Prophezeiung von La Salette heißt es: »Paris wird niedergebrannt und Marseille verschlungen werden. Mehrere große Städte werden niedergebrannt und durch Erdbeben verschlungen werden. Man wird glauben, alles sei verloren.«
Die Trostlosigkeit der Lage wird im »Lied der Linde« so geschildert:

»Zählst du alle Menschen auf der Welt,
Wirst du finden, daß ein Drittel fehlt,
Was noch übrig, schau in jedes Land,
Hat zur Hälft verloren den Verstand.

Wie im Sturm ein steuerloses Schiff,
Preisgegeben einem jeden Riff,
Schwankt herum der Eintags-Herrscherschwarm,
Macht die Bürger ärmer noch als arm.

Denn des Elends einz'ger Hoffnungsstern
Eines besseren Tags ist endlos fern.
›Heiland, sende, den du senden mußt!‹
Tönt es angstvoll aus der Menschenbrust.«

Von unseren heimischen Sehern wird der eigentliche *Atomkrieg* nicht wahrgenommen, lediglich die Auswirkungen sind zu verspüren. Der Kronzeuge für die Kriegsführung der Atommächte ist Nostradamus. So schildert er in Vers 9.100 eine Seeschlacht: »Die Schlacht zur See wird zur Nachtzeit entschieden werden. Das Feuer in den Schiffen bringt dem Abendlande Vernichtung. Eine neue Röte färbt das große Schiff. Zorn gegenüber dem Besiegten, Sieg im Staubregen.« Das könnte bedeuten, daß die russische Flotte Vernichtungsschläge gegen Europa mit Atomraketen führt. Amerika erwidert diese Angriffe durch Vergeltungsschläge mit dem Staubregen.

3.1: »Nach dem Kampf und der Schlacht auf den Meeren befindet sich der große Neptun (die Seemacht USA) auf der Höhe seiner Macht. Der rote Gegner wird bleich vor Furcht werden und das Weltmeer in Aufruhr versetzen.«
9.48: »Die große Seestadt am Ozean, umgeben von kristallklaren Meeresfluten, wird zwischen Wintersonnenwende und der ersten Zeit von einem schrecklichen Sturm bewegt werden.« Nach Putzien wäre das die Zeit um den 21. September. Es dürfte sich dabei wohl um den Orkan handeln, den JOHANSSON so eingehend beschrieben hat, und auf den wir im nächsten Kapitel näher eingehen werden.
Vers 1.87 von NOSTRADAMUS: »Wenn der Erderschütterer Feuer aus der Erde hervorbrechen läßt, wird er erzittern lassen die Umgebung der neuen Stadt. Zwei große Felsen werden lange den Krieg führen, dann wird Arethusa einen neuen Fluß rot färben.« Die neue Stadt wird man zwanglos mit New York übersetzen können. Die beiden miteinander kriegführenden Felsen dürften Atomsilos in ihrem Bauch beherbergen. (Areth, kommt aus dem Hebräischen = Erde, usa = U.S.A.)
2.51: »London wird einen Blutsfehler begehen. Verbrannt durch Blitze von 2 3 6. Das antike Frauenstandbild wird von hohem Platze herabstürzen. Das geschieht zu der Jahreszeit, in der man mehrere Mitglieder einer Partei hinrichten ließ.« Blitze von 2 3 6 könnten Blitze des nicht existenzfähigen U 2 3 6 sein, wohl eine besondere Art von Atombomben. Das antike Standbild ist die Freiheitsstatue von New York. Die Zeit, in der man Parteimitglieder hinrichten ließ, dürfte wohl der Oktober sein (Oktober 1945).

6.5: »Sehr große Hungersnot kommt durch die pestgeladene Woge, durch langen Regen entlang dem nördlichen Pol. Berstendes Atom: Hundert Orte der Halbkugel. Sie werden leben ohne Gesetz, außer dem der Politik.« Hundert Städte der nördlichen Halbkugel werden also durch Atombomben verwüstet oder ganz zerstört.

11.27: »Himmlisches Feuer läuft vom Abendland und vom Äquator bis zum Morgenland. Halb abgestorben sind die Pflanzen. Man findet nur die Wurzeln ohne Halme. Das dritte Zeitalter des Mars (Kriegsgott) ist dann gekommen. Das Feuer der Karfunkeln sieht man leuchten. Am Ende des Karfunkelzeitalters naht der Hunger.« Der Atomkrieg bringt die Ausweitung des Krieges zu einem wirklichen Weltkrieg, in den nicht nur Völker, sondern Kontinente verstrickt sind. Mit den Karfunkeln sind die Blitze der Atombomben gemeint, die am Horizont wetterleuchten. Der Ausdruck: »Das dritte Zeitalter des Mars« dürfte sicher den dritten Weltkrieg bedeuten. Die Wendung: »Am Ende des Karfunkelzeitalters« bezeichnet das Ende des Atomkrieges. Unklar bleibt allerdings, warum Nostradamus den Kernwaffeneinsatz mit einem Zeitalter gleichsetzt. Oder sollte hier vielleicht eine Zeitepoche gemeint sein, die mit dem Einsatz von Kernwaffen endet, nämlich das zweite Jahrtausend?

Es ist anzunehmen, daß, aus welchen Gründen auch immer, im dritten Weltkrieg nicht alle bis dahin verfügbaren Nuklearwaffen zum Einsatz kommen, der endgültige Untergang der Menschheit wäre sonst wohl kaum zu verhindern.

In der Geheimen Offenbarung des Johannes werden die endzeitlichen Geschehnisse geschildert; leider aber in einer schwer deutbaren bilderreichen Symbolsprache. So ist der zeitliche Ablauf nicht ohne weiteres erkennbar, es kommen Wiederholungen und Überschneidungen vor, das kosmische Ereignis ist als solches nicht sicher erkennbar oder ganz weggelassen. Philberth hat in einer bemerkenswerten Arbeit im Zusammenhang mit der Johannesapokalypse den Nuklearkrieg und seine verheerenden Folgen zu schildern versucht. Seiner Schlußfolgerung, daß der Untergang der Menschheit bevorstehe, kann allerdings nicht beigepflichtet werden. Die Auswirkungen eines Atomkrieges könnten aber aus folgenden und anderen Stellen der Offenbarung abgelesen werden:

»Der erste Engel stieß in die Posaune. Da kam Hagel und Feuer mit Blut vermischt und ward auf die Erde geschleudert. Der dritte Teil der Erde verbrannte, ein Drittel der Bäume verbrannte und alles grüne Gras verbrannte« (Off. 8/7).
»Der erste Engel goß seine Schale auf die Erde aus. Da kamen bösartige, schlimme Geschwüre an die Menschen, die das Zeichen des Tieres an sich trugen und sein Bild angebetet hatten« (Off. 16/2).
»Der zweite Engel stieß in die Posaune. Da wurde etwas wie ein großer, feuerglühender Berg ins Meer geschleudert. Ein Drittel des Meeres ward zu Blut, ein Drittel der im Meere lebenden Geschöpfe starb dahin und ein Drittel der Schiffe ging zu Grunde« (Off. 8/8-9).
»Der zweite Engel goß seine Schale auf das Meer aus, und es ward wie Totenblut, und ein jedes Lebewesen im Meer fand den Tod« (Off. 16/3).
»Der dritte Engel goß seine Schale auf die Flüsse und Wasserquellen aus, und sie wurden zu Blut . . . « (Off. 16/4).

Von dieser Eskalation und Ausweitung des Krieges wird kein Land verschont. Bei Nostradamus 8.64 liest man: »Auf den Inseln werden die Kinder verschickt. Die zwei von den sieben werden dadurch Verzweiflung bereiten. Die vom Land haben darunter zu leiden. Man nimmt keine Schaufel auf. Die Hoffnung flieht die verbündeten Mächte.« Hiermit wird gesagt, daß auf den Inseln, also auch in Amerika und England, die Kinder aus den Städten auf das Land verschickt werden. Manche Mutter gerät dadurch in Verzweiflung. Es ist nicht ganz klar, ob die zweite Woche oder die zweite Dekade, ob der 7. Monat

(Juli) oder der Monat September gemeint ist (lateinisch: der 7.). Jedenfalls wirft die Evakuierung Probleme auf; die Hoffnung, der Krieg würde das eigene Land verschonen, schwindet zusehends.

Vers 2.78 lautet: »Der große Neptun aus der Tiefe des Meeres; gemischt aus punischem Volk und gallischem Blut: Die Inseln im Blut wegen des verzögernden Ruderns. Dann wird ihm schaden, daß das Geheimnis schlecht verborgen war.« Dieser Vers könnte folgendes besagen: Die Seemacht Amerika, die ja aus vielen Völkern zusammengemischt ist, wird darunter leiden, daß das Geheimnis der Atombombe verraten wurde und man zu lange glaubte, den Atomkrieg vermeiden zu können. Der Krieg tritt mit unerbittlicher Konsequenz in ein Stadium ein, von dem, wie schon erwähnt, HESEKIEL sagt: »Ich will Feuer werfen über Magog und über die, so in den Inseln sicher wohnen; und sollen erfahren, daß ich der HERR bin.« Dies bedeutet eine Verschärfung des gegenseitigen Atomkrieges der beiden Supermächte.

IRLMAIER sah einen Einbruch von »gelben Menschen« über Alaska nach Kanada und die USA. Doch werden die Massen zurückgeschlagen. Er behauptet auch, eine große Stadt werde durch Raketengeschosse vernichtet. Ob damit New York gemeint sei, wollte er nicht beantworten und blieb sehr zurückhaltend.

Bei dem Propheten JOEL finden wir eine Stelle (2.20), die darauf hindeuten könnte, daß Rußland nicht nur im Westen und Süden, sondern auch im Osten eine Niederlage erleiden wird. Es könnte sich hier um den Angriff Rußlands bzw. Chinas gegen Kanada-Alaska handeln. Die Stelle lautet: »Und ich will den Feind aus Norden von euch weg treiben und ihn in ein dürres und wüstes Land verstoßen, seine Spitze in das östliche Meer und sein Ende in das westliche Meer; er soll verfaulen und stinken. Denn er hat Gewaltiges getan.«

Eine auf Einzelheiten eingehende Schilderung stammt von Johansson. Er spricht von einem fürchterlichen Orkan über Amerika, ist sich aber nicht im klaren, ob der Orkan oder das Erdbeben in der Nordsee zuerst eintrifft. »Die Katastrophe muß sich im Herbst oder Frühjahr ereignen, da nirgends Schnee lag. Vom Panama-Kanal zog der Orkan in nördlicher und nord-östlicher Richtung über den nordamerikanischen Kontinent. In den Staaten an der Küste mit ihren Millionenstädten, Plantagen, Häfen und sonstigen großen Anlagen raste der Orkan mit solch fürchterlicher Gewalt, daß weite Gebiete völlig verwüstet und dem Erdboden gleichgemacht wurden. Gebäude wurden in Mengen regelrecht umgeweht, und die Trümmer wirbelten durch die Luft. Auf den großen Plantagen wurde alles verwüstet, unübersehbare Gebiete lagen überschwemmt, und immer höhere Wogen ergossen sich über das Land. Überall an der Küste sanken zahllose Schiffe oder wurden aufs Land geschleudert. Hafenanlagen und große Schiffswerften wurden derartig zerstört, daß es fraglich war, ob sie jemals wieder aufgebaut werden könnten. Ich erfuhr ferner, daß die Amerikaner außerstand sein würden, überall wieder aufzubauen, und daß demzufolge Handel und Schiffahrt in diesen Gebieten auf lange Zeit lahm liegen würden. Unter den Plantagenstaaten wurde besonders Virginia erwähnt, aber ich sah, daß auch andere Staaten sehr mitgenommen waren. Kaum besser erging es den am mexikanischen Golf und weiter im Inneren gelegenen Staaten, darunter auch Florida. Der Orkan raste über einen breiten Landgürtel von der atlantischen Küste bis zum Mississippital und drehte dann nördlich, wo er bei den kanadischen Seen noch an Stärke gewann. Ob es sich bei diesem Orkan nur um einen handelte, oder ob sich daraus mehrere entwickelten, kann ich nicht sagen.«

»In den Staaten des Mississippitals wütete der Orkan mit der gleichen Gewalt wie an der atlantischen Küste; zwischen beiden Gebieten sah ich eine unfruchtbare, steinige Gegend, die zum Teil verschont blieb.«

»Unter den nordamerikanischen Städten wurden folgende als besonders betroffen bezeichnet. Chikago, Miniapolis, Washington und New York; letztere war am schwersten betroffen. Davon zeugten Ruinen und eingestürzte Gebäude; der Orkan fuhr heulend durch die Straßen der Weltstadt, und die riesigen Wolkenkratzer schwankten.«

»Die Stimme erläuterte, daß diese Gebäude von Zerstörung bedroht seien. Alles war in Rauchwolken gehüllt, große und kleine Gegenstände wurden vom Sturm mitgerissen und wirbelten in Mengen durch die Luft. Zugleich brachen in vielen Stadtteilen gewaltige Feuersbrünste aus. Am Hafen ergossen sich haushohe Brecher weit ins Land hinein. Große Speicher- und Lagerhäuser stürzten zusammen und wurden eine Beute des Meeres. Viele Schiffe wurden aufs Land geschleudert, andere versanken im Hafen.«

»Nicht nur in der Stadt New York, sondern auch in ihrer weiteren Umgebung loderten große Brände, der Himmel glich einem einzigen Flammenmeer. Auch in den Waldgebieten Kanadas sah ich riesige Brände.«

»Ich erfuhr, daß Kanada mehrfach das Opfer großer Brandkatastrophen werde; ich sah es wiederholte Male dort brennen. Aber auch die Verwüstungen durch den Orkan waren in diesem Lande gewaltig, ich sah, wie die stattlichen Wälder umgeknickt wurden. Die Gegenden um die großen Seen schienen besonders schwer heimgesucht. Unter den dort gelegenen schwer beschädigten Städten wurde besonders Quebec erwähnt, und zwar mehrmals. Von Nordamerika und Kanada setzte der Orkan seinen Weg nach Osten über den Atlantik nach Europa fort, dessen westliche und südwestliche Staaten zuerst in den Bereich des rasenden Unwetters gerieten.«

»Über Frankreich, Spanien und Marokko drang der Orkan ins

Mittelmeer vor. Beinahe alle Länder litten unter den Verwüstungen. Dieser Orkan raste dann über das Schwarze Meer, die Krim und Südrußland hinweg. Allmählich ging mir der Zusammenhang verloren.«

Mit größter Wahrscheinlichkeit wird dieser Orkan durch einen Atomschlag ausgelöst. JOHANSSON konnte auch in der Nordsee die auslösende Ursache nicht erkennen. Vielleicht ist es möglich, daß durch einen Atombombenteppich ein wirklicher Orkan ausgelöst werden kann, wie sich ja schon im letzten Krieg bei Flächenbränden Feuerstürme gebildet haben.

Nach IRLMAIER geht der erste Heerwurm vom blauen Wasser nordwestlich bis an die Schweizer Grenze. Der Vierzeiler 2.29 von NOSTRADAMUS schildert die gleiche Situation: »Der Mann aus dem Osten wird seinen Sitz verlassen, die Apenninen (Italien) überschreiten, um Frankreich zu sehen. Er wird den Himmel durchbohren (Luftmacht) und durch Schnee marschieren, und wird jeden schlagen mit seiner Knute.« Vers 7.8 von NOSTRADAMUS lautet: »Ihr Bewohner von Florenz, flieht, flieht in Richtung Rom! Bei Fiesole wird gekämpft. Blut wird vergossen, die Größten fängt man mit der Hand. Weder Tempel noch Geschlecht wird man verschonen.«

Eine zusammenfassende Darstellung der Ereignisse in Italien stammt von NOSTRADAMUS aus dem Brief an König Heinrich: »13. Vorher entsteht in der Adria große Zwietracht. Was vereinigt war, wird getrennt werden. Von großen Städten bleiben nur Gebäude übrig. Diese Entwicklung geht aus von der (französischen) Weltmacht und dem Zwischenstromland in Europa (Frankreich). Der 37., 41. und 45. Breitengrad werden hiervon betroffen.«

»In dieser Zeit und in diesen Gegenden wird die höllische Macht gegen die Kirche Jesu Christi die Macht der Gegner seines Gesetzes aufhetzen. Das wird der zweite Antichrist sein, der die Kirche und ihren wahren Stellvertreter mittels der

Macht der weltlichen Könige verfolgen wird, die durch ihre Unwissenheit verführt werden – durch beredte Verführer, die mehr zerstören als das Schwert in den Händen eines Irrsinnigen.«

»Die vorhergesagte Herrschaft des Antichristen wird nur so lange andauern, bis der Erretter zur Regierung gelangt, der zur Stadt Lyon marschieren wird. Die Erwählten von Modena und Bologna (in Italien) begleiten ihn. Er marschiert durch Ferrara und befreit die Italiener und die Völker am adriatischen Meer, bis nach Sizilien hin.«

Während sich in Deutschland, nach der Schlacht bei Köln, die Lage wenigstens politisch zu beruhigen scheint, bricht in Italien ein schrecklicher Bürgerkrieg aus. Irlmaier schildert ihn so: »Im Stiefelland bricht eine Revolution aus, ich glaube, es ist ein Religionskrieg, weil sie alle Geistlichen umbringen. Ich sehe Priester mit weißen Haaren tot am Boden liegen. Hinter dem Papst ist ein großes Messer, aber ich glaube, er kommt ihnen im Pilgerkleid aus. Er flieht nach Südosten oder über das große Wasser, genau kann ich es nicht sehen.«

Im ersten Feldpostbrief ist zu lesen: »Der Papst wird dann beim Friedensschluß dabei sein. Zuvor aber muß er fliehen, da er als Verräter hingestellt wird. Er kommt nach Köln, wo er nur mehr einen Trümmerhaufen findet, alles ist kaputt.«

Das Schicksal von Kirche und Papst beschreibt auch Cäsarius von Heisterbach:

»Die ganze Kirche wird in der ganzen Welt grausam verfolgt und aller ihrer zeitlichen Güter beraubt. Alle Kirchen werden befleckt und entweiht, und jede Religionsausübung wird aufhören aus Furcht und Entsetzen vor dem schrecklichen Grimm. Die Heiligen Jungfrauen (Nonnen) werden ihre Heiligtümer verlassen und geschändet und entehrt da und dort hinfliehen. Die Hirten der Kirche werden vertrieben, ihrer Würden beraubt und mißhandelt. Die Schafe und die Untertanen werden ohne Hirt und Haupt fliehen und zerstreut bleiben.«

»Das Oberhaupt der ganzen Kirche wird seinen Sitz verändern, und es wird ein Glück für ihn und jene sein, die bei ihm sind, wenn sie einen Zufluchtsort finden, wo jeder mit den Seinigen das Brot der Schmerzen im Tal der Tränen verzehren kann. Denn die ganze Bosheit der Menschen wird sich gegen die allgemeine Kirche wenden, und sie wird lange Zeit keinen Verteidiger haben, weil es keinen Papst und keinen rechtmäßigen Herrscher geben wird.« Über dieses Ende des Papstes ist nichts bekannt, jedenfalls kehrt er vor seinem Tode noch nach Rom zurück.

KOMMENTAR: Über den Kriegsverlauf in Amerika liegen nur sehr spärliche Vorhersagen vor, jedoch kann man sich in groben Zügen ein Bild des Kampfverlaufes machen. Der Orkan, den JOHANSSON so anschaulich schildert, dürfte von einem atomaren Trommelfeuer herrühren, das die ganze Süd- und Ostküste Nordamerikas einschließlich der Großstadt New York in Schutt und Asche legt. Darüber hinaus werden weite Teile des Landes betroffen. Verschont wird der Nord-Westen des Landes. Diesem Geschehen liegt vielleicht ein strategisches Konzept zugrunde: Durch den Atomschlag soll die Widerstandskraft der USA gebrochen werden, der Nord-Westen des weiten Landes wird aber aus diesem apokalyptischen Inferno ausgespart, denn hier wollen die russisch-chinesischen Invasionsheere einmarschieren. Der fernöstliche Angriffskeil, der Nordamerika direkt anzugreifen versucht und die Absicht hat, das Land zu besetzen, stößt aus dem Raum Sibirien, über die Aleuten, Alaska und Kanada direkt vor. Dieser Plan scheitert wahrscheinlich daran, daß in den Weiten des praktisch unbesiedelten Raumes die mordernen Abwehrwaffen wie Staubregen, chemische Kampfstoffe und atomare Vernichtungswaffen lediglich nach strategischen Gesichtspunkten, ohne Rücksicht auf eventuell zu schonende Zivilbevölkerung eingesetzt werden können.

Zwar wird es nirgends ganz klar ausgesprochen, aber man gewinnt doch den Eindruck, als handele es sich bei der Sperre, die Westeuropa vor den östlichen Invasionsheeren schützen soll, um zwei verschiedene Kampfstoffe. Möglich wäre, daß die Strecke Stettin-Prag vom Staubregen unpassierbar gemacht wird, der nur einen relativ schmalen Gebietsstreifen blockiert, während südlich und südöstlich davon eine große gelbe Wolke von *chemischen Kampfstoffen* weite Teile des Landes verseucht. Denkbar wäre natürlich auch der Einsatz des Staubregens als westliche Begrenzung eines Gebietes, das im übrigen von chemischen Kampfstoffen eingedeckt wird. Mit dem Staubregen sollen sich ja auch eng begrenzte Gebiete aus einem Gelände herausschneiden lassen, während die Giftgaswolken mehr flächenhaft wirken, keine scharfen Grenzen haben und wohl auch unberechenbar sind, da sie den Einflüssen des Wetters unterliegen. Es wird ja vorhergesagt, daß die gelben Wolken vom Wind nach Osten abgetrieben würden.

Jedenfalls sind die Gebiete, die namentlich erwähnt werden und bei denen man in erster Linie an eine Gefährdung durch chemische Kampfstoffe denken muß, das von Hepidanus erwähnte Gebiet zwischen dem Rhein, der Elbe und der Donau; als zweites »die Wüste«, die östlich von Linz beginnen soll und das Gebiet der CSSR sowie Teile von Ungarn umfaßt.

Bezeichnenderweise liegt das erstgenannte Gebiet weit genug westlich, um die Ostblockländer nicht zu gefährden, andererseits aber auch weit genug östlich, um die in Frankreich operierenden Panzereinheiten nicht in ihrer Bewegungsfreiheit zu behindern. Das könnte mit dem Zeitpunkt des Einsatzes zusammenhängen, nämlich als Antwort auf den Staubregen, der zur Zeit der Kirschblüte niedergeht. Wiederum als Antwort auf den Einsatz chemischer Kampfstoffe im Westen wäre dann der

Einsatz ähnlicher Stoffe auch in Osteuropa denkbar. Natürlich handelt es sich bei diesen Annahmen nur um Denkmodelle, doch ist eine gewisse Eskalation im ganzen Kriegsverlauf unverkennbar.
Nach Putzien liegt über den »Staubregen« eine Angabe eines hellsehenden Jogis vor. Danach handelt es sich um eine Waffe, die auf einem genau abgrenzbaren Gebiet zur Anwendung gelangt. Im übrigen soll der Staubregen ähnliche Wirkungen wie eine Atombombe haben. Beim Abblasen oder Abrieseln des Staubregens entsteht eine ungeheuere Hitze, so daß Metall schmilzt und die Soldaten verkohlt umfallen. Im Gegensatz zur Atombombe soll der »Staubregen« eine reine Frontwaffe sein. Das jeweils betroffene Gebiet ist so klein, daß die Verluste unter der Zivilbevölkerung gering sein werden. Das Ziel dieser neuen Waffe ist ausschließlich die Vernichtung militärischer Ziele, wozu auch Flotteneinheiten gehören. Man kann vermuten, daß der Staubregen aus Partikeln eines künstlichen radioaktiven Elementes besteht, das zum Zerfall gebracht werden kann oder eine Weiterentwicklung der Neutronenbombe darstellt.
Es mag Zufall sein, daß der eine Prophet von einem »schwarzen Kastl«, der andere von einer stürzenden Sonne mit Erdbeben spricht. Dies können jedoch verschiedene Momentaufnahmen der gleichen Angelegenheit sein, je nachdem, ob der Seher die Bombe kurz nach dem Ausklinken aus dem Flugzeug oder kurz nach Auslösung der Zündung sieht und beschreibt. Es gibt aber noch eine andere Deutungsmöglichkeit, nämlich die, daß es sich überhaupt um zwei voneinander verschiedene Arten von Kernwaffeneinsätzen handelt. So wäre es denkbar, daß die Bombe über Prag in einer optimalen Höhe über dem Zentrum der Stadt gezündet wird; der Seher sieht dann eine stürzende Sonne, die mit ihren tödlichen Strahlen alles Leben im weiten Umkreis versengt, sowie die Druck- und Sogwelle der Explo-

sion, die wie ein gewaltiges Erdbeben nur noch rauchende Trümmerhaufen hinterläßt. Die andere Möglichkeit wäre die, daß die Bombe in der Nordsee nicht in der Luft, sondern erst in einer bestimmten Meerestiefe, also unter der Wasseroberfläche gezündet wird. Denkbar wäre sogar die allerdings etwas abwegige Idee, mit Kernwaffen auf U-Boot-Jagd zu gehen. Wer kann jedoch heute schon sagen, wozu ein in die Enge getriebener Gegner nicht fähig sein könnte?

Der Seher Mühlhiasl gab für den Bayerischen Wald einige Verstecke an. Auf die Frage, wo sich denn die Leute vom Gäuboden (Donauebene bei Straubing, größtenteils südlich der Donau gelegen) verstecken könnten, meinte er, sie sollten in Kornmanndln Schutz suchen (Kornmanndln sind auf dem Feld zum Trocknen zusammengestellte Getreidegarben). Diese Redewendung wurde bisher allgemein so gedeutet, daß der Angriff wohl in der Erntezeit erfolgen würde und die Kornmanndln Schutz gegen Sicht bieten könnten. Aus den schon erwähnten Gründen ist aber der Einmarsch in der Erntezeit, zumindest im Gäuboden, unwahrscheinlich. Außerdem überschreiten die Russen die Donau gar nicht, wenigstens nicht in dieser Zeit und Gegend.

Dieser Widerspruch könnte aber folgendermaßen erklärt werden: Wenn Sepp Wudi sagt, man solle die Kleider bis über das Nasenspitzerl ziehen, meint er damit, daß das Gesicht geschützt werden muß. Gegen Radioaktivität bieten aber Kleider keinen hinreichenden Schutz, man muß hier also an etwas anderes denken. Es kann sich eigentlich nur um einen Stoff handeln, der mit der Haut unter keinen Umständen in Berührung kommen darf, da er sonst verheerende Wirkungen entfaltet; dies ist die Gruppe der chemischen Kampfstoffe, volkstümlich auch Giftgas genannt. Wird man auf freiem Feld von einer Wolke solcher Schadstoffe überrascht, sollte man sich tunlichst in eine Höhle retten, evtl. ein Kornmanndl aufsuchen oder zumindest sonst frei getragene Körperstellen mit allen verfügbaren Kleiderstoffen bedecken.

Bezeichnend ist, daß die beiden Seher, WUDI und MÜHLHIASL, aus dem ostbayerischen Raum kommen, also aus dem Grenzgebiet der Gegend, die dann anschließend als »Wüste« bezeichnet wird. Möglich wäre, daß diese Giftwolken besonders die Gebiete östlich des Eisernen Vorhanges heimsuchen und »Ableger« davon auch auf bayerisches Gebiet gelangen. Allerdings ist zu bedenken, daß die Absperrung, die von Stettin bis zum Schwarzen Meer reichen dürfte, zur Zeit der Kirschenblüte und nicht zur Zeit der Kornmanndl gelegt wird. Möglicherweise muß aber diese Verseuchung des Geländes nach einer gewissen Zeit oder nach Regenfällen wiederholt werden, um wirksam zu bleiben.

In der sehr anschaulichen Schilderung von PROKOP ist die Rede von feuerroten Wolken und Blitzen, jedoch ohne Donner. Offensichtlich sind in dieser Zeit auch die Flüsse ohne Wasser, die Luft ist sehr trocken, eine gelbe Wolke bedeckt den Himmel. Dies ist das »Feuergericht«, bei dem »Feuer vom Himmel« die Welt heimsucht und in ein »Blitzmeer« hüllt. Die Seher sprechen davon, daß das erste Mal die Welt in der Sintflut durch Wasser, das zweite Mal aber in der Zeitenwende durch Feuer gereinigt werden müsse. Als Ursache dieser Erscheinungen wird angegeben: Erhöhung der Luftelektrizität, Rodung der Wälder, die Ansammlung brennbarer Ätherarten sowie die gelbe Wolke. Denkbar wäre auch, daß die Veränderung der Atmosphäre, Radioaktivität oder Sonneneruptionen dabei eine Rolle spielen könnten. Einleuchtend ist andererseits, daß das »Feuer vom Himmel« um so verheerender sein muß, je weniger Wasser die Flüsse führen, je trockener Luft und Boden sind.

In der Natur sind seit jeher viele Regelkreise eingebaut, die der Mensch nur teilweise kennt. Man kann im allgemeinen auf die Selbsterhaltung und Selbstreinigung der Natur vertrauen, sie verträgt schon einiges. Irgendwie schafft es der Mensch aber doch, im dritten Weltkrieg durch massive Eingriffe wenigstens vorübergehend das komplizierte Spiel der Kräfte aus dem Gleichgewicht zu bringen. Der Wasserhaushalt und die Zusammensetzung der Atmosphäre werden sich so verändern, daß es eine gewisse Zeit braucht, bis es der Regenerationskraft der Natur gelingt, wieder gesunde Verhältnisse zu schaffen.

Wenn öfters die Rede davon ist, daß der Mensch vom Irrsinn befallen wird, so kann dies nicht nur die Folge von Angst und Schrecken im Gefolge des Krieges sein, sondern ebenso der bleibende Schaden, den ein spezielles Giftgas, ein Nervengift, hinterläßt. Waffenexperten könnten über dieses Thema sicher mehr aussagen, doch hier sollen nicht militärische Geheimsachen erörtert, sondern lediglich die Stimmen der Propheten zu Gehör gebracht werden.

Nach der Schlacht bei Köln soll sich die Pest bemerkbar machen und im folgenden Jahr viele Opfer fordern. Es erhebt sich nun die Frage, um welche Krankheit es sich denn nun handeln könnte. Sicher wird die Atom- oder Strahlenpest, die auf Grund der Radioaktivität infolge des Atomkrieges zu erwarten ist, ihre Opfer weltweit fordern. Doch hier wird gesagt, daß besonders die Menschen verschont werden, die in entlegenen Wäldern Schutz gesucht haben, was eindeutig gegen die Strahlenpest spricht. Möglich wäre natürlich auch, daß es sich um eine absichtlich herbeigeführte Epidemie, um den geplanten Einsatz biologischer Kampfstoffe handelt. In dem hier vorliegenden Fall hat man aber einen anderen Eindruck: Es sieht so aus, als würde die echte oder schwarze Pest ohne Wissen und Wollen der zuständigen Stellen mit der russischen Armee in die Bundesrepublik eingeschleust werden. Man erinnert sich vielleicht: Rußland hat nach dem indischen Krieg selber viel unter Krankheiten zu leiden. Wenn nun diese Krankheitsherde nicht voll und ganz ausgeheilt sind, kann es vorkommen, daß in einem neuen Krieg diese Herde in einem anderen Lande wieder zum Aufflackern kommen. Es gibt ja keinen besseren Nährboden für ansteckende Krankheiten aller Art als die Wirrnisse eines Krieges.

Im zweiten Jahr, dem mittleren Kriegsjahr, finden weniger spektakuläre Ereignisse statt, als in dem vorhergehenden und dem nachfolgenden. Auf der politischen Bühne spielen sich aber trotzdem heftige Kämpfe ab, wie am Beispiel Polens deutlich wird. Anfangs als Satellit Rußlands im Feldzug gegen den Westen – am Ende des Krieges aber als selbständiges Königreich. Dazwischen müssen sich einige Machtverschiebungen und politische »Erdrutsche« abgespielt haben. Dies wird zwar nirgends erwähnt, jedoch spricht die Feststellung, daß die Polen gegen ihre Bedränger mitstreiten werden, eine beredte Sprache. Man kann hier ohne weiteres unterstellen, daß Rußland nicht nur innerlich von Revolution und Bürgerkrieg geschüttelt wird, sondern auch, daß die von Rußland beherrschten Völker sich erheben und gegen Rußland stellen werden. Der russische Koloß zeigt Risse und Sprünge, er zerfällt in mehrere Teile.

Die drei finsteren Tage

Eine ausführliche Beschreibung dieser kosmischen Katastrophe stammt von Irlmaier: »Finster wird es werden an einem Tag unterm Krieg. Dann bricht ein Hagelschlag aus mit Blitz und Donner, und ein Erdbeben schüttelt die Erde. Dann geh nicht hinaus aus dem Haus. Die Lichter brennen nicht, außer Kerzenlicht, der Strom (elektrisch) hört auf. Wer den Staub einschnauft, kriegt einen Krampf und stirbt. Mach die Fenster nicht auf, häng sie mit schwarzem Papier zu. Alle offenen Wasser werden giftig und alle offenen Speisen, die nicht in verschlossenen Dosen sind. Auch keine Speisen in Gläsern, die halten es nicht ab. Draußen geht der Staubtod um, es sterben sehr viel Menschen. Nach 72 Stunden ist alles wieder vorbei. Aber noch mal sage ich es: Geh nicht hinaus, schau nicht beim Fenster hinaus, laß die geweihte Kerze oder den Wachsstock brennen und bete. Über Nacht sterben mehr Menschen als in den zwei Weltkriegen.« Auf die Frage, was die Leute tun sollen, um die große Finsternis und den Staub zu überstehen, antwortete IRLMAIER: »Kauft ein paar verlötete Blechdosen mit Reis und Hülsenfrüchten. Brot und Mehl hält sich, Feuchtes verdirbt, wie Fleisch, außer in blechernen Konservendosen. Wasser aus der Leitung ist genießbar, nicht aber Milch. Recht viel Hunger werden die Leute so nicht haben während der Katastrophe und Finsternis. Das Feuer wird brennen, aber macht während der 72 Stunden kein Fenster auf. Das Vieh fällt um, das Gras wird gelb und dürr, die toten Menschen werden ganz gelb und schwarz.«

Das gleiche Ereignis wird im »LIED DER LINDE« wie folgt geschildert:

»Winter kommt, drei Tage Finsternis,
Blitz und Donner und der Erde Riß,
Bet' daheim, verlasse nicht das Haus!
Auch am Fenster schaue nicht den Graus!

Eine Kerze gibt die ganze Zeit allein,
Wofern sie brennen will, dir Schein.
Giftger Odem dringt aus Staubesnacht,
Schwarze Seuche, schlimmste Menschenschlacht.

Gleiches allen Erdgebor'nen droht,
Doch die Guten sterben selgen Tod.
Viel Getreue bleiben wunderbar
frei von Atemkrampf und Pestgefahr.«

Helena Aiello liefert nachstehende Darstellung: »Feurige Wolken mit herniederfahrenden Blitzen am Himmel und ein Sturm von Feuer wird über die Welt dahingehen. Eine solch furchtbare Geißel, wie sie in der Menschheitsgeschichte vorher nie gesehen wurde. Es wird 70 Stunden dauern. Dann wird man die Macht des Lichtes über die Finsternis erfahren.«

Lorber sieht für die Katastrophe folgende Ursache: »Wenn die Zahl der Reinen und Guten wie zur Zeit Noahs sich sehr verringern wird, dann soll die Erde abermals beschickt werden mit einem allgemeinen Gerichte, in dem weder der Menschen noch der Tiere und Pflanzen geschont wird. Es werden da den stolzen Menschen nichts mehr nützen ihre feuer- und todspeienden Waffen, nichts ihre Burgen und ehernen Wege, auf denen sie mit der Schnelligkeit eines Pfeiles dahinfahren. Denn es wird ein Feind aus den Lüften angefahren kommen und wird sie alle verderben, die da alle Zeit Übles getan haben. Und Ich werde zerstören all die Krämer- und Wechslerbuden durch den Feind, den Ich aus den weiten Lufträumen der Erde zusenden werde wie einen dahinzuckenden Blitz mit großem Getöse. Wahrlich, gegen den werden vergeblich kämpfen alle Heere der Erde! Aber meinen wenigen Freunden wird der große, unbesiegbare Feind kein Leid tun und wird sie verschonen für eine ganz neue Pflanzschule, aus der neue und bessere Menschen hervorgehen werden . . . «

Auch Cäsarius von Heisterbach sieht das Unglück aus dem Weltall auf uns zukommen. Er sagt: »Viele und schreckliche Zeichen werden am Himmel erscheinen, die Sonne wird sich verdunkeln und sich blutigrot zeigen. Zwei Monde zugleich wird man vier Stunden lang, umgeben von erstaunlichen Dingen, sehen. Mehrere Sterne werden zusammenstoßen zum Zeichen der Zerstörung fast aller Menschen.«

Man denkt hier an Nostradamus 1.84: »Der verdunkelte Mond ist in tiefste Finsternis gehüllt. Sein Bruder mit der eisenroten

Farbe zieht vorbei: der Große, der lange Zeit im Dunkel des Weltalls verborgen war. Er wird das Eisen festhalten im blutfarbigen Regen.«
3.34: »Wenn die Sonne verfinstert werden wird, dann wird man am hellen Tage das Ungeheuer wahrnehmen. Ganz anders wird man es auslegen. Gegen die Teuerung gibt es keinen Schutz, da keiner es vorausgesehen haben wird.«
Es wäre denkbar, daß ein Himmelskörper, der sich in kosmischen Staubmassen verborgen hält, plötzlich erscheint. Die Staubmassen bewirken dann eine totale Finsternis, größere Trümmermassen lassen die Erde erbeben, elektrische Entladungen und vielleicht auch der Eisengehalt der Staubmassen bringen die Elektrizitätsversorgung zum Erliegen; Giftgase töten Menschen und Tiere. Und so plötzlich, wie das Ereignis eingetreten ist, genauso plötzlich ist es wieder zu Ende; dann nämlich, wenn der vorbeiziehende Himmelskörper mit seinen Staubmassen wieder aus dem Bereich der Erde verschwindet.
Diese Deutung der dreitägigen Finsternis scheint schon deswegen wahrscheinlich, weil sie erklären könnte, wieso die Finsternis von einer Stunde auf die andere zu Ende sein wird. Theresa-Helene Higginson gibt die gleiche Erklärung, wenn sie sagt: »Ich sah mich – ich weiß nicht wie und wo – an einen erhöhten Ort versetzt, von dem aus ich die Erde überschauen konnte. Zuerst sah ich eine schwarze Wolke die Erde umhüllen; es war eine wirkliche, dichte, materielle Finsternis – Sinnbild der geistigen Finsternis, in welche sich die Menschen gestürzt haben. Dann hörte ich das starke Rollen des Donners, ich sah Blitze zucken, und es erschien mir, als fielen feurige Kugeln auf die Erde, die bis in ihr Innerstes drangen, Felsen zermalmend. Hierauf hörte ich das gewaltige Rauschen der Fluten und ein schreckliches Trauerseufzen entstieg der Erde.«
Von Kugelbeer stammt die Prophezeiung: »Finsternis von drei Tagen und Nächten. Beginn mit einem furchtbaren Donner-

schlag mit Erdbeben. Kein Feuer brennt. Man kann weder essen noch schlafen, sondern nur beten.
Blitze dringen in die Häuser, gräßliche Flüche von Teufeln sind zu hören. Erdbeben, Donner, Meeresrauschen. Wer neugierig zum Fenster hinausschaut, wird vom Tode getroffen. Man verehre das kostbare Blut Jesu und rufe Maria an. Die Teufel holen die Gottlosen bei lebendigem Leibe. Vergebens flehen diese um Verlängerung ihres Lebens. Es herrscht die Pest, große schwarze Flecken am Arm sieht man. Schwefeldämpfe erfüllen alles, als wenn die ganze Hölle los wäre.«
»Ein Kreuz erscheint am Himmel. Das ist das Ende der Finsternis. Die Erde ist ein Leichenfeld wie eine Wüste. Die Menschen kommen ganz erschrocken aus den Häusern. Die Leichen werden auf Wägen gesammelt und in Massengräbern beerdigt. Es fahren weder Eisenbahn noch Schiffe, noch Autos in der ersten Zeit. Die Fabriken liegen still, das rasende Tempo früherer Zeit hat aufgehört.«
Wenn hier von der Pest die Rede ist, so muß dazu gesagt werden, daß die Pest als Infektionskrankheit nicht nur drei Tage lang auftritt. Mit Sicherheit dürfte es sich um eine andere Ursache der pestartigen Erkrankung handeln, wahrscheinlich ist es der »Schwefeldampf«, der den Atemkrampf ebenso wie die schwarzen Flecken verursacht.
Es herrscht Übereinstimmung darüber, daß am Ende der drei finsteren Tage ein Himmelszeichen erscheinen wird. Allerdings wird seine Art verschieden beschrieben, und es sei dahingestellt, ob es sich hier um einen geistigen Vorgang handelt, d. h. um eine geistige Erfahrung, die viele gleichzeitig haben werden. Während Kugelbeer von einem Kreuz am Himmel spricht, beschreibt es Irlmaier so: »Während oder am Ende des Krieges sehe ich am Himmel ein Zeichen, der Gekreuzigte mit den Wundmalen, und alle werden es sehen; ich habe es schon dreimal gesehen, es kommt ganz gewiß.«

Dies ist die Zeit, von der es in Markus 13.24-27 heißt: »Aber zu der Zeit, nach dieser Trübsal, werden Sonne und Mond ihren Schein verlieren, und die Sterne werden vom Himmel fallen, und die Kräfte der Himmel werden ins Wanken kommen. Und dann werden sie des Menschen Sohn kommen sehen in den Wolken mit großer Kraft und Herrlichkeit. Und dann wird er seine Engel senden und wird versammeln seine Auserwählten von den vier Winden, vom Ende der Erde bis zum Ende des Himmels.«
Es ist hier öfter die Rede vom Erzengel Michael oder überhaupt von den Engeln des Himmels; so prophezeit die Seherin Anna-Maria Taigi: »Nach der Finsternis wird der heilige Erzengel Michael auf die Erde herabsteigen und den Teufel bis zu den Zeiten des Antichrists fesseln. Zu jener Zeit wird sich die Religion überall ausbreiten, und es wird ein Hirt sein. Die Russen bekehren sich, ebenso England und China, und alles wird jubeln über den Triumph der Kirche.«
Nach der christlichen Lehre soll Satan, der ja jetzt der Herr dieser Welt ist, durch den Erzengel Michael für tausend Jahre gebunden werden. Es folgt dann das Tausendjährige Reich, das Reich des Messias. Erst nach diesen tausend Jahren wird Satan noch einmal, wenn auch nur für eine begrenzte Zeit, frei zu einer letzten Probe. Anschließend kommt der Untergang der Welt. Daß wir darunter nicht die Vernichtung dieser Erde zu verstehen haben, geht aus einem Text bei Lorber hervor: »Ihr müßt aber nicht etwa der Meinung sein, als würde dann diese natürliche Erde vergehen und in eine neue umgewandelt werden, sondern nur die Menschen werden durch die Vollaufnahme der göttlichen Wahrheit in ihre Herzen als wahre Brüder und Schwestern in Meinem Namen unter sich eine neue geistige Erde schaffen. Auf dieser neuen Erde werde Ich selbst dann sein und sie werden mit Mir Umgang pflegen und Mich nimmerdar aus ihren Augen verlieren.«

Der genaue Zeitpunkt der drei finsteren Tage wird von Nostradamus in Vers 3.5 angegeben: »Kurze Zeit nach dem langen Ausbleiben der beiden großen Lichter (Sonne und Mond), das zwischen März und April erfolgen wird: Oh, welche Teuerung! Aber zwei große Gutmütige werden über Land und Meer allen zu Hilfe eilen!« Die angesagte Teuerung ist sicher die Folge einer Hungersnot!

Kommentar: Im Folgenden soll eine Deutung der drei finsteren Tage versucht werden, allerdings unter dem Vorbehalt, daß die Darstellung nur so erfolgen kann, wie sich ein Laie den Ablauf der Geschehnisse vorstellt. Selbstverständlich müssen die Fachleute auf dem Gebiet der Astronomie das letzte Wort haben. Das Problem ist nur, daß sich die Fachleute vorerst gar nicht mit dem Problem befassen.

Die kosmische Katastrophe kommt plötzlich und unerwartet. Gesagt wird, ein Himmelskörper, der lange Zeit verborgen gewesen sei, würde plötzlich sichtbar. Möglicherweise haben ihn kosmische Staubmassen der Sicht entzogen. Dann sinkt eine tiefe materielle Finsternis auf die Erde, gleichzeitig gerät sie in ein Taumeln, daß man meinen könnte, sie wäre aus ihrer Bahn geworfen. Es mag sich vielleicht im ersten Moment etwas absurd anhören, doch könnte die Erde tatsächlich aus ihrer Bahn geworfen werden: Wenn ein anderer Himmelskörper von einer gewissen Größe in unser Planeten-Sonnensystem eindringt, so ist eine Kollision zwar möglich, aber ziemlich unwahrscheinlich. Es tritt vielmehr der Fall ein, daß die verschiedenen Himmelskörper sich gegenseitig beeinflussen und dadurch ihre Bahn verändern. So kann der fremde Eindringling, nachdem er Unheil gestiftet hat, wieder aus dem Sonnensystem, wenn auch mit veränderter Bahn, verschwinden. Möglich wäre aber auch ein anderer Fall: Dieser neue Himmelskörper wird von der Sonne gleichsam eingefangen und beginnt nun, ähnlich wie die bereits vorhandenen Planeten, um die Sonne zu kreisen. Und genau das scheint mir »des Pudels Kern« der drei finsteren Tage zu sein.

In einer tibetanischen Weissagung* wird angekündigt, ein neuer Stern, der Smaragdstern, würde der Menschheit im neuen Zeitalter leuchten und immer mehr an Leuchtkraft gewinnen. Er könnte das bisher fehlende Glied sein, um sich das kosmische Geschehen logisch erklären zu können. Ein neuer Planet wäre nämlich tatsächlich imstande, die Erde und womöglich auch die anderen Planeten des Sonnensystems aus der gewohnten Bahn zu werfen. Sicher schaukelt sich das alles wieder zurecht und pendelt sich nach einer gewissen Übergangszeit wieder stabil ein, doch die ersten Tage dürften ziemlich turbulent sein, und genau das ist vorhergesagt.

Selbstverständlich besteht auch die Möglichkeit, daß der vorhergesagte Smaragdstern nur symbolischen Charakter hat, daß er lediglich als geistiges Licht zu deuten ist, das der Menschheit nach der Zeitenwende leuchten wird. Doch welche Ursache für die kosmische Katastrophe wäre dann denkbar?

Bei LORBER findet sich eine Kundgabe über den »Feind aus den Lüften«, der aus »den weiten Lufträumen der Erde« mit großem Getöse kommen und ein großes Verderben über die Menschen bringen soll. Über den Sinn dieser Kundgabe ist schon viel gerätselt worden. Möglicherweise steht sie im Zusammenhang mit der vorausgesagten kosmischen Katastrophe.

IRLMAIER hat den Untergang halb Englands vorhergesagt, auch von anderen Gegenden existieren ähnliche Prophezeiungen, Überschwemmungen, Erdbeben und Vulkanausbrüche werden gesehen. IRLMAIER selbst und wohl auch die meisten Leser werden dabei an die Auswirkungen der Atombomben gedacht haben. Viel wahrscheinlicher scheint aber zu sein, daß es sich hierbei um die direkten Folgen der kosmischen Katastrophe

* Die Heilsbotschaft des Smaragdsterns, Seite 163.

handelt. Wenn berichtet wird, daß eine Zeitlang zwei Monde zu sehen sein werden, so deutet dies darauf hin, daß der neue Stern, wenn es sich um einen solchen handeln sollte, sehr nahe an der Erde vorbeigehen wird, bis er schließlich seine neue, endgültige Planetenbahn um die Sonne gefunden hat. Das müßte auf der Erde nicht nur riesige Flutwellen erzeugen; auch innere Spannungen in der Erdkruste müßten zu starken Erdbeben führen, ein Versinken von Landstrichen im Meer ist dabei sehr wohl vorstellbar. Zu den tektonischen Erdbeben könnten auch noch Erschütterungen kommen, die von größeren Gesteinsbrocken herrühren, die in den Staubmassen mitgeführt werden; im »Lied der Linde« heißt es sogar, in der Erdrinde würde ein Riß entstehen.

In neuerer Zeit wird die Ansicht vertreten, daß der kosmischen Katastrophe ein Polsprung zugrunde liegen könnte. Nach diesen Forschungen scheint die Erde im Laufe ihrer Geschichte mindestens Hunderte, wahrscheinlich aber Tausende von Polsprüngen mitgemacht zu haben. Ein Polsprung ist ein Kippen der Erdachse; auf Grund einer magnetischen Umpolung dreht sich die Erdkugel relativ schnell, wahrscheinlich innerhalb von drei Tagen in die neue Position. Die beiden letzten Umpolungen, der Untergang von Atlantis oder die Vertreibung aus dem Paradies und die letzte, die Sintflut, sind der Menschheit noch heute in schrecklicher Erinnerung. Es kommt möglicherweise durch das Eindringen eines fremden Sternes oder von Sterntrümmermassen zu einem Zusammenbruch des irdischen Magnetmantels, die Erdachse wird unstabil. Dies löst gewaltige Turbulenzen, Erdbeben und Springfluten aus, bis die Erdachse sich schließlich wieder stabil einpendelt. Während des Kippvorganges entsteht der optische Eindruck, als würden auf der einen Seite die Sterne vom Himmel fallen, während auf der anderen Seite am Horizont neue Sterne erscheinen. Schließlich erblicken die Nordländer am Himmel das Kreuz des Südens, und die

Sonne geht nicht mehr im Osten, sondern im Westen auf, die Klimaumstellung zeitigt heute kaum absehbare Folgen.
Manchem mag eine solch gefährliche Begegnung der Erde mit einem neuen Himmelskörper allzu phantastisch klingen. Es darf hier aber an das Buch *»Welten im Zusammenstoß«* des Arztes Dr. Immanuel Velikovsly erinnert werden, in dem er auf Grund des Studiums alter, weltweiter Literaturangaben zu der Überzeugung kommt, daß die Erde in geschichtlicher Zeit bereits zweimal mit knapper Not einem Zusammenstoß mit einem anderen Himmelskörper entgangen sei. Damals wurde das meiste tierische und pflanzliche Leben auf der Erde vernichtet, die Erdachse kippte, Tag und Nacht verlängerten sich, vom Himmel regnete es erst Sternhagel und Feuer, dann eine klebrige Masse, in der Menschen ertranken, wieder später wurde diese Masse eßbar, das Manna der Israeliten, das Ambrosia der Griechen, das Madhu der Hindus. Durch das Kippen der Erdachse mußten die Himmelsrichtungen neu bestimmt werden, die Zeiteinteilung des Tages und der Kalender wurden neu festgelegt. Doch die Himmelskörper waren in eine unstabile Bahn gekommen, der Mars kam der Erde wieder sehr nahe: Am Abend des 23. März 687 vor unserer Zeitrechnung erschlug ein »Sturm vom Himmel« 185 000 Mann der assyrischen Armee, die Erdachse kippte erneut, aber in etwa die alte Position zurück.
Wie urplötzlich solche Katastrophen hereinbrechen können, bezeugt auch das »Beresowka-Mammut«, das noch fast vollständig erhalten 1901 in Ostsibirien entdeckt wurde. Das Fleisch unter der Haut war noch rosa, zwischen den Zähnen und im Magen fanden sich noch Nahrungsreste, die nur in subtropischen Gebieten wachsen. Der Tod mußte den Frühzeit-Giganten urplötzlich überrascht haben. Gleichsam von einer Minute zur anderen, wie im »Schocker« einer Tiefkühltruhe, mußte das Tier vor ca. 40 000 Jahren von Eis umschlos-

sen, eingefroren und dadurch konserviert worden sein. In seinem Buch *»Die Gletscher kehren zurück«* führt Dr. Kaiser solche unglaubliche Klimaschwankungen auf das Kippen der magnetischen Pole zurück.
Die Vorhersage, daß in den drei finsteren Tagen im wesentlichen die »bösen« Menschen vernichtet werden, während die »guten« überleben, mutet unglaubwürdig an, denn es gibt dafür in der Geschichte kaum einen Präzedenzfall. Doch sind heute Medikamente bekannt, die im gesunden Organismus unwirksam bleiben, und ihre Wirkung erst im kranken Körper entfalten. Es wäre daher prinzipiell vorstellbar, daß das Giftgas der drei finsteren Tage nur bei besonderen Verhaltensweisen, zum Beispiel bei Aggressionen, wirksam wird. Auch darf man die Überzeugung haben, daß eine echte und tiefe Gottesverbundenheit ein Schutz ist und das Gefühl der Geborgenheit schenkt, mag das Schicksal des einzelnen so oder so aussehen.
Von den Sehern werden für die Krisenjahre zunehmende Unbilden der Witterung, Unglücksfälle aller Art sowie Erdbeben vorhergesagt. Nach einer vorliegenden Zusammenstellung wurden in den 15 Jahren von 1915 bis 1930 insgesamt 4 Erdbeben mit ca. 550 000 Toten registriert. Dagegen wurden allein im Jahre 1976 6 Erdbeben mit ca. 686 000 Toten gezählt. Es scheint dies bereits einer der ersten Höhepunkte einer unheilschwangeren Entwicklung zu sein, die erst in den drei finstern Tagen sowohl ihren Höhepunkt wie auch ihren Abschluß findet.

Kaiser und Könige

a) Der Bauernkaiser

Das deutsche Volk hat durch den massierten Panzerangriff empfindliche Verluste hinnehmen müssen; Radioaktivität, Giftgase, schwarze Pest und Hunger haben das Land in ein Leichenfeld verwandelt. Doch die Überlebenden gehen daran, eine neue Staats- und Regierungsform zu suchen. So sagt SPIELBÄHN:

108: »Das deutsche Reich wird sich einen Bauern zum Kaiser wählen.«

109: »Der wird ein Jahr und einen Tag Deutschland regieren.«

Dazu passend sagt Katharina LEISTNERIN: »Deutschland wird aber dann größer denn je unter einem Bauernkaiser.«

Dagegen steht die Prophezeiung eines badischen PRIESTERS aus dem Jahre 1923: »Der Norden Deutschlands wird bolschewistisch werden. Auch Westfalen wird in die Hände der Bolschewiken gelangen. Es werden dann schwere Kämpfe mit den Franzosen am Niederrhein stattfinden, wobei Köln hart heimgesucht wird. Aus dem Süden Deutschlands wird ein aus Süddeutschen und Österreichern gebildetes Ordnungsheer anrükken, das anfangs klein, immer mehr Zuzug bekommen wird. Im Verein mit den rheinischen und französischen Truppen wird es die Bolschewiken, Russen und Preußen vollständig niederwerfen. Die letzte Schlacht wird zwischen Essen und Münster stattfinden. Hierauf wird zu Köln am Rhein die Krönung des neuen Kaisers, der das Heer geführt hat, stattfinden durch den Papst, der bei der Revolution in Rom nach der Schweiz geflohen war. Dann wird der Kaiser den Papst nach Rom zurückführen und in Italien Ordnung schaffen.«

Die wohl ausführlichste Schilderung dieser etwas verwickelten Nachfolgeverhältnisse stammt von SPIELBÄHN; deshalb soll seine Darstellung noch einmal im Zusammenhang gebracht werden:

»99: Zuletzt aber wird ein fremder König aufstehen und den Sieg für die gerechte Sache erstehen.«

»108: Das deutsche Reich wird sich einen Bauern zum Kaiser wählen.«

»109: Der wird ein Jahr und einen Tag regieren.«

»110: Der nun die Kaiserkrone nach ihm trägt, das wird der Mann sein, auf den die Welt lange gehofft hat.«

»111: Er wird römischer Kaiser heißen und der Menschheit den Frieden geben.«

Bei vielen Sehern wird der Bauernkaiser überhaupt nicht erwähnt. Die Propheten nehmen überwiegend nur wesentliche, überragende Ereignisse wahr, und der Bauernkaiser ist eben keine solche Persönlichkeit. So wird er überhaupt nicht gesehen bzw. übersehen. Es ist ja auch der große Monarch, der den Frieden bringt und eine sehr große Ausstrahlungskraft besitzt. Da der Bauernkaiser diese Kraft und Macht offenbar nicht hat, muß er auch nach Jahr und Tag wieder abdanken.

Für dieses Jahr, in dem der erste deutsche Kaiser gewählt wird, wurde vom BLINDEN JÜNGLING von Prag vorhergesagt:

»24: Wenn zum zweiten Male die Kirschen reifen, werden die Vertriebenen aus Böhmen traurig wieder zu ihren Herren, ihren Webstühlen und Feldern zurückkehren.«

»25: Aber nur wenige werden es noch sein.«

»26: Und diese wenigen werden einander fragen: Wo hast du gesteckt und wo du?«

Anscheinend kann das Land, über ein Jahr nach dem Staubregen, wieder betreten und besiedelt werden. Innerhalb der deutschen Grenzen herrschen halbwegs geordnete Verhältnisse, wenn auch noch nicht in ganz Europa. Böhmen wird dann, da es kein böhmisches Volk mehr geben wird, wieder von Deutschland aus besiedelt werden.

Offenbar wandern zu dieser Zeit auch viele Leute nach Amerika aus, denn SPIELBÄHN sagt: »Es wird Gift regnen auf das Feld, wodurch ein großer Hunger ins Land kommt. Also daß viele Tausend über dem Gewässer eine bessere Heimat suchen.«

Von JASPER stammen noch folgende Vorhersagen:

1.) »Spanien wird nicht mitkriegen. Die Spanier werden aber nachkommen und die Kirchen in Besitz nehmen.«

2.) »Die Polen kommen anfangs unter. Sie werden aber gegen ihre Bedränger mitstreiten und endlich einen König erhalten.«

b) Der große Monarch

Der Kronzeuge der früher bereits erwähnten Kaiserkrönung ist Franz Kugelbeer, der folgende Angaben macht: »Mord in Rom. Drei bis vier Meter hohe Berge von Leichen von Geistlichen und Bürgern. Der Papst flieht mit zwei Kirchenfürsten auf Nebenwegen zu einer alten Kutsche und in ihr über Genua in die Schweiz. Später kommt er nach Köln, wo er im Dom den neuen Kaiser salbt.«

»In den Dom wird ein junger Herr in Zivil geführt, er kleidet sich in der Sakristei in eine Offiziersuniform ähnlich der ungarischen um. Im Chore stehen zwei Throne. Dem neuen Monarchen werden Haupt und Hände gesalbt. Er erhält den Ritterschlag mit einem breiten Schwert, die alte Kaiserkrone, den Krönungsmantel aus Weiß mit goldenen Lilien, das Zepter und den Reichsapfel. Das Zepter wird ihm gegen ein Kreuz umgetauscht. Er schwört den Treueid und den Schutz gegenüber der Kirche. Tedeum unter dem Jubel des Volkes. Der große Monarch schwingt sein Schwert nach allen Himmelsrichtungen, als Zeichen, daß er die Kirche beschützen will. Abdankung eines alten Herrn auf seine Rechte.«

In dieser Schilderung sind einige bemerkenswerte Details: So stehen im Chor nicht ein, sondern zwei Throne. Die Krönung erfolgt mit den Insignien des deutschen Kaisers, aber der Krönungsmantel ist weiß mit goldenen Lilien, den Insignien Frankreichs. Dies deutet darauf hin, daß es sich um die Besetzung des deutschen und gleichzeitig des französischen Thrones handelt. Die Abdankung des alten Herrn bezieht sich wohl auf den bisherigen deutschen Bauernkaiser.

Der heilige Franz von Paula schrieb im Jahre 1490 an den französischen König Ludwig den XI. (reg. 1461–1483), einer seiner Nachkommen werde der große Monarch sein.

Rosa-Columba Asdente sagt: »Eine große Revolution wird sich über ganz Europa verbreiten und die öffentliche Ordnung wird nicht eher aufgestellt, als bis die weiße Lilie den Thron von Frankreich besteigen wird.«

Von SPIELBÄHN stammt folgende Vorhersage: »In Deutschland aber wird nach einer greulichen Verwirrung ein Mann aufstehen, der wird Kaiser werden und von einem Reiche aus Osten kommen; und er wird jener sein, auf den die Welt schon lange mit Sehnsucht gehofft hat.«

Dieses Reich aus dem Osten wird im »LIED DER LINDE« noch näher präzisiert:

»Nimmt die Erde plötzlich andern Lauf,
Steigt ein neuer Hoffnungsstern herauf?
›Alles ist verloren!‹ Hier's noch klingt,
›Alles ist gerettet‹, Wien schon singt.

Ja, von Osten kommt der starke Held,
Ordnung bringend der verwirrten Welt.
Weiße Blumen um das Herz des Herrn,
Seinem Rufe folgt der Wackere gern.

Alle Störer er zu Paaren treibt,
Deutschem Reiche deutsches Recht er schreibt,
Bunter Fremdling, unwillkommener Gast,
Flieh die Flur, die du gepflügt nicht hast.

Gottes Held, ein unzertrennlich Band
Schmiedest du um alles deutsche Land.
Den Verbannten führest du nach Rom,
Große Kaiserweihe schaut ein Dom.«

Daß den Franzosen der große Monarch als Bourbone, den Deutschen als Österreicher oder Habsburger erscheint, hat seinen Grund in den gegenseitigen Verwandtschaftsverhältnissen.

So ergibt sich nach Eller Seite 52 folgender Sachverhalt: Durch die Heirat Franz des I. von Lothringen mit Maria-Theresia aus dem Hause Habsburg ist die Abstammung von Ludwig IX., dem Heiligen, auch im Hause Habsburg vorhanden, ebenso wie auch die Nachkommen von Ludwig XVII. durch Maria-Antoinette, der Tochter Maria Theresias und Gemahlin Ludwigs XVI., von den Habsburgern abstammen!

Welche Ausstrahlungskraft der große Monarch haben wird, kann man daraus ersehen, daß bereits im Jahre 1080 n. Chr. Hepidanus von St. Gallen prophezeite: »Ehe aber der Untergang der Welt erfolgt, werden vorerst gewaltige Kriege ausbrechen und ungeheuere staatliche Umwälzungen stattfinden. Den furchtbaren Kämpfen, welche hiermit verbunden sind, wird eine Reihe von glücklichen Jahren folgen. Es wird dann ein Mann aufstehen, der sich dem Laufe der Dinge entgegenstemmt, und seinem Anhange wird es gelingen, eine neue Ordnung ins Dasein zu rufen.«

Die Ordensfrau Josefa de Bourg weissagte im Jahre 1857: »Gott wird auf den Thron einen musterhaften christlichen König erheben. Der Sohn des heiligen Ludwig wird die Religion, die Güte und die Gerechtigkeit lieben. Der Herr wird ihm Licht, Weisheit und Macht geben. Er selbst hat ihn seit langem vorbereitet und durch den Schmelztiegel der Prüfungen hindurchgehen lassen.

Er wird ihn aus dem Exil zurückrufen, ihn bei der Hand nehmen und ihn am festgesetzten Tag auf den Thron setzen. Seine Bestimmung ist, zu verbessern und wiederherzustellen; alsdann wird die getröstete Religion wieder aufblühen, und alle Völker werden das Reich des Prinzen gottgesegnet nennen (Dieù-Donnè).«

Im »Lied der Linde« lesen wir:

»Deutscher Name, du littest schwer,
Wieder glänzt um dich die alte Ehr,
Wächst um den verschlung'nen Doppelast,
Dessen Schatten sucht gar mancher Gast.

Dantes und Cervantes welscher Laut
Schon dem deutschen Kinde ist vertraut,
Und am Tiber – wie am Ebrostrand
Liegt der braune Freund von Hermannsland.«

Bei Nostradamus steht Vers 5.79: »Vor seiner heiligen Pracht wird man die Flügel senken, wenn der große Gesetzgeber erscheint: Er wird das Niedere erheben und den Abfall strafen, auf Erden wird nicht mehr geboren, der ihm ähnlich.« Und 2.12: »Die Augen verschlossen, die Seele geöffnet den Lehren der Phantasie aus alter Zeit, wird das Leben der Priester verwandelt in Niedrigkeit: Der Große Monarch wird ihr tolles Beginnen bestrafen und den verlorenen Schatz der Kirche an sich reißen.« Nach dieser Weissagung ist anzunehmen, daß eine große Reform des Verhältnisses Kirche – Staat bevorsteht.
In den Sybillinischen Büchern ist der neue Herrscher folgendermaßen beschrieben:
»Jener aber wird den Namen erhalten Salvator mundi, Retter der Welt. Deutschland wird unter ihm reichen, soweit deutsche Sprache und Sitte in Europa reicht. Belgien und die Niederlande, die Schweiz, Tirol, Deutsch-Österreich werden sich aus freien Stücken an Deutschland anschließen. Polen wird wieder groß und mächtig hergestellt. Die deutschen Ostseeprovinzen werden von Rußland abgetrennt werden. Rußland wird klein, Deutschland wird groß. Polen, die Lombardei mit ihren alten Freistädten und Ungarn werden Vorländer von Deutschland werden. Und so groß wird die Achtung vor den Deutschen auf der Welt sein, daß keiner mehr von einem fremden Volke einem

Deutschen nur ein Haar zu krümmen wagt. Jene große Achtung aber wird der Deutsche seiner Verfassung verdanken. Denn der Größte im Felde, wird jener junge, von Gott gesandte Held doch noch größer im Frieden sein. Seine Verfassung, die er dem deutschen Volke gibt, wird ein wunderbares Gemisch von Volksvertretern und Königtum sein ... Als ein vollständig freier Völkerbund im Innern, mit allen nur denkbar zulässigen Freiheiten und Erleichterungen ausgestattet, während die deutschen Volksstämme nach außen als festgegliedertes, eng geschlossenes Ganzes dastehen, an dessen Panzerleib sich keiner wagt.«

Im Vers 5.74 sagt Nostradamus: »Aus dem Blute der Trojaner wird das deutsche Herz geboren werden, das zu sehr hoher Macht aufsteigen wird. Hinausjagen wird er den fremden Araber und die christliche Kirche zu ihrer früheren Vorherrschaft zurückführen.« Wenn hier Nostradamus schreibt, der große Monarch würde den fremden Araber hinausjagen, so muß man unwillkürlich an das »Lied der Linde« denken, wo es heißt:

»Bunter Fremdling, unwillkommener Gast,
Flieh die Flur, die du gepflügt nicht hast.«

Zum Zeitpunkt des Friedens äußert sich Irlmaier folgendermaßen: »In Deutschland muß noch alles zum Militär, die jungen Leute werden noch Soldaten. Sie werden aber nicht mehr kämpfen müssen, sie werden als Besatzung verwendet. Wenn aber das dritte Weihnachten kommt, dürfen sie wieder nach Hause«. Damit ist ausgedrückt, daß der Friede im dritten Kriegsjahr kommt. Der Monat des Friedensschlusses könnte bei Don Bosco zu lesen sein: »Die Bosheit ist vollendet, die Sünde wird zu Ende sein, und ehe zwei volle Monde des Blütenmonats vergehen, wird der Regenbogen des Friedens auf der Erde erscheinen.«

IRLMAIER in bezug auf Rußland: »Es ist ein grausiges Morden, dann singen sie das Osterlied und verbrennen Kerzen vor schwarzen Marienbildern.«
Bei NOSTRADAMUS lautet Vers 11.58: »Der (bolschewistische) Blutegel wird bald sterben. Sein Tod wird ein gutes Zeichen sein. Frankreich wird wieder erstarken. Bündnisse werden abgeschlossen. Zwei große Reiche werden sich vereinigen. Frankreichs Machtbereich wird sich über sie erstrecken.« Vers 11.49: »Venus, Sonne, Jupiter und Merkur werden ihre segenbringende Kraft wirken lassen. Ein großer Staatenbund entsteht in Frankreich, ähnliches geschieht in den Ländern des Mittags (Asien), wo der Blutegel herrschte. Dadurch wird das Feuer des Krieges zum Erlöschen gebracht. Behütet wird der Ölbaum, das Zeichen des Friedens.«
Über die Regierungszeit des großen Monarchen schreibt NOSTRADAMUS an König Heinrich:
»Friede, Union und Eintracht werden zwischen den Völkern entstehen, die irregeleitet waren. Im tiefsten Abgrund wird versenkt bleiben der Erreger und Anstifter der Kriegspartei, der sich die Verschiedenheit der Religionen zunutze machte. Das Reich eines Kriegswütigen wird befriedet und wird den Weißen nachahmen. . . . Die Gegenden, Städte, Flecken, Regierungen und Provinzen, die sich vom Glaubenszwang befreiten, dadurch aber nur in größere Irrtümer gerieten, werden insgeheim ihrer religionslosen Freiheit überdrüssig sein. Sie werden der Kirche wieder ihre frühere Stellung zurückgeben. Das wird andauern, bis nach dem großen Heinrich ein kriegswütiger Herrscher kommen wird, der alles wieder zerstören wird.«
»Wieder errichtet werden die Kirchen wie in der ersten Zeit des Christentums. Der Clerus erhält seinen früheren Rang zurück. Später aber wird er üppig werden, in Sünde verfallen und tausend Freveltaten begehen. Dann wird man einer neuen Verwüstung nahe sein.«

»Wenn die Kirche ihre größte Machtstellung erreicht hat, werden die Machthaber und ihre Streitkräfte ihr die beiden Schwerter nehmen, und es bleibt ihr nur das Amt der Seelsorge. Sie wird das Volk auf dem rechten Wege führen und den Kriegsbrandstiftern keinen Beistand leisten.«

c) Die Könige

Von Irlmaier stammt die Prophezeiung: »Dann aber kommt der Papst wieder zurück (nach Rom), und er wird noch drei Könige krönen, den ungarischen, den österreichischen und den bayerischen. Der ist ganz alt und hat schneeweiße Haare, er hat die Lederhosen an und ist unter den Leuten wie seinesgleichen. Zuerst ist noch Hungersnot, aber dann kommen von der Donau soviel Lebensmittel herauf, daß alle satt werden. Die überschüssigen Leute ziehen jetzt dorthin, wo die Wüste entstanden ist, und jeder kann siedeln, wo er will, und Land haben, soviel er anbauen kann. Da werden die Leute weniger, und der Krämer steht vor der Tür und sagt: ›Kauft's mir was ab, sonst geh ich drauf.‹ Und die Würste hängen übers Teller hinaus, soviel gibts wieder.«

Möglicherweise ist der österreichische König der große Monarch und Kaiser in einer Person.

An einer anderen Stelle sagt Irlmaier: »Auch die uralte Krone im Süden kommt wieder zu Ehren.«

Kommentar: Von den alten Propheten wird oft der »Chef« eines Landes mit der Bezeichnung König belegt, auch wenn ausdrücklich von der Endzeit die Rede ist. Es kann keinem Zweifel unterliegen, daß der König des Nordens im dritten Weltkrieg kein wirklicher König, sondern wahrscheinlich der Vorsitzende der KPdSU ist. Um so mehr muß die Schilderung einer Kaiserkrönung im Dom zu Köln überraschen. Sie läßt keinen Zweifel daran, daß es sich hierbei um eine wirkliche Krönung, um die Wiedereinführung der alten Kaiserwürde handeln muß. Er-

wähnt man heutzutage im Gespräch auch nur die Möglichkeit, daß die Demokratie eines Tages wieder durch eine Monarchie abgelöst werden könnte, stößt man durchwegs auf Verwunderung, Ablehnung und Widerspruch. Das muß aber nicht immer so bleiben. 25 Jahre Wirtschaftskrisen mit Arbeitslosigkeit, Terroristentätigkeit mit Geiselnahmen, die schließlich in einem blutigen Umsturz mit Massenhinrichtungen enden, könnten sehr wohl dazu angetan sein, die Volksmeinung zu ändern. So ideal auch eine echte Demokratie unter normalen Bedingungen sein mag, historisch betrachtet kann man vielleicht so sagen: Der Zerreißprobe der apokalyptischen Krisenjahre war die Demokratie nicht gewachsen, sie zeigte zunehmend Verschleißerscheinungen und endete unvermutet in einem grausigen Inferno. Doch die Völker Europas werden die erforderlichen Lehren ziehen, sie schließen sich zu natürlichen Staatengebilden zusammen und geben sich eine Verfassung, die sich in den kommenden Jahrhunderten bewähren wird.
Müßig ist die Frage nach dem Sieger im nächsten Krieg. Es sieht zwar so aus, als hätte der Ostblock schrecklichere Wunden davongetragen als die USA. Sowohl Rußland und China zerfallen während des dritten Weltkrieges, doch auf die Dauer ereilt die USA das gleiche Schicksal; eine Supermacht, die sich rühmen kann, den Krieg gewonnen zu haben, wird es nicht geben. Die Gewinner des Krieges werden aber die Völker der Erde sein, die endlich selbständig und frei sein werden. Der machtpolitische Druck, den die Großmächte bewußt oder unbewußt ausüben, wird weichen und die bisher geknechteten oder geteilten Völker werden ihr Schicksal selbst bestimmen können. Der wahre Sieger aber ist nach dem einstimmigen Urteil aller Propheten *das Christentum,* die Neue Kirche; der Messias wird in dem seit Urzeit tobenden Kampf den Sieg erringen und als der neue Herr dieser Welt im Triumphe seinen Einzug halten.

d) die Zeit nachher

Der Kronzeuge für die politischen Verhältnisse nach dem dritten Weltkrieg ist Ludovico Rocco, der Franziskaner vom Berge Sinai. Er prophezeite 1840, wie Europa nach dem dritten Weltkrieg aussehen soll:

»Österreich: Der Genius des alten Herrscherhauses wird die Dynastie beschützen. Wien wird zweimal belagert und, nachdem es sich endlich den Haß aller Nationen wird zugezogen haben, schwer heimgesucht werden. Wien wird veröden, und die großen Paläste werden leer dastehen. Am Stephansplatz wird Gras wachsen und aller Adel wird aufhören.

Die deutschen Länder Österreichs werden sich an Deutschland anschließen und fest zusammenhalten. Keine Königreiche und Fürstentümer werden mehr bestehen, sondern nur ein Deutschland wird sein, und ein Zweig des Kaiserstammes wird die Krone tragen. Dieser wird Deutschland befestigen, und unter seiner weisen Regierung wird Eintracht und Wohlstand wieder herrschen, und Deutschlands Macht wird über alle anderen Reiche hervorleuchten, denn Gott ist mit diesem Regentenhause. Die Handelsstädte Belgiens, Holsteins, Schleswigs und auch die Schweiz werden sich an Deutschland anschließen.

Frankreich wird in einen auswärtigen Krieg verflochten werden. Sobald dieser zu Ende ist, wird das Volk aufstehen und den Präsidenten ermorden, wobei ein entsetzliches Blutbad entstehen wird. Mehr als die Hälfte der Stadt Paris wird in Asche verwandelt werden. Die Besitzungen in Algier werden sich von der französischen Armee lostrennen, und dann wird ein Mann aus dem Stamme Leopards auf den Thron gehoben werden. In Afrika wird ein afrikanischer Prinz, welcher jetzt in Frankreich ist, regieren und der Verbreiter der katholischen Religion werden.

Italien, du schönes Land! Über dich weine ich. Ein Teil deiner blühenden Städte wird verheert werden. Hier finden so viele Deutsche ihr Grab ... Rom wird die Residenz des neuen Italien werden ... Italien wird frei sein und der Fels der katholischen Kirche bleiben.

Dänemark wird sich mit Schweden verbinden und so mit Dänemark, Schweden und Norwegen ein großes und starkes Reich werden.

England, dieser Kaufmannsstaat, welcher aus Gewinnsucht alle Ungerechtigkeiten unterstützt, wird der Schauplatz der größten Grausamkeiten werden. Irland, vereint mit Schottland, wird in England einbrechen und es verheeren. Die Königsfamilie wird verjagt und die Hälfte der Bevölkerung ermordet werden. Armut wird einkehren und alle ausländischen Besitzungen werden sich frei machen ...

Spanien und Portugal haben beide eine große Blutschuld zu tilgen, teils wegen der Unmenschlichkeit, mit der sie Amerika eroberten und auf eine so grausame Weise so viele Tausende ermordeten, alles bloß des eitlen Goldes wegen, teils weil sie aus Afrika so viele unschuldige Menschen raubten und sie, die doch alle Gottes Ebenbilder waren, wie das liebe Vieh als Sklaven verkauften. Die Machthaber dieser beiden Throne werden umgebracht werden; dann werden beide Länder sich vereinigen und in Spanien die gemeinsame Republik regieren. Alle Einwohner werden zum Frieden und zur Ordnung zurückkehren, aber ihre ausländischen Besitzungen werden sich von diesen beiden Ländern losreißen. Die katholische Religion wird wie zuerst blühen.

Rußland wird der Schauplatz der größten Greueltaten werden. Hier wird es den mächtigsten Kampf kosten. Viele Städte, Dörfer und Schlösser werden verwüstet werden. Eine grausame Revolution wird die Hälfte der Menschen hinopfern. Die kaiserliche Familie, der ganze Adel und ein Teil der Geistlichkeit wird ermordet werden. In Petersburg und Moskau werden die

Leichen wochenlang auf der Straße liegenbleiben, ohne begraben zu werden. Das russische Reich wird in verschiedene Reiche geteilt werden.
Polen aber wird selbständig und eine der ersten Großmächte Europas werden.
Die ungarische Nation wird verschwinden.
Die Slawen werden sich wieder vereinen und ein eigenes katholisch-slawisches, abendländisches großes Reich bilden, um die Türken aus Europa zu verjagen. In Konstantinopel wird der Halbmond verschwinden und das Kreuz verehrt werden. Die christliche Religion wird sich von daher über alle Länder verbreiten.
Die aus Europa vertriebenen Türken werden sich in Afrika festsetzen.
Jerusalem wird Königstadt werden, und Heil und Segen wird diese Länder dann beglücken. Der König von Ägypten wird sterben, und diese Länder werden dann die Wohltaten von Jerusalem empfangen.«
Wie man sieht, sind einige Einzelheiten aus der Zeit vor dem dritten Weltkrieg, wie die Lostrennung Algeriens von Frankreich oder die Ermordung der russischen Kaiserfamilie mit in die Weissagung verwoben. Es ist auch anzunehmen, daß einige dieser Ereignisse möglicherweise erst später eintreffen werden, was aber an der Gesamtschau kaum etwas ändert.
Johansson sah für Amerika noch Kriege voraus, darunter einen, der aus Verwicklungen mit Kanada entsteht. Nach zwei Bürgerkriegen wird es in vier oder fünf Teile zerfallen.
Von diesen Kriegen in Amerika spricht auch Spielbähn:
»116: Und ist kein Krieg mehr denn über dem Gewässer.«
»117: Darum werden die entflohenen Brüder von dannen zurückkehren mit ihren Kindeskindern.«
»118: Und sie werden in ihrer Heimat in Frieden wohnen fort und fort.«

Den Zerfall der amerikanischen Supermacht sieht bereits DANIEL in 8.8: »Und der Ziegenbock wurde sehr groß. Und als er am stärksten geworden war, zerbrach das große Horn, und es wuchsen an seiner Stelle vier andere Hörner nach den vier Winden des Himmels hin.« Es ist dies das bereits vorhin erwähnte 8. Kapitel, das Gleichnis von dem Ziegenbock und dem Widder.

Über die Häufigkeit künftiger Kriege macht LORBER sehr konkrete Angaben, wenn er schreibt: »Die erfinderischen Menschen werden es mit ihren Waffen so weit treiben, daß dann bald kein Volk mehr gegen das andere wird einen Krieg beginnen können. Denn werden sich zwei Völker mit solchen Waffen anfallen, so werden sie sich leicht und bald bis auf den letzten Mann aufreiben, was gewiß keinem Teile einen wahren Sieg und Gewinn bringen wird. Dies werden die Könige und ihre Heerführer bald einsehen und werden sich daher lieber in Frieden und Freundschaft vertragen. Und wird sich irgendein stolzer und ehrgeiziger Störenfried gegen seinen Nachbarn erheben, so werden sich die Friedliebenden vereinen und ihn züchtigen. Auf diese Weise wird sich nach und nach der alte Friede unter den Völkern einstellen und dauernd festigen« . . .

LORBER kündigt auch soziale Umwälzungen an, wenn er sagt: »Da, wo einer stehen wird, wird er auch ernten und seine Lebensbedürfnisse befriedigen können. Die Menschen werden einander unterstützen und keiner wird mehr sagen: Das ist mein Eigentum und darüber bin nur ich Herr!« . . . »Wir werden nach diesem allgemeinen Weltgerichte sehen, ob sich wieder irgend Menschen erheben, die mit dem Maßstabe in der Hand sich zu ihren Nebenmenschen zu sagen getrauen: Dieses große Stück Land habe ich ausgemessen und erkläre es als mein unantastbares Eigentum. Und wer sich erfrechte, mir etwas streitig zu machen, den bestrafe ich mit dem Tode! Ich sage euch, da wird es nimmer solche Menschen geben. . . . dann soll

die Erde mit keinem Maßstabe mehr zu jemandes alleinigem Nutzen vermessen werden!«
Daß die Menschen von der Fron der Arbeit weniger gedrückt werden, sieht Sybille von Prag voraus, wenn sie sagt, daß die tägliche Arbeitszeit nur noch vier Stunden betragen wird.
Aber nicht nur politisch wird eine andere Zeit kommen, auch klimatische Veränderungen stellen sich ein. So sagt Irlmaier: »Das Klima hat sich geändert, es ist alles wärmer geworden, auch bei uns werden Südfrüchte wachsen, wie in Italien!«
Von christlichen Sehern wird gelegentlich nach einem Jüngsten Gericht, dem Ende der Zeiten, das Ende der Welt, also der Weltuntergang erwartet. Nostradamus widerspricht dieser Auffassung ausdrücklich, wenn er in dem Brief an König Heinrich schreibt: »22: Und nachdem diese Zeit lange gedauert hat, kehrt das Goldene Zeitalter unter der Herrschaft des Saturn zurück. Gott, der Schöpfer, erhört die Bitten seines Volkes: Satan wird gebunden und in den Abgrund der Hölle, in die tiefe Grube geworfen. Dann wird zwischen Gott und den Menschen ein allgemeiner Friede beginnen. Ungefähr 1000 Jahre wird Satan gebunden sein. Die Kirche wird dann ihren größten Aufstieg erleben. Danach wird Satan wieder losgebunden.«

Die weitere europäische Geschichte wurde von Nostradamus niedergeschrieben. Wenn auch der ungefähre Ablauf heute nur andeutungsweise erfaßt werden kann, sind einige Tatsachen doch bemerkenswert. Es scheint, als wären weltweite Kriege in Zukunft doch wesentlich seltener als bisher. Einen vierten Weltkrieg wird es auf absehbare Zeit nicht wieder geben. Anscheinend haben sich die Völker der Erde im dritten Weltkrieg beim Spiel mit dem »Feuer des Atoms« die Finger gehörig verbrannt. Von Atombomben ist nirgends mehr die Rede. Allerdings scheint sich dafür der offensichtlich bewährte Staubregen, nach Nostradamus eine deutsche Erfindung, einzubürgern. Wei-

terhin ist die Rede von »gefrorenem Regen«, worunter man sich heute allerdings kaum etwas vorstellen kann.
Nach dem Tode des großen Monarchen scheint die deutsch-französische Union wieder zu zerbrechen. Es gibt Kriege zwischen Frankreich und England, wobei Frankreich teilweise besetzt wird. In Deutschland wird dann Bronzebart mit der Geiernase regieren, in Italien König Krausbart oder Kraushaar, während in Frankreich der große Heinrich am Ruder sein wird. Das Heilige Deutsche Reich wird keine Offensivkriege mehr führen, sondern sich lediglich verteidigen. Dadurch wird Macht und Ansehen des deutschen Volkes wachsen. In weiter Zukunft sollen die arabischen Völker zum Sprung auf Europa ansetzen. Über Spanien, Italien und den Balkan werden sie vordringen, von Frankreich unterstützt. Der Papst muß wieder einmal aus Rom fliehen. Doch dann wird sich Italien schutzsuchend an das Heilige Deutsche Reich anschließen, England wird sich mit Deutschland verbünden, und damit ist die Gefahr dann gebannt; Frankreich muß klein beigeben.
Doch die Araber werden weiterhin eine große Macht darstellen, und es kommt wieder zum Krieg. In NOSTRADAMUS 10.86 heißt es: »Wie ein Greif wird der König von Europa kommen. Die Männer des Nordens begleiten ihn. Von Roten und Weißen sammelt er eine große Streitmacht. Sie werden gegen den König von Babylon ziehen.« Es scheint, als wären Araber und Juden auf ewig verfeindet, noch nach Jahrhunderten sollen europäische Kreuzfahrer zum Schutze der Heiligen Stätten nach Palästina ziehen. Doch einer dieser Kreuzfahrer ist der »König von Europa«; was man fast nicht mehr zu hoffen gewagt hat – eines Tages wird Europa zusammenfinden.
Aber auch Israel und die Araber werden sich zusammenraufen, wie JESAJA 19, 23 und 24 sagt: »Zu der Zeit wird eine Straße sein von Ägypten nach Assyrien, daß die Assyrier nach Ägypten und die Ägypter nach Assyrien kommen und die Ägypter samt

den Assyrern Gott dienen. Zu der Zeit wird Israel der Dritte sein mit den Ägyptern und Assyrern, ein Segen mitten auf Erden.«

Vorstehende Ausführungen könnten den Eindruck erwecken, als ob Kriege in der Zukunft genauso häufig wären wie bisher. Doch der Schein trügt. Es handelt sich hier um eine Zeitraffer-Aufnahme über viele, viele Jahrhunderte hinweg.

4

Die Zeitenwende

In der Einleitung wurde gesagt, der dritte Weltkrieg sei nur Teil eines größeren Geschehens, das von den Sehern schon seit Jahrtausenden beschrieben und herbeigesehnt wurde; darauf soll im Folgenden näher eingegangen werden. Dieses Geschehen, hier Zeitenwende genannt, ist nur verständlich, wenn es auf dem Hintergrund des überstandenen dritten Weltkrieges und der kosmischen Katastrophe gesehen wird. Die vielfältigen Auswirkungen können heute nur erahnt, keinesfalls aber voll überblickt werden. Als Hintergrund wäre zu denken an die neue staatspolitische Landschaft, an bevölkerungspolitische Probleme im Gefolge des Zwanges, entvölkerte Landschaften neu zu besiedeln, an soziale Umwälzungen im Gefolge der Vorhersage, daß die Arbeitszeit nur noch vier Stunden am Tage betragen wird, an das veränderte Klima und vieles andere mehr. Doch viel wichtiger als all dies wird eine neue Geisteshaltung der Menschheit sein. Es mag heute Menschen geben, die den Inhalt des Lebens darin erblicken, viel Geld zu verdienen, um das Leben genießen zu können. Kommende Generationen werden Sinn und Zweck des Lebens in der Besinnung auf geistige Werte erblicken. Es muß daher zuerst auf Fragen nach dem Schicksal der Kirche und der christlichen Religion eingegangen werden.

Rom und die Päpste

a) Petrus II.

In der seit 1595 veröffentlichen Papstweissagung des hl. Malachias wird Papst Paul VI. als flos florum, als »Blume der Blumen« bezeichnet. Seine Nachfolger sind: »Vom halben Mond«, »Von der Verfinsterung der Sonne«, »Glorie des Ölbaumes«, und dann kommt folgende Vorhersage: »In der letzten Verfolgung der heiligen römischen Kirche regiert Petrus der Römer, der seine Schafe weidet in vielen Trübsalen: wenn diese vorbei sind, wird die Siebenhügelstadt zerstört, und der schreckliche Richter wird sein Volk richten. Ende.«

Auch von kirchlicher Seite wird diese Weissagung ernst genommen, hat sie sich doch Jahrhunderte lang als zuverlässig erwiesen. Danach ist Petrus II., der Römer, der letzte Papst der alten Kirche.

Die Rückkehr des Papstes Petrus II. wird u. a. von Irlmaier gesehen: »Der Papst, der nicht lange flüchten mußte übers große Wasser, kehrt zurück. Blumen blühen auf den Wiesen, dann kommt er zurück und trauert um seine ermordeten Brüder.«

Don Bosco hatte 1873 eine Vision, die sich auf die Flucht und Rückkehr des Papstes bezieht (gekürzt):

»In einer dunklen, stürmischen Nacht konnte man den einzuschlagenden Weg nicht mehr erkennen. Am Himmel erschien ein herrlich glänzendes Licht, als eine Prozession aus dem Vatikan mit dem Papst an der Spitze loszog. Die Prozession, bei der es zu einer Schlacht zwischen Licht und Finsternis kam, lichtete sich, bis man nach zweihundert Sonnenaufgängen gewahrte, daß der Papst nicht mehr in Rom weilte. Verzagtheit ergriff die Seelen, bis zwei Engel erschienen und dem Papst Reformvorschläge machten. Nachdem der Papst diese gehört hatte, verstärkte sich die Prozession wieder. Der Papst weinte über die Verzagtheit der Bürger, als er wieder in die heilige Stadt zurückkehrte. Er stimmte das Tedeum an, und ein Chor von Engeln antwortete ihm. Hierauf verschwand die Finsternis und eine herrlich glänzende Sonne wurde sichtbar.«

»Die Städte, die Orte, das Land war an Bevölkerung verringert; die Erde war zerstampft wie von einem Gewitter, von einem Wolkenbruch und Hagel, und die Leute gingen einander entgegen und sagten ergriffenen Gemüts: Das ist der Gott Israels!«

»Vom Beginn des Exils bis zum Gesang des Tedeums erhob sich

die Sonne zweihundert Mal. Die ganze Zeit, die in der Erfüllung jener Dinge verstrich, entspricht vierhundert Sonnenaufgängen.«
Wenn man die Zeitangaben dieser Vision wörtlich nehmen will, so kehrt der Papst, wenn die Blumen blühen zurück, also etwa im Mai/Juni.
Über den Tod oder sonstigen Abgang des Papstes Petrus II. liegen keinerlei Hinweise vor, doch dann kommt die Zeit, von der JASPER sagt: »Der römische Stuhl wird eine Zeitlang ledig stehen.«

b) Der Engelpapst

Nicht nur in die weltliche Ordnung und Politik kehrt im Anschluß daran wieder Ruhe ein, auch das religiöse Leben erhält Aufschwung und erlebt eine Blütezeit.
Im »LIED DER LINDE« heißt es:

»Wenn der engelgleiche Völkerhirt,
Wie Antonius zum Wand'rer wird,
Den Verirrten barfuß Predigt hält,
Neuer Frühling lacht der ganzen Welt.

Alle Kirchen einig und vereint,
Einer Herde einzger Hirt erscheint.
Halbmond mählich weicht dem Kreuze ganz,
Schwarzes Land erstrahlt im Glaubensglanz.«

Mit der Person des neuen Papstes befaßt sich ebenfalls die Prophezeiung von CÄSARIUS von Heisterbach:
»Es wird ein Papst gewählt werden aus denen, die den Verfolgungen der Kirche entgehen. Der Wille Gottes wird ihn ernennen, und die Heiligen Engel werden diesen frommen und vollkommenen Mann krönen, und seine Brüder, welche die Verfol-

gungen der Kirche und die Verbannung überlebt haben, ihn auf den Heiligen Stuhl setzen.«

»Dieser wird die ganze Welt durch die Heiligkeit neu gestalten und alle Geistlichen zur wahren Lebensweise der Jünger Christi zurückführen, und alle werden sie wegen ihrer Tugend und Heiligkeit achten. Er wird predigen barfuß und keine Macht der Fürsten fürchten. Er wird fast alle Ungläubigen bekehren, besonders aber die Juden. Und es wird nur Ein Gesetz, Einen Glauben, Eine Taufe, Ein Leben geben. Alle Menschen werden einander lieben, und der Frieden wird lange Jahre dauern.«

Von großen Reformen in der Kirche spricht bereits eine Weissagung, die Prognosticatio des Astronomen Johannes LICHTENEGGER vom Jahre 1488:

»Nach der Einnahme Roms wird aufstehen ein einzlich Mann, beschrien von einer großen Heiligkeit, wie Joachim sagt im Buche der Einigkeit. Er wird im römischen Stuhle erhöht werden als ein apostolisch Mann. Durch selbigen wird Gott so große Wunder tun, daß ihn alle Menschen werden in Ehren halten und keiner wider seine Ordnung zu tun wagt. Er wird viel Lehen haben und Zinsen verdammen und wird ordnen, daß die Geistlichen sollen leben vom Zehent und freiwilligen Opfer. Er wird verbieten das Gepränge der Kleider und alles was unehrlich ist. Und wird gebieten, daß man das reine Evangelium predige.«

»Es wird dieser heiligste Mann eine kleine Zeit im Papsttum stehen, irgend vier Jahr, und wird dann seliglich zum Herrn fahren. Bald hernach wird Gott erwecken andere drei heiligste Männer, einen nach dem anderen, die in Tugend und Wunderzeichen gleich, die Geschicht und Rede des vorigen bestätigen werden. Unter welchem Regiment wird die Kirche wieder wachsen, und diese Männer wird man ›engelische Hirten‹ heißen ---«

Das sind die vier wunderwirkenden Engelpäpste, die nach Pe-

trus II. die Nachfolge in Rom antreten. Wie im »Lied der Linde« angedeutet, sollen nicht nur die christlichen Kirchen alle wieder geeint werden, das Christentum soll seinen Siegeszug auch über andere Religionen antreten. Dazu sind jedoch andere Voraussetzungen erforderlich, als sie heute gegeben sind.
Nicht nur die Institution Kirche, sondern die ganze Religion, der Glaube an sich, wird eine Änderung erfahren. Aus dem »Alten Babylon« wird das »Neue Jerusalem« der Bibel. Der Jünger Johannes hat dies alles schon vorhergesehen und auch vorhergesagt, er schildert es als den Untergang Babylons in Off. 18 (gekürzt):
»Und danach sah ich einen anderen Engel niederfahren vom Himmel, der sprach: Sie ist gefallen, sie ist gefallen, Babylon, die große, und ist eine Behausung der Teufel geworden und ein Gefängnis aller unreinen Geister. Denn von dem Zorneswein ihrer Hurerei haben alle Völker getrunken, und die Könige auf Erden haben mit ihr Unzucht getrieben, und die Kaufleute auf Erden sind reich geworden von ihrer großen Üppigkeit. Und ich hörte eine andere Stimme vom Himmel, die sprach: Gehet aus von ihr, mein Volk, daß ihr nicht teilhaftig werdet ihrer Sünden, auf daß ihr nicht empfanget etwas von ihren Plagen! Denn ihre Sünden reichen bis an den Himmel, und Gott denkt an ihren Frevel. Bezahlet ihr, wie sie bezahlt hat, und tut ihr zwiefältig nach ihren Werken; und mit welchem Kelch sie euch eingeschenkt hat, schenket ihr zweifältig ein!«
»Darum werden ihre Plagen auf einen Tag kommen, Tod, Leid und Hunger, und mit Feuer wird sie verbrannt werden. Die Händler solcher Ware, die durch Babel sind reich geworden, werden von Ferne stehen aus Furcht vor ihrer Qual, weinen und klagen und sagen: ›Weh, weh, du große Stadt‹, die bekleidet war mit köstlicher Leinwand und Purpur und Scharlach und übergoldet war mit Gold und Edelgestein und Perlen, in einer Stunde ist verwüstet solcher Reichtum! Und alle Schiffs-

herren und alle Steuerleute und die Seefahrer und die auf dem Meere hantieren, standen von Ferne und schrien, da sie den Rauch von ihrem Brande sahen, und sprachen: ›Wer ist gleich der großen Stadt?‹ Freue dich über sie, Himmel und ihr Heiligen und Apostel und Propheten; denn Gott hat sie gerichtet um euretwillen! Und ein starker Engel hob einen Stein auf wie einen großen Mühlstein, warf ihn ins Meer und sprach: So wird im Sturm verworfen die große Stadt Babylon und nicht mehr gefunden werden.«

Man könnte sich mit Recht fragen, wieso im Himmel »eitel Freude« herrscht, wenn eine so alte und wohl auch verdiente Institution wie die christliche Kirche zugrunde geht. Doch die Antwort ist einfach: Es handelt sich ja gar nicht um einen Untergang, sondern nur um die Beseitigung von längst baufällig gewordenen Elendsquartieren zugunsten eines modernen, geräumigen, lichten Neubaues. Wenn heute der Glaube immer kleiner wird, die Gotteshäuser immer leerer werden, so muß das nicht unbedingt nur an den Menschen liegen; es könnte auch sein, daß der einmal mächtige Gottesglaube mit der Zeit verkümmerte, saftlos und kraftlos wurde und langsam vertrocknete. Genau das behaupten die Propheten.

Daß unter »Babylon« tatsächlich die alte christliche Kirche zu verstehen ist, im Gegensatz zum Neuen Jerusalem, der wahren christlichen Lehre des dritten Jahrtausends, sagt der Prophet Jeremia: »Babel und ihre Götzen stehen mit Schanden und ihre Götter sind zerschmettert. Denn es zieht von Mitternacht ein Volk herauf wider sie, das wird ihr Land zur Wüste machen, daß Leute und Vieh davonfliehen.«

Auch Swedenborg, Jakob Böhme und Lorber bestätigen, daß sich der Untergang Babylons, wie er in der Offenbarung geschildert wird, auf die gewaltsame Beseitigung der alten Zustände bezieht. So sagt Lorber: ». . . Ihre Priester werden sich als Meine Stellvertreter auf Erden überaus hoch ehren lassen und werden bemüht sein, allerlei Wertschätze an sich zu ziehen. Aber das Volk wird dabei leiblich und geistig in großer Not sein. Wenn jenes Heidentum überhandnehmen wird, dann wird bald das große Gericht über das neue Babel ausgegossen werden . . .«

Die Juden machten vor 2000 Jahren den großen Fehler, Jesus als siegreichen König zu erwarten, der die Römer besiegen sollte. Wir sollten heute denselben Fehler nicht noch einmal machen, den Messias als Helden, Kosmonauten oder überhaupt als Menschen zu erwarten. Vielleicht ist die Wiederkehr Christi im Gegenteil als eine Steigerung der geistigen Fähigkeiten des Menschen zu deuten, wie es NOSTRADAMUS in 3/2 sieht:

»Die Gegenwart Gottes wird sich in der Welt des Stofflichen, zu der Himmel und Erde gehören, (den Suchenden) als verborgenes Gold in mystischer Versenkung (Meditation) offenbaren. Körper, Seele und Geist werden alle himmlischen Mächte besitzen.« Hier wird eine Steigerung der übersinnlichen Fähigkeiten geweissagt, also ein Durchdrungenwerden des Menschen vom Reich des Geistigen, wie es ja auch von Jeane DIXON vorhergesagt wird. In dieselbe Richtung weist auch NOSTRADAMUS Vers 2.13: »Der Körper wird nicht mehr von der Seele Abschied nehmen müssen durch den Tod. Der Todestag des irdischen Menschen wird der Geburtstag des verklärten Gottmenschen sein. Der göttliche Geist wird die Seele glücklich machen: Die unverkennliche Herrlichkeit Gottes wird sich ihr offenbaren.« Dies soll natürlich nicht heißen, daß der Mensch nicht mehr stirbt, jedoch muß er vor dem Tod keine Angst mehr haben, da die Seele die Gewißheit haben kann, als Geistwesen weiterzuleben. Es bedeutet, daß der Mensch, der mit seinem Körper an die Materie, an Krankheit und Schmerzen, an Not und Tod gefesselt ist, endlich frei wird. Der menschliche Geist wird nach dem Tode des Körpers einem verklärten Gottmenschen ähnlich. Er lernt die irdische Welt nur als Übergang, das Weiterleben als Geistwesen ohne die Fesseln der Materie, des Raumes

und der Zeit aber als erstrebenswerte höhere Daseinsform kennen und schätzen.
Erstaunlicherweise (?) sagen unsere Seher genau das gleiche vorher, was bereits in der Heiligen Schrift steht: Off. 21/1 ff. »Und ich sah einen neuen Himmel und eine neue Erde; denn der erste Himmel und die erste Erde vergingen, und das Meer ist nicht mehr. Und ich sah die Heilige Stadt, das neue Jerusalem, von Gott aus dem Himmel herabfahren, bereitet wie eine geschmückte Braut ihrem Mann. Und ich hörte eine große Stimme von dem Thron, die sprach: Siehe da die Hütte Gottes bei den Menschen! Und er wird bei ihnen wohnen, und sie werden sein Volk sein, und er selbst, Gott, wird mit ihnen sein; und Gott wird abwischen alle Tränen von ihren Augen, und der Tod wird nicht mehr sein, noch Leid, noch Geschrei, noch Schmerz wird mehr sein; denn das Erste ist vergangen.« Es folgt die genaue Beschreibung des Neuen Jerusalems, aber leider in einer Symbolsprache, die heutzutage kaum verständlich ist.
Leichter verständlich sind die Prophezeiungen Lorbers: »Bei Meiner zweiten Wiederkunft werde Ich nicht mehr von einem Weibe als Kind geboren werden, denn dieser ›Mein Leib‹ bleibt verklärt, so wie Ich als Geist in Ewigkeit.«
»Ich werde da nicht allein kommen, sondern all die Meinen aus den Himmeln werden in übergroßen Scharen kommen und stärken ihre noch im Fleische wandelnden Brüder. Und so wird eine wahre Gemeinschaft zwischen ihnen entstehen, was der Menschheit zum größten Troste gereichen wird.«
In der christlichen Religion ist von einem Schutzengel die Rede. Nach der neuen Lehre soll aber der Mensch sowohl im Diesseits wie auch im Jenseits mehrere geistige Führer und Lehrer haben, die ihn je nach Wunsch und Willen zum Guten geleiten oder aber auch zum Bösen verführen und verderben.
»Es gibt ein großes Land im fernen Westen, das von allen Seiten

vom Weltozean umflossen ist und nirgends mit der alten Welt zusammenhängt.« (Amerika) »Von jenem Lande ausgehend werden die Menschen zuerst große Dinge vernehmen und diese werden auch im Westen Europas auftauchen. Es wird daraus ein helles Strahlen und Widerstrahlen entstehen, denn die Lichter der Himmel werden sich begegnen, erkennen und einander unterstützen. Aus diesen Lichtern wird sich die Sonne des Lebens, das vollkommene Neue Jerusalem gestalten, und in dieser Sonne (Lehre) werde Ich wiederkommen auf die Erde.«

»Es hat mit Meiner Geburt das Weltgericht schon überall begonnen und wird in stets erhöhtem Maße fortdauern bis zum Vollichte unter den Menschen nahe an zweitausend Jahre. Gegen den Aufgang der ewigen Wahrheitssonne werden sich Berge von Hinderungswolken auftürmen und in der Menschheit viel Schaden anrichten, ohne jedoch den kommenden Morgen verhindern zu können. Wenn das Bedürfnis nach geistigem Lichte immer allgemeiner wird und die Menschen sich mit dem bloßen Autoritätsglauben – der stets ein Grund zum finsteren Aberglauben ist – nicht mehr begnügen, dann ist die Zeit gekommen, ihnen ein großes, faßbares Lebenslicht voll Klarheit und Wahrheit zu geben.« Soweit Lorber.

Der Untergang Babylons wird von verschiedenen Autoren als die Vernichtung einer mächtigen Handelsstadt an der Küste gedeutet, Becsi nennt New York mit Namen. Für eine solche Auslegung spricht vieles, nur die Propheten sprechen dagegen. Oder sollten auch in der Offenbarung zwei Visionen zu einem Ereignis verschmolzen sein, wie das ja auch sonst gelegentlich vorkommt, etwa in dem Sinne: So wie New York in einer einzigen Stunde in einen rauchenden Trümmerhaufen verwandelt wird, genauso wird das großmächtige geistige Rom von einer Stunde auf die andere zusammenbrechen und versinken?

Von der Seherin von Prag stammt folgende Prophezeiung:

»Neue Religionen werden sie ersinnen, und dort, wo heute die

Statue des heiligen Wenzel steht, wird ein hoher Turm einen neuen Tempel krönen. Prächtig wird dieser Tempel sein, aus Gold und Silber erbaut.« Daß der Glaube einem ständigen Wandel unterworfen sein wird, kann man auch dem Vers 8.99 von NOSTRADAMUS entnehmen: »Durch die Macht der drei weltlichen Herrscher wird der Heilige Stuhl an einen anderen Ort verlegt werden. Das geschieht zu jener Zeit, in der der menschliche Leib als wahrer Sitz des göttlichen Geistes angesehen wird.«

In den Prophezeiungen ist des öfteren die Rede davon, daß insbesondere die gottlosen und bösen Menschen das Strafgericht Gottes nicht überleben werden. Man könnte geneigt sein zu vermuten, daß hier die christlichen Seher in ihrem moralisierenden Eifer eine gewisse Tendenz in ihre Visionen hineinverwoben haben; Gott läßt doch seine Sonne scheinen über Gerechte und Ungerechte. Doch sollte zu denken geben, daß ähnliche Gedankengänge auch in einer uralten Prophezeiung enthalten sind, die aus einem Lama-Kloster im Himalaja stammen soll. Bekanntlich widmen sich diese Klöster besonders der mystischen Versenkung. Die hier in Frage kommende Vorhersage ist die **Heilsbotschaft des Smaragdsterns.** Viele Jahrtausende alte tibetanische Prophezeiungen sprechen von der Heilsbotschaft, die ein neuer Stern verkünden werde, wenn der letzte große Krieg vorüber sei.

Mitten in dem schrecklichen Geschehen eines ungeheuren Weltbrandes werde sich auf Erden eine gewaltige Veränderung vorbereiten. An diesem Krieg würden sich die Völker der gesamten Welt beteiligen. Das große »unsichtbare Band« – das uralte Wahrzeichen kosmischer Strafe – werde über der Welt erscheinen und alle treffen, die Verrat geübt hatten.

Während noch gekämpft werde, bereiten sich – weiterhin diesen tibetanischen Weissagungen zufolge – große Kräfte der übersinnlichen Welt darauf vor, alle diejenigen Menschen auf der Erde auszulöschen, die nicht würdig seien, den Abglanz des großen Lichtes zu empfangen. Auf diese Weise werde das in uralter Zeit verlorengegangene Gleichgewicht wieder hergestellt. Denn wenn Völker oder Kontinente die geistigen Prinzipien preisgeben und ausschließlich irdischem Besitz und Genuß nachstreben, zerstören sie am Ende in großen Kriegen das, was sie bis dahin als ihren höchsten Lebenswert betrachteten.

Wenn aber Millionen Menschen ihren physischen Leib verloren hätten, würden die Überlebenden empfänglich für das höhere Licht werden und zeigten sich dann imstande, den Auftrag auszuführen, die neue Erde als geistiges Friedensreich aufzubauen.

Sobald der Wandel auf Erden eingetreten und die furchtbare Menschheitskatastrophe vorüber sei, werde als Verkünder neuen Heils und Abglanz des ewigen großen Lichtes der Smaragdstern am Himmel erscheinen. Alle Lebenden würden dann die Gewißheit empfangen, daß die Gerechtigkeit auf Erden wieder hergestellt sei. Der Abstieg der Menschheit sei dann beendet, und der Wiederaufstieg zu den Höhen, von denen der Mensch einstmals kam, werde beginnen.

Im neuen Zeitalter der großen Verwandlung werde der Smaragdstern an Größe und Helligkeit zunehmen und ständig am Himmel sichtbar bleiben – der Menschheit für alle Zukunft ein Zeichen der Hoffnung und des Vertrauens. Soweit die Vorhersage.

Das Bild, das die einzelnen Seher vom Neuen Jerusalem, dem neuen Christentum entwerfen, unterscheidet sich zwar in einigen Punkten, hat andererseits aber auch viele gemeinsame Züge: Analog zur steten Weiter- und Höherentwicklung im Pflanzen- und Tierreich läuft auch im geistigen Bereich ein ähnlicher Prozeß ab, der offensichtlich noch nicht abgeschlossen ist. Das Überraschende daran ist, daß dieser Prozeß der Höherentwicklung durch den Tod keineswegs unterbrochen

oder gar beendet, sondern lediglich auf eine höhere Ebene verlagert wird.
Solche Gedanken wurden vor über 200 Jahren von Swedenborg zu Papier gebracht. Seine auf Visionen beruhenden Vorstellungen von der kommenden »Neuen Kirche« haben sich bis zum heutigen Tag kaum durchsetzen können, doch sieht es so aus, als wäre die Zeit nunmehr dafür reif. Swedenborgs Lehre von der geistigen Welt* fußt auf folgenden Gedankengängen:
Die Evangelisten und die Briefe der Apostel sprechen davon, daß die Gläubigen der damaligen Zeit von der baldigen Wiederkunft des Herrn überzeugt waren. Sie erwarteten die Auferstehung, das Jüngste Gericht und die Neuschöpfung von Himmel und Erde noch zu ihren Lebzeiten. Doch nicht nur Jahrzehnte, Jahrhunderte verstrichen, ohne daß sich die erwartete Endzeit einstellen wollte. Die Theologie erklärte nun kurzerhand, die Seelen der Verstorbenen »ruhen« bis zur Wiedererweckung und Aburteilung im Jüngsten Gericht.
Einen völlig neuen Standpunkt vertritt Swedenborg, wenn er sagt: Die Entwicklung des Menschen ist mit diesem irdischen Leben nicht abgeschlossen, sondern geht im Jenseits weiter, und zwar unmittelbar nach seinem leiblichen Tod. Das Leben hier und dort bildet eine einzige zusammenhängende, zeitlich ununterbrochene Kontinuität des persönlichen Seins. Keine Nacht des Todes von unbegrenzter Zeitdauer schiebt sich dazwischen. Der Mensch wechselt aus dem Zustand seiner physischen Existenz mit der Ganzheit seines persönlichen Lebens hinüber in den Zustand einer anderen, geistigen Form der Leiblichkeit.
Nach Swedenborg bildet der Leib nur das Gefäß, das in sich die Seele beherbergt. Die Seele wiederum umschließt den Geist, der Träger des Lebens ist und direkt von Gott stammt. Während

* Nach Ernst Benz: Emanuel Swedenborg, Swedenborg Verlag Zürich, 1969

die Seele als halbstofflich zu denken wäre, ist der Geist fast stofflos. Der geistige Mensch ist während des irdischen Lebens im äußeren Menschen als dessen inneres Modell verborgen. Der leibliche Tod tangiert den »inneren Menschen« überhaupt nicht, er ist nur eine Versetzung des Menschen aus der irdischen in eine andere, geistigere Seinsweise, in eine andere Art der Leiblichkeit, die andere Verständigungsarten, andere Möglichkeiten der Erkenntnis und Mitteilung aufweist. Damit aber ist das Sterben bereits die Auferstehung.

Swedenborg unterscheidet ein äußeres und inneres Gedächtnis. Das äußere Gedächtnis macht den Schülern soviel Schwierigkeiten, man sagt es sei wie ein Sieb, sehr durchlässig. Demgegenüber ist das innere Gedächtnis wie ein Komputer, es bewahrt, dem Menschen unbewußt, das untrügliche Bild des Menschen auf, in dem die geringste Kleinigkeit der Gedanken, Neigungen, Willensregungen, Taten, Eindrücke und Vorstellungen unauslöschlich eingegraben ist.

Durch den Tod werden die körperlichen Daseinsbedingungen abgelegt, der innere Mensch beginnt sich unverhüllt darzustellen. Es wird das »Buch des Lebens« aufgeschlagen, alle Tünche, alle Verstellungen, Lug und Trug fällt ab. Es braucht kein Richter ein Urteil zu fällen, in seinem wirklichen Wesen enthüllt, weist sich der Mensch den ihm zustehenden Platz im Jenseits selber zu. Die jenseitige Welt erscheint nicht als Lohn oder Strafe für die Taten auf dieser Welt, sondern als Stätte der Weiterbildung. Sie ist nicht ein Ort gesichtsloser, leibloser, geschlechtsloser, unpersönlicher Geistwesen, sondern der Schauplatz einer immer höheren Entfaltung tätiger Geistpersönlichkeiten.

Es ist für viele Menschen unglaublich und unfaßbar, was Swedenborg weiterhin ausführt: Viele Menschen, die nicht an ein Weiterleben nach dem Tode glauben, merken nach ihrem Tode oft überhaupt nicht, daß sie gestorben sind. Die Kontinuität ihres Bewußtseins muß keine Unterbrechung erfahren, sie bemerken die erste Zeit keine große Veränderung ihrer gewohnten Umgebung, sie glauben weiterhin ihrer vorherigen Beschäftigung nachzugehen. Erst allmählich beginnen sie, die prinzipielle Veränderung ihres Zustandes zu begreifen.

SWEDENBORG unterscheidet mehrere Stufen der Bewußtseinsveränderungen nach dem Tode. Zuerst bemerkt der Mensch überhaupt keinen Unterschied, er hat das gleiche Aussehen, das gleiche Gesicht, gleiche Rede- und Denkweise, somit das gleiche moralische und bürgerliche Leben. In diesem Zustand kann er auch Bekannte und Verwandte im Jenseits erkennen und sich mit ihnen unterhalten. Langsam wird der Mensch dann in den »Zustand seines Inwendigen« versetzt. Die äußeren Schalen der Seele fallen ab, der innere Mensch tritt hervor, es schlägt die Stunde der Wahrheit. So wird das Verborgene geöffnet und das Heimliche aufgedeckt nach den Worten des Herrn: »Nichts ist zugedeckt, das nicht enthüllt, und nichts verborgen, das nicht erkannt werden wird. Was ihr im Flüstern gesagt habt, wird man im Lichte hören, und was ihr ins Ohr geredet in den Gemächern, das wird man auf den Dächern verkünden « (LUKAS 12. 2–3).

Auf der zweiten Stufe erfolgt die Scheidung der Geister. Jeder kommt zu der Gesellschaft, in der sein Geist bereits in dieser Welt gewesen war. Zu dieser wird der Geist allmählich hingeführt und er tritt dann in sie ein. Der böse Mensch ist der Teufel des anderen bösen Menschen, und daß sich solche gegenseitig Böses antun, darin besteht ihre Hölle. Himmel und Hölle sind also nicht Bereiche, die vor dem Menschen da sind und in die er erst durch einen göttlichen Urteilsspruch versetzt wird.

Der dritte Zustand nach dem Tode ist der Zustand der Weiterbildung, der aber nur solchen Menschen vorbehalten ist, die sich dafür eignen. Sie werden ausgebildet und darauf vorbereitet, unwissenden Seelen Führer und Schutzengel zu sein.

Diese Lehre vom Himmel und von der Hölle ist ohne Zweifel außerordentlich tiefsinnig und begreift sie als letzte Möglichkeiten und Steigerungen des Menschlichen. Sie sieht den Ablauf der Persönlichkeitsentwicklung auf Erden und im Jenseits in einem kontinuierlichen Zusammenhang. Sie zerreißt nicht das Hier und das Dort in eine irdisch-leibhafte und eine geistig-leiblose Welt, sondern wahrt durch ihre Anschauung von der Geistleiblichkeit des inneren Menschen die Einheit der Entwicklung.

Kommentar: Die christlichen Religionen gingen bisher davon aus, daß im Augenblick des Todes über das Schicksal der Seele ein für allemal entschieden sei; ein, je nachdem barmherziger oder unerbittlicher Richter würde seinen Urteilsspruch fällen, ewige Glückseligkeit oder ewige Verdammnis wären die beiden Möglichkeiten. Der Aufschub, den die Seele bis zum Jüngsten Gericht eingeräumt erhält, ist insoferne ohne Belang, da in dieser Zeit das Bewußtsein erloschen ist, die Seele ruht. So ist es eigentlich gleichgültig, ob die Seele gleich nach dem Tode oder erst am Jüngsten Tag vor das Angesicht Gottes tritt. Dieser Glaube an eine ewige Ruhe, an Auferstehung und Aburteilung im Jüngsten Gericht wird aber von Christus Lügen gestraft, wenn er zum Schächer am Kreuze spricht: »Wahrlich ich sage dir: Noch heute wirst du mit mir im Paradiese sein« (Lukas 23.42).

Bei den meisten Menschen ist die Ansicht tief eingewurzelt, daß der Mensch nach Ablegen der irdischen Hülle umgehend wisse, ob es ein Weiterleben gebe, wie es beschaffen sei und was es mit dem Wesen Gottes auf sich habe. Diese Ansicht ist nur sehr bedingt richtig, denn es kann eine sehr lange Zeit vergehen, bis der Seele eine Antwort auf diese Fragen zuteil wird. Dr. Wickland* sagt dazu: »Der Tod macht keinen Heiligen aus einem

* Wickland, Dreißig Jahre unter den Toten, Otto Reichl Verlag Remagen, 1957.

Sünder, und keinen Weisen aus einem Narren. Die Gesinnung bleibt nach wie vor dieselbe, und jeder Mensch nimmt seine alten Leidenschaften, Gewohnheiten, Meinungen, Lehrirrtümer, Gleichgültigkeit oder Zweifel mit ins jenseitige Leben hinüber. Wie der Mensch denkt in seinem Herzen, so ist er!«

Das Jüngste Gericht wurde bisher allgemein als Aburteilung, als Strafgericht Gottes über die armen Seelen aufgefaßt. Nachdem dieses Gericht in dieser Form aber gar nicht stattfindet, wäre es da nicht angebracht, das Jüngste Gericht als das Strafgericht Gottes in Form des dritten Weltkrieges und der kosmischen Katastrophe zu interpretieren? Wird im Alten Testament nicht an vielen Stellen Harmagedon mit dem Tag des Herrn gleichgesetzt?

Nachtrag. Nach dem Tode der Päpste Paul VI. und Johannes Paul I. (vom halben Mond) ist jetzt der aus Polen stammende Papst Johannes Paul II. (von der Verfinsterung der Sonne) im Amt. Es bleiben somit nur noch die Päpste Glorie des Ölbaumes und Petrus II. bis zur Zeitenwende. Sollte ein Gegenpapst in die Rechnung einzusetzen sein, wäre allerdings bereits der Nachfolger von Johannes Paul II. der Papst der Endzeit. Auf jeden Fall wird auch von der Malachias-Weissagung bestätigt, daß die Endzeit in greifbare Nähe gerückt ist.

5

Zeitplan

Bevor näher auf den Zeitplan eingegangen wird, einige Bemerkungen zum Zeitproblem. Es macht nämlich immer wieder Schwierigkeiten zu verstehen, daß die Propheten auf der einen Seite sozusagen souverän ihren Blick über Jahrhunderte schweifen lassen können, auf der anderen Seite aber kaum in der Lage sind anzugeben, in welchem Jahr nun ein bestimmtes Ereignis eintreffen soll.

Swedenborg, der nordische Seher, erklärt dies folgendermaßen: Das ganze Weltall besteht aus drei Stufen oder Ebenen. Die Basis bildet das rein Stoffliche, die Materie. Die mittlere Stufe ist die Welt des Geistes, die Spitze ist das rein Göttliche, in dem keine auch noch so feine Materie mehr vorkommt; das Göttliche besteht aus einer reinen Wellenbewegung, ähnlich oder vergleichbar mit Licht. Der Mensch besteht aus Körper, Geist und Seele. Der Körper unterliegt den bekannten Naturgesetzen, nicht aber der Geist. Er ist von Natur aus nicht an die Bedingungen der Materie gebunden, insbesondere bilden Zeit und Raum für ihn keine Grenzen. Doch der menschliche Geist ist mittels der Seele, die Trägerin des Lebens ist, an den Körper gebunden, man möchte fast sagen: gefesselt. Dadurch ist es dem Geist verwehrt, in seinem eigentlichen Lebensraum, in seiner Heimat, der geistigen Ebene zu verkehren; er erleidet das Schicksal eines Adlers, der mit einer Kette am freien Flug gehindert wird. So ist es nur natürlich und leicht verständlich, daß der menschliche Geist wenigstens wissen möchte, wie seine eigentliche Heimat beschaffen ist. Doch sogar ein Blick in die höhere, die geistige Ebene ist dem normalen Sterblichen verwehrt, es bestehen keine Kommunikationsmöglichkeiten zwischen materieller und geistiger Ebene. Eine Ausnahme bildet der Hellseher, der auf ältere, entwicklungsgeschichtlich vorgegebene Kommunikationsmöglichkeiten zurückgeht, um die unterbrochene Verbindung zur geistigen Ebene wiederherstellen zu können. Dabei gewahrt er die Zeit nur in Relation zu anderen Ereignissen, aber nicht als absolute Größe, wie er das aus der Unterstufe gewohnt ist. Deswegen müssen von vornherein alle Angaben von bestimmten Jahreszahlen verdächtig erscheinen, bewußt oder unbewußt aus der Unterstufe, aus einer allzu menschlichen Schwäche heraus, manipuliert worden zu sein. Da der Seher die Ereignisse in Relation zueinander sieht, haben relative Zeitangaben große theoretische und praktische Bedeutung, während sich Angaben von Jahreszahlen sehr oft als nicht haltbar erweisen.

So gibt es von Mühlhiasl, dem Propheten aus dem Bayerischen Wald, der vor mehr als 150 Jahren gelebt hat, im niederbayerischen Raum noch manche Vorhersage, die von Haus zu Haus ihre Runde macht. Dies mag zu einem Teil darauf zurückzuführen sein, daß er den Beginn des ersten Weltkrieges sehr präzise vorausgesagt hat. Er bezeichnete nämlich schon damals, als es ja noch gar keine Eisenbahn gab, die Linienführung der Bahn von Kalteneck nach Deggendorf und behauptete, wenn die Bahn fertig sein würde, dann beginne der große Krieg. »An dem Tag, an dem zum ersten Mal der eiserne Wolf auf dem eisernen Weg durch den Vorwald bellen wird, an dem Tag wird der große Krieg anheben.« Einweihung und Eröffnung der Bahnstrecke erfolgte am 1. August 1914 und mit die ersten Fahrgäste waren die Reservisten, die auf Grund eines Gestellungsbefehles in die Garnison einrücken mußten.

Rückschauend kann gesagt werden, der Termin des zweiten Weltkrieges wurde von Mühlhiasl auf den Tag genau vorhergesagt. Wäre eine bestimmte Jahreszahl genannt worden, wahrscheinlich wäre sie nicht richtig gewesen. Ebenso gibt es für den Termin des dritten Weltkrieges eine Fülle von relativen Zeitangaben. Erinnert sei auch an das Zusammenfallen mit Brücken- und Straßenbauten, an die Ölkrise, das Fallen der großen Mauer und den Mord am dritten Hochgestellten.

Bei so vielen Berichten und Informationen ist es zweckmäßig, einen Zeitplan zu erstellen, um nicht den Überblick zu verlieren. Die einzelnen Ereignisse treten nämlich nicht alle nacheinander auf, verschiedene überschneiden sich oder dauern längere Zeit.

Während sich die Krisenzeit nicht näher differenzieren läßt, ist dies bei den damit verbundenen *Christenverfolgungen* anders. Hier läßt sich eine fortschreitende Entwicklung beobachten, die eine Einordnung in den Zeitplan gestattet.

Den Anfang macht eine Christenverfolgung in Rußland, die nach dem Bündnis Rußland-China eintritt und 11 Jahre andauern wird. Nach dem Abtritt des blutrünstigen K.P.-Chefs scheint zwar in Rußland Ruhe zu herrschen, dafür bricht aber eine noch schrecklichere Verfolgung über die Kirche in Rotchina herein; drei Jahre wird es dauern, bis auch dieser Spuk zu Ende gehen wird.

Wie aber ansteckende Krankheitskeime an keiner Staatsgrenze haltmachen, so springt auch dieser Bazillus auf Westeuropa über. Den Anfang macht Deutschland und hier insbesondere Südwest-Deutschland. Ein Trost mag es sein, daß dieses Chaos nur 1 bis 2 Monate dauern soll, anschließend regiert in Deutschland ein strenger Herrscher.

Das nächste Land, das von inneren Unruhen geschüttelt wird, scheint Frankreich zu sein. Der ungefähre Zeitpunkt dieser Umwälzungen ergibt sich aus dem Hinweis, daß sich während des Russeneinfalles die Regierung von Frankreich in Avignon befindet, da Paris durch Feuer zerstört sei. Der Umsturz dürfte also sicher kurz vor dem dritten Weltkrieg zu erwarten sein.

Wohl etwas später als in Frankreich soll auch in England das Chaos einziehen. Frankreich wird eingreifen und in England Ruhe und Ordnung wiederherstellen. Der Zeitpunkt, an dem diese Expedition stattfindet, ist erst während oder am Ende des dritten Weltkrieges zu suchen.

Das letzte Land, von dem grauenerregende Christenverfolgungen gemeldet werden, ist Italien. Die chaotischen Zustände dauern insgesamt 400 Tage und gehen zu Ende, wenn der große Monarch den Papst nach Rom bringt und die Ruhe im Lande wiederherstellt.

1. Jahreszeit des Kriegsbeginns

Von den meisten Verfassern prophetischer Schriften wird der Kriegsbeginn auf den Sommer, die Zeit der Ernte gelegt. Hier wird ein anderer Standpunkt eingenommen, und zwar aus folgenden Gründen: Nach IRLMAIER herrscht zu Kriegsbeginn eine rauhe Witterung, trüb, regnerisch und mit Schneefall, auf den Bergen liegt Schnee. Von JASPER stammt die Prophezeiung: »Mit Kirschblüten an den Tschakos kommen die Soldaten heran.« Ebenso sagt der BLINDE JÜNGLING den Untergang Prags für die Zeit der Kirschblüte voraus.

Nun gibt es aber die gleiche Prophezeiung von JASPER in folgender Fassung: »In dem Jahre, wo der Krieg ausbricht, wird ein so schönes Frühjahr sein, daß die Kühe schon im April im vollen Grase gehen. Das Korn wird man noch einscheuern können, aber nicht mehr den Hafer.« Auch NOSTRADAMUS spricht in 8.34: »Nach dem Sieg des Löwen im Löwen . . . « offensichtlich von der Zeit Juli-August.

Eine Lösung des Problems könnte in dem Text des Mönchs von WERL liegen: »In fürchterlichen Scharen werden jene (die Ostvölker) herankommen. Lange wird man mit unentschiedenem Glücke kämpfen, bis man endlich in die Gegend des Rheins kommt.« Der Schlüssel scheint in den Wörtern »lange« und »endlich« zu liegen. Man sollte nicht vergessen, daß auch heute noch massive Panzervorstöße, die tief in das feindliche Hinterland geführt werden, nicht das Ende des Krieges bedeuten müssen. Es könnte durchaus realistisch sein, daß der Durchbruch zur Zeit der Kirschblüte erfolgt. Dann dauern die Kämpfe in Frankreich, von denen unsere deutschen Seher kaum etwas

berichten, bis in den Hochsommer. So ist auch zu erklären, daß diese Schlachten zumeist von NOSTRADAMUS, der ja Franzose war, geschildert werden. Die deutschen und hier insbesondere die rheinländischen Seher bekommen den Feind erst wieder in ihr Blickfeld, wenn sich das Schlachtfeld nach dem Osten, also nach Köln und Westfalen verlagert. Diese Verlagerung des Schlachtfeldes oder der versuchte Rückzug des angeschlagenen Gegners überrascht die Rheinlande im Hochsommer, mitten in der Getreideernte, so daß zwar das Korn noch eingebracht werden kann, aber nicht mehr der Hafer (JASPER). Das ist dann auch der Zeitpunkt der Schlacht bei Köln.
Die Zeit der Kirschblüte ist in Deutschland, natürlich regional verschieden, etwa Anfang Mai. Nun wird sich aber bei mildem Winter und ebenso mildem Frühjahr, wie ja vorhergesagt, die Kirschblüte bereits auf Ende April verschieben. Im Zeitplan wäre das zu berücksichtigen.

2. Zeitpunkt des dritten Weltkrieges

Der dritte Weltkrieg, kosmische Katastrophe und Zeitenwende hängen ursächlich und zeitlich eng zusammen. Eine sehr treffende Schilderung dieser Vorgänge findet sich auch in der Bibel, etwa MATTH. 24. Doch bisher wurde diese Stelle als ein schrecklicher Krieg, Weltuntergang und Jüngstes Gericht interpretiert. Insbesondere die Ankündigung, Sonne und Mond würden ihren Schein verlieren, konnte nur als Weltuntergang aufgefaßt werden. Nachdem sich nunmehr aber die Erkenntnis durchsetzt, daß es sich bei diesem Ereignis nur um eine Störung von drei Tagen handelt, kann und muß auch die Deutung des Jüngsten Gerichtes revidiert werden. Bisher hatten die Menschen immer eine gewisse Scheu diesen letzten Dingen gegenüber, Backmund schreibt, es wäre vermessen, den Zeitpunkt des dritten Weltkrieges festlegen zu wollen. Doch nunmehr dürfte die Zeit gekommen sein, auch diesen Zeitpunkt auszuloten.

Der Beginn des dritten Weltkrieges kann ziemlich genau festgelegt werden. Da wäre als erstes die Angabe, daß der dritte Weltkrieg noch vor dem Jahre 2000 kommen wird. Insbesondere LORBER gibt des öfteren als Zeitpunkt des Strafgerichtes Gottes »Nahe an 2000 Jahre, von jetzt an gerechnet« an. Dabei ist unter »jetzt« die Lebenszeit Jesu Christi zu verstehen. Somit wären volle 2000 Jahre das Jahr 2033 n. Chr. Wortwörtlich wäre daher etwa die Zeit um 2000 die Zeit, die gemeint sein dürfte, wenn es heißt: »Nahe an 2000 Jahre«.

Der Mönch vom Kloster MARIA LAACH sagt: »Das zwanzigste Jahrhundert wird Tod und Verderben bringen, Abfall von der Kirche, Entzweiung von Familien, Städten und Regierungen. Es wird das Jahrhundert von drei großen Kriegen, die in Abständen von Jahrzehnten immer verheerender und blutiger werden . . .«

In NOSTRADAMUS, Vers 11.46, ist eine interessante Zeitangabe zu finden: »Der Ernährer (USA) wird alles in die Flucht schlagen, Blutegel und Wolf (Rußland und China), du hörst nicht auf meine Warnung! Wenn Mars im Zeichen Widder steht, vereint mit Saturn, Saturn mit dem Mond, dann naht dein großes Unglück. Die Sonne steht dann in der Erhöhung.« Nach Putzien war dies im März 1968 der Fall und wiederholt sich nur alle dreißig Jahre. Als nächster Termin kommt dann das Jahr 1998 in Frage.

Einer der wenigen Verse von NOSTRADAMUS, in dem ein bestimmtes Jahr genannt wird, ist Vers 10.72, der lautet: »Das Jahr 1999, sieben Monate, vom Himmel kommt ein großer Schreckenskönig. Wieder erweckt wird der große König von Angoulème (Frankreich), der vor und nach der Kriegszeit (Mars) glücklich regieren wird.« Der große Schreckenskönig ist eine totale Sonnenfinsternis. Der große König von Angoulème kann der französische König, könnte aber auch, geschrieben als Angoul – M, der Erzengel Michael sein, und damit das Ende der Zeitenwende andeuten. Bedeutungsvoll scheint aber die Angabe: Vor und nach einer Kriegszeit zu sein. Die richtige Deutung dieses Vierzeilers könnte dazu beitragen, den Schleier der Zukunft wieder ein Stückchen zu lüften.

Vom MÜHLHIASL stammt eine ungefähre Zeitangabe für das große Abräumen, den »Bankabräumer«. Er deutete auf einen kleinen Buben und prophezeite: »Der wird es nicht mehr erleben, dem seine Kinder und Kindeskinder auch nicht, aber deren Kindeskinder ganz gewiß.« Wenn man wie üblich, für eine Generation 30 Jahre berechnet, so würde das einen Zeitraum von 150 Jahren ergeben. Der genaue Zeitpunkt der Vorhersage ist allerdings nicht bekannt. Angenommen, sie wäre etwa 1800 erfolgt (Todesjahr 1806), so würde das bedeuten, daß die Schulkinder von 1950 das große Abräumen noch erleben würden.

Augustinus Quack, der Verfasser des Werkes »Das apokalyptische Jahrhundert« versucht das Geheimnis der in der Offenbarung (13.18) angegebenen Zahl 666 zu lösen. Er kommt mit seinen Berechnungen auf das Jahr 1998 als das Endjahr der Apokalypse.

Jeane DIXON prophezeit für das Jahr 1999 Kriege in Europa und für das Jahr 2000 Kriege im Nahen Osten.

Im ersten FELDPOSTBRIEF heißt es: »In dieser Zeit, sagte er, wird der Antichrist geboren im äußersten Rußland, von einer Jüdin, er tritt aber erst in den fünfziger Jahren auf. Dann, sagte er, an dem Tage, wo der Markustag auf Ostern fällt.« Dieses Zusammentreffen von Markustag und Ostern ergibt sich am 25. April 1998. Es scheint dies ein sehr bemerkenswertes Datum zu sein, denn

1. es handelt sich um eine relative Zeitangabe, ähnlich wie sie für den ersten Weltkrieg vorlag.
2. Der Kriegsbeginn soll, wie ausgeführt, Ende April liegen.
3. Das Jahr 1998 wird von mehreren Sehern als schicksalsträchtig bezeichnet. Zu beachten ist aber, daß nirgends konkret

gesagt wird, der dritte Weltkrieg würde am Ostersonntag des Jahres 1998 beginnen.

Wenn man nun 1998 als das Jahr des Kriegsbeginnes annimmt, und rechnet 25 Jahre zurück, so kommt man auf das Jahr 1973 als den Beginn der Krisenjahre. Das fällt genau mit der Ölkrise zusammen, die wohl den Auftakt einer weltweiten Gefügestörung im wirtschaftlichen und politischen Leben der Völker bildete.

Es wird auch behauptet, in den Gängen der Cheopspyramide sei die Geschichte der Menschheit in Stein dargestellt. Merkwürdigerweise wird das ganze Bezugssystem mit dem Jahre 2001 auf eine ganz neue Ebene verlagert, so als würde die Menschheit mit diesem Jahre neuen Ufern entgegengehen.

Nach der Papstweissagung des MALACHIAS ist Petrus II. der vierte Papstnachfolger nach Papst Paul VI. Nach der Vorhersage von GARABANDAL allerdings bereits der dritte Nachfolger, doch ist zu bedenken, daß die Malachias-Weissagung auch die Gegenpäpste in die Rechnung einbezieht. So dürften noch drei legale sowie ein Gegenpapst zu erwarten sein. Die Regierungszeit eines Papstes kann natürlich unterschiedlich lang sein, doch nach der Statistik beträgt die durchschnittliche Regierungszeit siebeneinhalb Jahre, was sich ebenfalls gut in den Zeitplan einfügt.

IRLMAIER, der den Kriegsanfang für 1950 vorhergesagt hatte, wurde des öfteren daraufhin angesprochen. Er antwortete, er habe sich geirrt, aber der Krieg komme ganz gewiß »bald«. Für den Kriegsbeginn sagte IRLMAIER eine Zahl mit zweimal die Acht und einmal die Neun voraus, er meinte aber selbst, daß er nicht wisse, was das bedeuten solle. Ebenso gab er für den Friedensschluß eine Zahl bekannt, nämlich dreimal die Neun, der dritte Neuner bringe den Frieden. Eine Deutung für diese Zahlenangaben ist bisher nicht bekannt. Oder sollte hier eine Verwechslung oder ein Schreibfehler vorliegen? Heißt die erste Zahl nämlich 998 und die zweite 999, so wäre der Sinn sofort klar: Kriegsbeginn 1998 und der erste Friedensschluß 1999, mit dem Bauernkaiser.

3. Weiterer Kriegsverlauf

Im Anschluß folgt der Krieg der Raketen, der Flotten, der ABC-Waffen. Die zeitliche Einordnung dieser Kämpfe könnte mit Hilfe der NOSTRADAMUS-Verse gelingen. So soll die Evakuierung der Inseln (Anglo-Amerika) im Juli oder eventuell auch im September erfolgen (8.64). Der Zeitpunkt des Orkans an der amerikanischen Ostküste ist nach Putzien um den 21. September zu suchen. Der Atomangriff auf New York und London liegt im Oktober.

Über den Zeitpunkt der Wahl des Bauernkaisers liegen keine Angaben vor. Allerdings dürften keine Schwierigkeiten bestehen, dieses Datum zu errechnen, denn die Dauer seiner Regierungszeit (1 Jahr) und die Zeit der Abdankung ist in etwa bekannt. Die Abdankung fällt zeitlich mit der Krönung des Großen Monarchen zusammen. Da der Monarch gleich nach seiner Krönung den Papst nach Italien zurückführt, diese Rückführung aber etwa im Juni – wenn die Blumen blühen – vor sich geht, muß die Krönung kurz vorher stattfinden. Es ist dies das zweite Frühjahr nach dem Einfall der Russen, dem im Laufe des Jahres eine gewisse Normalisierung der Verhältnisse und Beendigung der Hungersnot folgt. Von diesem Jahr sagt IRLMAIER, daß es zu Weihnachten die Soldaten, die lange auf Besatzung waren, wieder nach Hause bringt; es ist das dritte Jahr nach Kriegsbeginn.

Wenn nun der Zeitpunkt der Rückkehr des Papstes bekannt ist, läßt sich der Beginn der Flucht angeben, da das Exil 200 Tage andauert. Eine weitere Rückdatierung von 200 Tagen ergibt den Ausbruch der Revolution in Italien. Dies ist die Zeit, in der etwa die Wahl des Bauernkaisers erfolgt.

Die drei finsteren Tage werden von Nostradamus in die Zeit zwischen März und April, im »Lied der Linde« in den Winter eingeordnet. Der Zeitpunkt soll jedenfalls am Ende des Krieges liegen; damit kommt dieses kosmische Ereignis in die Nähe der Kaiserkrönung. Daß dies richtig ist, kann daran ersehen werden, daß beide Ereignisse als Ende der Drangsale und Beginn des Friedens und einer glücklicheren Zeit angegeben werden.

4. Zeitpunkt für Harmagedon

Während es bei Matthäus 24. Kapitel 29 heißt: »Bald aber nach der Trübsal jener Zeit werden Sonne und Mond den Schein verlieren . . .«, sind bei verschiedenen anderen Propheten Harmagedon und die drei finsteren Tage zu einem Ereignis zusammengezogen. So gibt Joel im 2. Kapitel eine realistische Darstellung: »Blast die Posaune zu Zion, ruft laut auf meinem Heiligen Berge! Erzittert, alle Bewohner des Landes! Denn der Tag des Herrn kommt und ist nahe, ein finsterer Tag, ein dunkler Tag, ein wolkiger Tag, ein nebliger Tag! Gleich wie die Morgenröte sich ausbreitet über die Berge, so kommt ein großes und mächtiges Volk, desgleichen vormals nicht gewesen ist und hinfort nicht sein wird auf ewige Zeiten für und für. Und vor ihm her geht ein verzehrendes Feuer und hinter ihm eine brennende Flamme. Das Land ist vor ihm wie der Garten Eden, aber nach ihm wie eine wüste Einöde, und niemand wird ihm entgehen. Sie sind gestaltet wie Pferde und rennen wie die Rosse. Sie sprengen daher über die Höhen der Berge, wie die Wagen rasseln und wie eine Flamme prasselt im Stroh, wie ein mächtiges Volk, das zum Kampf gerüstet ist. Völker werden sich vor ihm entsetzen, und jedes Angesicht erbleicht. Sie werden laufen wie Helden und die Mauern ersteigen wie Krieger; ein jeder zieht unentwegt voran und weicht von seiner Richtung nicht. Keiner wird den anderen drängen, sondern ein jeder zieht auf seinem Weg daher; sie durchbrechen die feindlichen Waffen, und dabei reißt ihr Zug nicht ab. Sie werden sich stürzen auf die Stadt und die Mauern erstürmen, in die Häuser steigen wie ein Dieb; wie ein Dieb kommen sie durch die Fenster. Vor ihm erzittert das Land und bebt der Himmel, Sonne und Mond werden finster, und die Sterne halten ihren Schein zurück. Denn der HERR wird seinen Donner vor seinem Heer erschallen lassen; denn sein Heer ist sehr groß und mächtig und wird seinen Befehl ausrichten. Ja, der Tag des HERRN ist groß und voller Schrecken, wer kann ihn ertragen?«

Es erhebt sich nunmehr die Frage, ob nicht auch hier zwei verschiedene Ereignisse zu einem einzigen zusammengezogen worden sind, wie das ja auch anderweitig bekannt ist. So wurden zweiter und dritter Weltkrieg von Johansson nur als ein einziges Geschehen gesehen und beschrieben. Wenn es an anderer Stelle aber ausdrücklich heißt, »Bald nach jener Trübsal«, so ist anzunehmen, daß diese Prophezeiung die bekannten Geschehnisse besser auseinander zu halten vermag. Man muß also davon ausgehen, daß Harmagedon und die drei finsteren Tage zwei getrennte Ereignisse sind. Bei der zeitlichen Einordnung von Harmagedon ist ein fester Bezugspunkt gegeben, nämlich die »Umlenkung« der Invasionsheere, die direkt im Anschluß an den Staubregen erfolgen muß. Dieser Staubregen fällt nach der Weissagung des BLINDEN JÜNGLINGS von Prag zur Zeit der Kirschblüte, also April–Mai. Anschließend muß die Umlenkung erfolgen. Allerdings sind die gewaltigen Entfernungen zu berücksichtigen, deshalb könnten realistischerweise die Schlachten bei Harmagedon und Köln etwa zu gleicher Zeit angesetzt werden, wobei natürlich einige Wochen Spielraum bleiben. Dies hängt selbstverständlich davon ab, ob insbesondere die chinesischen Riesenheere voll motorisiert oder als Infanteriedivisionen anmarschiert kommen. In der Bibel gibt es Hinweise auf eine Vollmotorisierung, denn es ist die Rede von wohlgerüsteten Reiterheeren, nicht von barfüßigem Fußvolk.

5. Die Zeitdauer des Krieges

Die Zeitdauer des Krieges ist beim BLINDEN JÜNGLING von Prag angegeben, wenn er sagt, der neu ausbrechende Krieg werde der kürzeste sein. Von IRLMAIER stammt die Prophezeiung, daß die zuletzt eingerückten Reservisten nicht mehr an die Front geschickt, sondern als Besatzung verwendet werden und zur dritten Weihnacht wieder nach Hause kommen. Dies ist das Jahr, in dem sich vieles wieder einrenken wird. Im Frühjahr wird der Kaiser gekrönt, der Papst kehrt nach Rom zurück und im Herbst kommen auch wieder soviel Lebensmittel ins Land, daß alle satt werden. Vom Großen Monarchen heißt es, daß er den lange ersehnten Frieden bringt. Wenn man nun die Kaiserkrönung, die im Frühjahr vor sich geht, in die Zeit der Kirschblüte verlegt, so hat der Krieg genau zwei Jahre gedauert.

IRLMAIER antwortete auf die Frage, wie lange der Krieg dauern werde, er sehe eine 3, wisse aber nicht, ob es drei Tage, drei Wochen oder drei Monate bedeuten soll. Lange würde der Krieg nicht dauern. Die Frage kann nach heutigem Wissen so beantwortet werden: Der ganze Krieg, einschließlich Rückkehr der Soldaten, dauert knapp drei Jahre. Es gibt aber auch eine andere Auslegung: Für Prag und möglicherweise auch das tschechische Volk könnte der ganze Krieg nur ca. drei Tage dauern, dann ist das Volk vernichtet, die Erde verbrannt. Ebenso wird der Durchmarsch der russischen Panzerverbände in einigen Tagen abgeschlossen sein. So könnte für die Bewohner des Bayerischen Waldes der ganze Schrecken in etwa drei Tagen vorbei sein, daher auch die Vorhersage, daß man mit einem Laib Brot ausreiche. In den westdeutschen Gebieten dauern die kriegerischen Ereignisse länger, oder besser, sie laufen in zwei Wellen ab. Wenn man beim ersten Angriff ein gutes Versteck gefunden hat, soll man nur so lange bleiben, bis man ein siebenpfündiges Brot aufgezehrt hat, dann wird es Zeit zur

Umkehr. Der Rückzug des angeschlagenen Gegners aus westlicher Richtung kommt nach ca. drei Monaten.

Die Zeitangaben über die Dauer des Krieges decken sich nicht mit den Angaben in der Heiligen Schrift. Es mag daran liegen, daß die Zahlenangaben in der Heiligen Schrift primär symbolischen Charakter haben (s. H. Schult, Weltenwerden und Johannesapokalypse, Turm Verlag, Bietigheim 1976). So ist in OFF. 11/2 und 3 eine Zeit von 42 Monaten oder 1260 Tagen angegeben, in der die Heilige Stadt von Heiden zertreten wird. Nach DANIEL 12/7 soll dies eine Zeit und zwei Zeiten und eine halbe Zeit währen. Setzt man Zeit gleich Jahr, so ergibt das dreieinhalb Jahre, die gleiche Zeit wie bei DANIEL 11/12, nämlich 1290 – 1335 Tage. Diese letzteren Angaben beziehen sich allerdings nicht auf den Krieg, sondern die Zeit, in der durch den »Greuel der Verwüstung« die Opfer im Tempel zu Jerusalem abgeschafft sind. Wahrscheinlich dürften beide Zeiten mehr oder weniger identisch sein.

Da nun das Himmelszeichen am Ende des kosmischen Ereignisses sowohl in Europa wie im Nahen Osten den Schlußpunkt des Gottesgerichtes ankündigt, ergibt sich ein gemeinsamer Kriegsschluß. Folglich muß der Kriegsbeginn im Nahen Osten früher gelegt werden, um auf die dreieinhalb Jahre zu kommen. Man könnte dies auch so ausdrücken: Der Krieg im Nahen Osten kann längere Zeit begrenzt werden, doch eines Tages springt der Funke über und der Weltenbrand wird ausgelöst.
Keine näheren Zeitangaben liegen vor über das Ende des Papstes Petrus II., das Interregnum und Amtsantritt durch den ersten Engelpapst, der nur etwas über vier Jahre regieren wird.

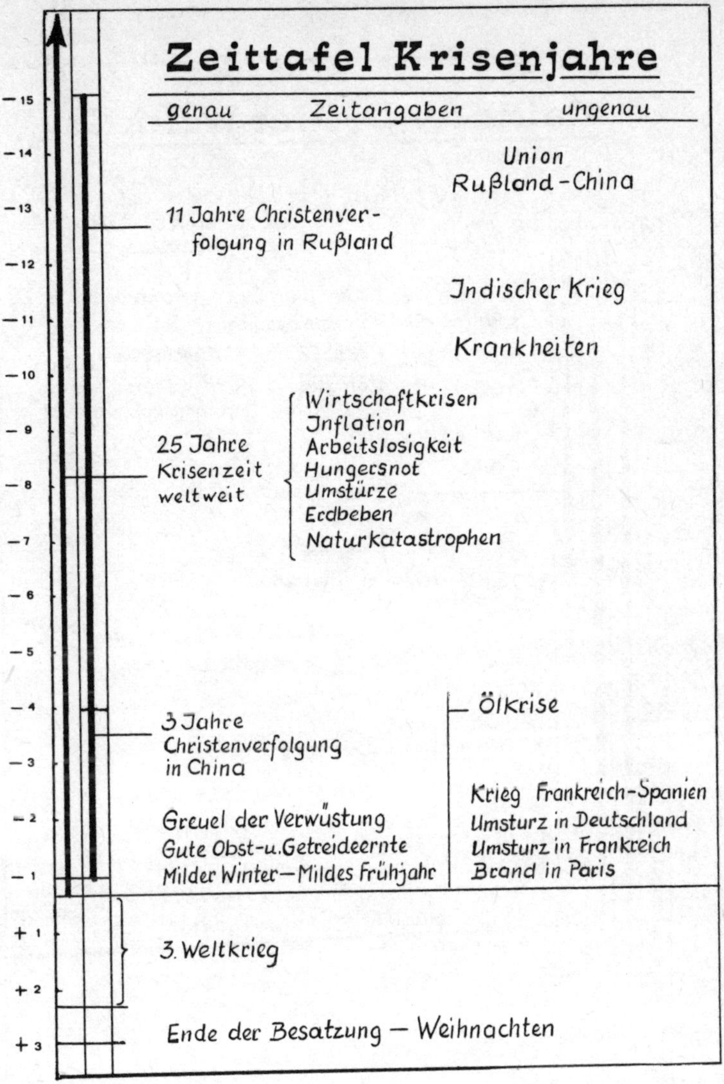
Zeittafel Krisenjahre
genau Zeitangaben ungenau
– 15
– 14
– 13
– 12
– 11
– 10
– 9
– 8
– 7
– 6
– 5
– 4
– 3
– 2
– 1
+ 1
+ 2
+ 3
Union Rußland-China
11 Jahre Christenverfolgung in Rußland
Indischer Krieg
Krankheiten
25 Jahre Krisenzeit weltweit
Wirtschaftkrisen
Inflation
Arbeitslosigkeit
Hungersnot
Umstürze
Erdbeben
Naturkatastrophen
Ölkrise
3 Jahre Christenverfolgung in China
Krieg Frankreich-Spanien
Umsturz in Deutschland
Umsturz in Frankreich
Brand in Paris
Greuel der Verwüstung
Gute Obst-u. Getreideernte
Milder Winter – Mildes Frühjahr
3. Weltkrieg
Ende der Besatzung – Weihnachten

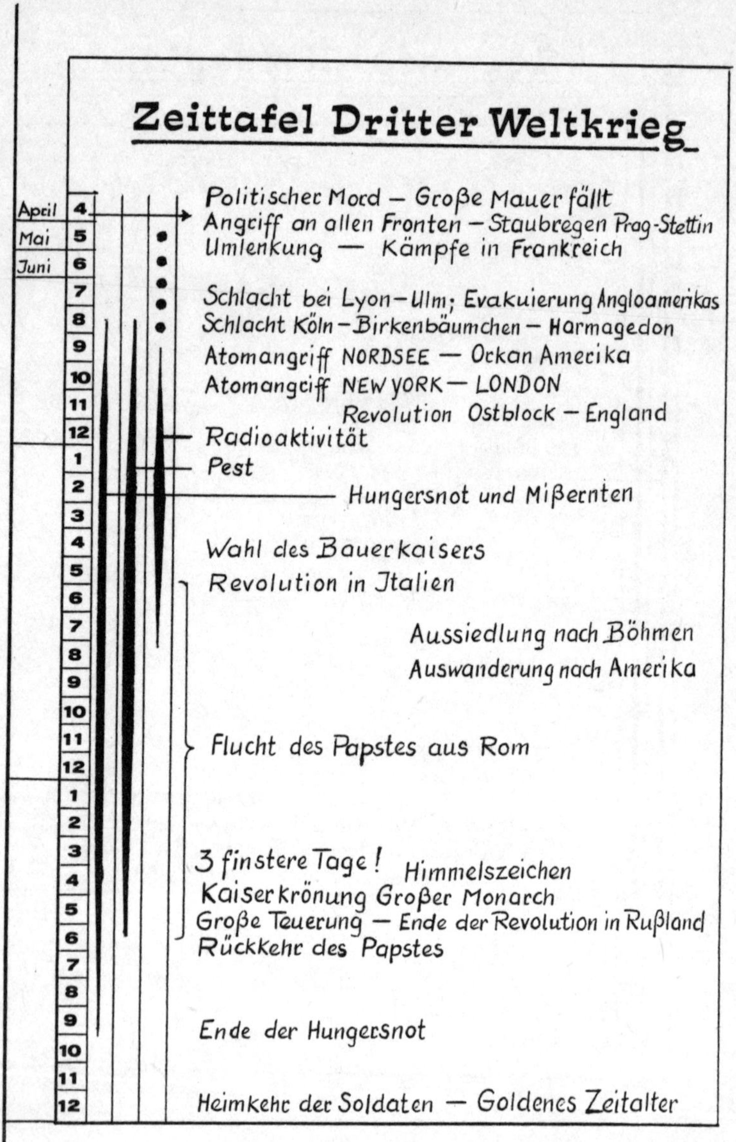
Zeittafel Dritter Weltkrieg
April
Mai
Juni
4
5
6
7
8
9
10
11
12
1
2
3
4
5
6
7
8
9
10
11
12
1
2
3
4
5
6
7
8
9
10
11
12
Politischer Mord – Große Mauer fällt
Angriff an allen Fronten – Staubregen Prag-Stettin
Umlenkung – Kämpfe in Frankreich
Schlacht bei Lyon–Ulm; Evakuierung Angloamerikas
Schlacht Köln–Birkenbäumchen – Harmagedon
Atomangriff NORDSEE – Orkan Amerika
Atomangriff NEW YORK – LONDON
Revolution Ostblock – England
Radioaktivität
Pest
Hungersnot und Mißernten
Wahl des Bauerkaisers
Revolution in Italien
Aussiedlung nach Böhmen
Auswanderung nach Amerika
Flucht des Papstes aus Rom
3 finstere Tage!
Himmelszeichen
Kaiserkrönung Großer Monarch
Große Teuerung – Ende der Revolution in Rußland
Rückkehr des Papstes
Ende der Hungersnot
Heimkehr der Soldaten – Goldenes Zeitalter

6

Wertung

Aktualität der Vorhersagen

In den Weissagungen ist einige Male die Rede davon, wie viele Menschen beim dritten Weltkrieg ihr Leben lassen müssen. So etwa in gleichnisartiger Form bei Lorber: »Es wird die Zeit kommen, in der alle diese verborgenen Dinge sollen der Welt geoffenbart werden. Vorher werden noch viele Bäume ihr unreifes Obst von den Zweigen müssen fallen lassen, denn es wird wohl kaum ein Drittel zur Reife gelangen. Aber die zwei abgefallenen Drittel werden früher zertreten und müssen verfaulen und verdorren, damit sie dann ein Regen auflöse, und in den Stamm treibe ein mächtiger Wind zur zweiten Geburt . . .«
Der gleiche Bruchteil der Bevölkerung wird bei Zacharias 13.8 für Israel vorhergesagt: »Und es soll geschehen in dem ganzen Lande, spricht der Herr, daß zwei Teile darin ausgerottet werden sollen und untergehen, und nur der dritte Teil soll darin übrigbleiben.«
Auch im »Lied der Linde« wird gesagt, daß nur ein Drittel der Menschheit den Krieg unbeschadet übersteht.
Es ist natürlich klar, daß die Verluste regional sehr unterschiedlich sein werden. So hat der blinde Jüngling für das tschechische Volk einen Vergleich angestellt: »Zweimal wird das Böhmerland gesiebt werden. Das erste Mal bleiben nur so viel Deutsche in Böhmen (zurück!) wie unter einer Eiche Platz haben. Das zweite Mal werden nur so viel Tschechen übrig (am Leben!) bleiben, die auf einer Hand Platz haben.«
Die Höhe dieses Blutzolles ist aber nicht etwas Unabwendbares. Sicher, den dritten Weltkrieg werden wir vielleicht nicht verhindern können. Es sollte jedoch möglich sein zu verhindern, daß bei einem Tieffliegerangriff die Bevölkerung einer Stadt in panischem Schrecken ihr Heil in der Flucht sucht, wie das beschrieben wird. Ferner müßte erreichbar sein, daß jeder weiß, wie er sich zu verhalten hat, wenn der Staubregen auf das

Land fällt, ebenso, was zu tun und zu lassen ist, wenn die drei finsteren Tage anbrechen.
Eine oft gestellte, aber schwierig zu beantwortende Frage ist die nach der Möglichkeit, eine bekannte Vorhersage zu umgehen, um so einem drohenden Unheil auszuweichen. Insbesondere christliche Seher sprechen davon, der strafende Arm Gottes könne durch Gebet und Buße aufgehalten werden. Es scheint wohl so zu sein, daß eine zuverlässig vorhergesagte Katastrophe auch sicher eintreffen wird, wobei allerdings eine zeitliche Verschiebung im Bereich des Möglichen liegen könnte. Es ist auch vorstellbar, daß man einem drohenden ortsgebundenen Unglück ausweichen kann, indem man eben diesen gefährdeten Ort meidet. Sinnvoll wäre auch, wenn für ein bestimmtes Gebiet Luftangriffe und Zerstörungen durch Flugzeuge vorhergesagt sind, durch bauliche Maßnahmen Sicherheitsvorkehrungen zu treffen, also die erforderlichen Luftschutzräume beizeiten instand zu setzen. Man kann sich darüber streiten, ob die Prophezeiungen nur zu dem Zweck gegeben werden, damit sich der Mensch danach richten, das heißt, sein Verhalten entsprechend ändern könne. Unbestritten ist jedoch, daß es nicht nur leichtsinnig, sondern auch ziemlich unklug wäre, eine gesicherte Vorhersage einfach in den Wind zu schlagen.
Doch besser als an langen theoretischen Erörterungen kann an einem Beispiel aus dem zweiten Weltkrieg erläutert werden, wie es möglich sein kann, einem drohenden Unheil auszuweichen.

Der Bunker in Rosenheim

Der Hellseher Irlmaier war damals öfters zu Besuch bei einer Verwandten in Rosenheim. Er sagte zu ihr, sie solle bei Alarm nicht in die Mitte des Bunkers am Salinenplatz gehen, weil er dort lauter Leichen sehe, dagegen geschehe den Leuten am Eingang des Stollens nichts. Dies sprach sich in der Stadt herum, und die Bevölkerung richtete sich danach. Als wieder ein schwerer Luftangriff erfolgte, flüchteten die Passanten in den Bunker, mieden aber die Mitte. Als schon die Bomben fielen, kamen noch verschiedene durchreisende Soldaten, drängten sich trotz der Warnung der Einheimischen in die Mitte und fielen gleich darauf einem Volltreffer zum Opfer. Die anderen am Stolleneingang blieben unverletzt.

Waren im zweiten Weltkrieg die Verluste der Zivilbevölkerung verhältnismäßig gering, so lag dies zum großen Teil daran, daß im Laufe der Kriegsjahre den Menschen luftschutzmäßiges Verhalten in Fleisch und Blut übergegangen war. Solche Szenen, wie von HEPIDANUS geschildert, wären damals einfach unmöglich gewesen, es war bei Fliegeralarm erste Sorge und Pflicht, unverzüglich den nächsten Schutzraum aufzusuchen und bis zur Entwarnung darin zu verbleiben. Man sollte aber nicht verkennen, daß im zweiten Weltkrieg genügend Zeit war, im Laufe der Jahre luftschutzmäßiges Verhalten einzuüben und ausreichend Schutzräume, wenn auch teilweise nur behelfsmäßig, auszubauen. Im dritten Weltkrieg wird das ganz anders sein. Einerseits denkt niemand an Krieg, da die Menschen im Zuge der Entspannungspolitik ständig von Abrüstungs- und Sicherheitskonferenzen hören. Andererseits steigern sich im nächsten Krieg die Luftangriffe nicht langsam im Laufe von Jahren, sondern brechen sozusagen aus heiterem Himmel mit elementarer Wucht über das ungeschützte Land herein. Da bleibt selbstverständlich keine Zeit mehr für einen, wenn auch nur behelfsmäßigen Ausbau der Luftschutzräume. So kann es nicht ausbleiben, daß die Verluste durch Luftangriffe wesentlich größer sind als im zweiten Weltkrieg.

Von MÜHLHIASL stammt eine andere Prophezeiung, die besagt: »Wer's überleben will, muß einen eisernen Kopf haben!« Möglicherweise bezieht sich dieser Ausspruch auf die Kriegshandlungen. Wahrscheinlicher ist aber die Auslegung, daß derjenige, der sich mit eiserner Willenskraft schon im Frieden auf den Krieg vorbereitet, die meisten Chancen hat, heil durch den Krieg zu kommen, nach der Devise: Bereit sein ist alles. Es gehört heute ein »eiserner Kopf« dazu, sich nicht auf die Vorsorge des Staates zu verlassen, sondern selbst Initiative zu entwickeln.

Wie eine solche Initiative aussehen könnte, kann man einem Artikel von Hans-Peter Rullmann entnehmen, der am 25. 10. 1975 in der *»Allgemeinen Laberzeitung«* unter der Überschrift erschien: »Ganz China gräbt sich in die Erde«. Darin wird zuerst geschildert, daß der 24 km lange Tunnelbau der Untergrundbahn in Peking selbstverständlich so gebaut wurde, daß ihm ein moderner Krieg nur wenig anhaben kann, und dann heißt es weiter: »Völlig unbekannt, weil streng geheim, ist hingegen das wirkliche Tunnelsystem unter der chinesischen Hauptstadt, das vermutlich alle Vorstellungen längst übertrifft. Mit dem Bau dieses geheimen Tunnelsystems, das man nur noch mit dem Bau der riesigen chinesischen Mauer vergleichen kann, wurde 1969 begonnen: unmittelbar nach dem chinesisch-sowjetischen Grenzkonflikt am Ussuri.

Niemand kann sagen, ob die Untertunnelung Pekings inzwischen so weit fortgeschritten ist wie beispielsweise in einer Baumaschinenfabrik im Süden der Stadt, die von außen aussieht wie ähnliche chinesische Betriebe: 20 Fabrikhallen und Werkstätten, niedrig aus Ziegeln gebaut, auf einer von Fabrikstraßen durchzogenen Fläche von etwa 200 Hektar. Doch jede Halle und jede Werkstätte ist durch einen geheimen Ausgang mit der Unterwelt verbunden. Tschan Lao, der für die allgemeine Volksverteidigung zuständige Funktionär des Betriebes, gibt an, daß bei gelegentlichen Übungen alle 2500 Arbeiter dieser Fabrik innerhalb von fünf Minuten durch diese Ausgänge unterhalb der Erde verschwinden können.

Der zentrale Teil der Tunnelanlage liegt unterhalb des Verwaltungsgebäudes und ist von den Büroräumen über der Erde durch eine schwere Eisentür, wie man sie sonst nur an westlichen Bank-Safes finden kann, hermetisch getrennt. Von der Tür führt ein zwei Meter hoher und ein Meter breiter Gang, der mit Lampen und Lautsprecheranlagen ausgerüstet ist, zunächst zum Magazin, wo ständig genug Lebensmittel, nach der Weisung Mao Tse-tungs vor allem ausreichend Getreide lagern, um 5000 Menschen zwei Monate lang ohne Nachschub von außen ernähren zu können.
Sieben Meter unterhalb der Erde liegt der Behelfsbunker der Fabrik: An der Wand eine Karte mit bunten Linien, die einen Eindruck vom verwirrenden Verlauf der verschiedenen Gänge vermitteln. Hier liegt auch die Fernsprechzentrale und der Senderaum, von dem aus die Lautsprecher im Bunker bedient werden können, nicht weit davon eine große Werksküche mit Kesseln, Kühlanlagen und fließendem Wasser sowie einem Lift, über den die Speisen in eine große Mensa transportiert werden können. Vier Brunnen mit einer Bohrtiefe von 40 Metern sorgen dafür, daß es Wasser auch noch dann gibt, wenn die Oberflächenleitungen zerstört sein sollten. So besteht, abgesehen vom Temperaturunterschied, große Ähnlichkeit mit den Betriebseinrichtungen oberhalb der Erde.
Gelegentlich wird die Frischluftzufuhr angestellt; die Filter sollen ausreichen, um auch biologische, chemische oder radioaktive Kampfstoffe von der unterirdisch lebenden Belegschaft fernzuhalten. Alle Gänge sind ausgeschildert; den Aufschriften kann man entnehmen, daß es unterirdische Kindergärten und Werkstätten gibt, in denen im Kriegsfalle sogar die Produktion von Waffen aufgenommen werden kann. Um alle Gänge dieser unterirdischen Fabrik abzuschreiten, benötigt man zweieinhalb Stunden, doch noch ist das System nicht fertig. Die Arbeiter bauen an einem unterirdischen Kraftwerk zur Erzeugung von

Strom und an Verteidigungsanlagen, die wiederum mit der Erdoberfläche verbunden sind. Von solchen Bunkern aus kann die unterirdisch lebende Belegschaft das Feuer gegen feindliche Flugzeuge eröffnen.
Daß diese Fabrik, die die Chinesen als Warnung an die Adresse der Sowjets jetzt zum erstenmal vorzeigten, kein Ausnahmefall, sondern Modell ist, beweisen die 45 Läden in der zentral gelegenen Pekinger Da-Scha-Lan-Straße, die alle mit ähnlichen Tunnelsystemen verbunden sind. Unbekannt ist natürlich, wie weit dieses raffinierte System ganz Peking unterwühlt hat. Chinesische Funktionäre betonen, daß jede Fabrik, Schule, Institution und größere Straße, jeder Kindergarten und jedes Krankenhaus mit solchen Tunnelsystemen verbunden sei. Sie alle sind untereinander noch einmal durch unterirdische Avenuen verbunden, die so groß sein sollen, daß in ihnen sogar Busse und LKWs verkehren können.«
Es ist zu hoffen, daß auf westlicher Seite die Maßnahmen zum Schutze der Zivilbevölkerung schon den gleichen Stand erreicht haben. Man weist heute allgemein den Gedanken an einen dritten Weltkrieg weit von sich. Die Gründe für ein solches Verhalten sind komplexer Natur und teilweise verständlich. Doch hier sollen nicht die Gründe, sondern die Folgen eines derartigen Fehlverhaltens aufgezeigt werden. Es wäre verantwortungslos, wenn gerade Deutschland aus Leichtsinn den höchsten Blutzoll zahlen müßte, denn andere Länder sind in ihrer Vorsorge um den Schutz der Bevölkerung nicht so sorglos. Bei dem anstehenden Problem kommt es auf die geistige Einstellung an. Hier kann jeder für sich beweisen, daß er einen »eisernen Kopf« hat.
Wer aber nun glaubt, der Westen ginge wegen der klaren Vorhersagen, wegen der Transparenz der kommenden Entwicklung wohlvorbereitet dem dritten Weltkrieg entgegen, dem muß ein wenig Wasser in den Wein gegossen werden: Wie schon immer, so scheint auch jetzt so manches prophetische

Wort als Samenkorn auf steinigen Boden zu fallen, wie es auch Mühlhiasl sieht, wenn er sagt: »Über Nacht geht's los, kein Mensch will's glauben!«

Bei nüchterner Betrachtung der derzeitigen weltpolitischen Lage muß man zu der Überzeugung gelangen, daß infolge des Druckes, den die Supermächte ausüben, Blockbildungen zwingende Notwendigkeiten seien. Auf Westeuropa bezogen heißt das, es müsse, um überleben zu können, endlich eine wirtschaftliche, langsam aber auch eine politische Einheit werden. Merkwürdigerweise zeigen auch hier die Seher einen ganz anderen Weg, einen Weg, der zugegebenermaßen zum derzeitigen Zeitpunkt völlig ungangbar wäre.

Ein Deutsches Reich, soweit deutsche Sprache und Sitte reichen, war wohl schon immer der Traum aller echten Deutschen. Es erhebt sich die Frage, warum diese Vorhersagen nicht schon längst aufgegriffen und verbreitet worden sind. Vermutet man, dieses doch so faszinierende Bild sei ein Traum, in Wirklichkeit aber überhaupt nicht zu realisieren? Glaubt man etwa zu wissen, daß die Zeit der Monarchien längst vergangen sei und niemals wiederkehren könne? Das und vieles andere mag mitspielen, doch das Haupthindernis war der bis jetzt fehlende Zeitplan. Auch die beste Prophezeiung ist fast wertlos, wenn man nicht weiß, ob sie in nächster Zeit oder irgendwann in tausend Jahren in Erfüllung gehen soll.

Wenn heute Ägypten ernsthafte Schritte unternimmt, um sich aus der Reihe der arabischen Staaten abzusondern, um einen eigenen Weg zu gehen, so sollte das eigentlich niemand in Erstaunen versetzen, die Propheten haben dies schließlich seit Jahrtausenden vorhergesagt. Es handelt sich hier um sehr alte Vorhersagen; unsere Aufgabe ist es zu registrieren, daß die Zeit reif ist, daß sich die Machtkonstellationen auf die Endzeit einzupendeln beginnen. Als nächstes größeres Ereignis in dieser Richtung wäre wohl die Aussöhnung und Machtabgrenzung der beiden kommunistischen Machtblöcke zu erwarten. Man kann gespannt sein, wie schnell, wahrscheinlich nach Abschluß der Nachfolgekämpfe infolge des Heimganges des greisen Vorsitzenden Mao Tse-tung, sich neue Aspekte ergeben werden.

Die Gelehrten des Club of Rome haben für die weitere Entwicklung der Menschheit eine sehr düstere Zukunftsprognose erstellt. Von anderen Wissenschaftlern wird dem widersprochen.

Nun werden sogar Computer mit Zahlen und Daten gespeist, um die Zukunft »berechnen« zu können. Die Ergebnisse solcher Bemühungen können ohne Schaden für die Menschheit unbesehen dem Papierkorb überantwortet werden, wenn »zufällig vergessen« worden sein sollte, auch die Erkenntnisse aus einer höheren Dimension, die über dritten Weltkrieg, kosmische Katastrophe und Zeitenwende, der Rechenmaschine einzugeben.

Bei einer meiner Ahnfrauen, deren Geschlecht* sich auf dem gleichen Hof bis zum Jahre 1340 zurückverfolgen läßt, stellte sich der Stammhalter ein knappes Jahr nach der Hochzeit ein. In schöner Regelmäßigkeit kam nun Jahr für Jahr Familienzuwachs, doch das dreizehnte Wochenbett war auch das Totenbett für die Ahnfrau. Unsere Vorfahren haben unter großen persönlichen Opfern versucht, das Gebot Gottes, »Du sollst nicht töten«, zu befolgen. Sie hatten noch »Ehrfurcht vor dem Leben«, wie das der große Urwaldarzt Albert Schweitzer immer gelehrt hat. Doch Irlmaier hat zu einer Zeit, als der Paragraph 218 noch gar nicht umstritten war, schon prophezeit: »Das Gesetz, das den Kindern den Tod bringt, wird wieder abgeschafft.«

* Die Allmannsbeck von Allmannsbach, Pfarrei Martinsbuch, Niederbayern

Propheten und Prophezeiungen

Paul* schreibt in seinem Buch *»Der geniale Mensch«:* Als ein ganz einfaches Phantasiegebilde aber haben wir jedenfalls die vielgenannte Sinnestäuschung GOETHES zu betrachten, welche er uns selbst in *»Dichtung und Wahrheit«* schildert. »Auf dem Ritte nach Sesenheim«, sagt der Dichter, »sah ich mich selbst denselben Weg zu Pferde wieder entgegenkommen, und zwar in einem Kleide, wie ich es nie getragen, es war hechtgrau mit etwas Gold. Sobald ich mich aus diesem Traume aufrüttelte, war die Gestalt ganz hinweg. Sonderbar ist jedoch, daß ich nach 8 Jahren in dem Kleide, das mir geträumt hatte, und das ich nicht aus Wahl, sondern aus Zufall trug, mich auf demselben Wege fand, um Frideriken noch einmal zu besuchen. Es mag sich übrigens mit diesen Dingen wie es will verhalten, das wunderliche Trugbild gab mir in jenen Augenblicken des Scheidens einige Beruhigung.« Paul fährt fort: »Daß es sich hierbei nicht um eine wirkliche Sinnestäuschung, sondern um ein einfaches Phantasiebild gehandelt hat, ist unzweifelhaft, wenn wir Goethes ungemein lebhafte Phantasie berücksichtigen . . .«

Es ist wirklich sonderbar, wieviel Scharfsinn oft aufgebracht wird, um Tatsachen wegzudiskutieren, »die nicht sein können, weil sie nicht sein dürfen«: Ein noch eindeutigeres Beispiel von Hellsehen ist ja wohl kaum denkbar. Aber der Mensch sträubt sich gegen alles, was er nicht logisch begründen kann. Solche Berichte verweist er dann unbesehen in das Reich der Phantasie und der Träume.

Auch in der Bibel kann man sehr oft lesen: »Und der Engel des HERRN erschien im Traume.« Es ist eben vielen Visionen deutlich anzusehen, daß sie weniger der Logik als einem Geisteszustand entspringen, der eher mit einem Traume als klarem Bewußtsein vergleichbar ist.

* Paul Albert, Paul Nitschmann Verlag, Berlin, 1908

Träume und Visionen haben entwicklungsgeschichtlich wahrscheinlich gemeinsame Wurzeln; ihr Zentrum ist im sogenannten Althirn anzunehmen. Träume sind daher meist stark gefühlsbetont, aber unlogisch und unkritisch, da die Logik im Großhirn lokalisiert ist. Es gibt Menschen, die gelegentlich Ahnungen haben, also das unbestimmte Gefühl eines bevorstehenden Unglückes. Wahrscheinlich handelt es sich dabei um Visionen oder deren Vorstufen, die den Weg zum Großhirn nicht finden und deswegen unterschwellig bleiben. Zumeist sind Träume nur von einem Arzt zu deuten, und auch Hellseher können oft ihre eigenen Visionen nicht ganz enträtseln. Wie gelegentlich Zahlen zu deuten sind, kann an folgendem Vorfall dargelegt werden:

Die drei Siebenundzwanziger

Als der Brunnenmacher von Freilassing um das Schicksal eines Kriegsgefangenen gefragt wurde, betrachtete er lange das Bild des jungen Mannes, dann sagte der Hellseher:

»Er kommt bald nach Deutschland, aber dann muß er in ein Lazarett. Dann seh' ich nichts mehr.« Auf Drängen des Fragenden, wann denn der Kriegsgefangene keimkomme, erklärte IRLMAIER, das könne er nicht sagen, aber er sehe immer die Zahl 27, und zwar dreimal. Was das bedeute, könne er aber nicht erklären. Tragischerweise erfüllte sich diese Voraussage in folgender Weise: Der Kriegsgefangene wurde am 27. September im Ural in Marsch gesetzt, um in die Heimat zu kommen. Er traf in Frankfurt an der Oder ein, war aber sehr krank geworden. Ins Lazarett eingewiesen, konnte er infolge der erlittenen Strapazen die Krankheit nicht mehr überwinden und starb am 27. Oktober desselben Jahres. Am 27. Dezember erhielten die tiefbetrübten Angehörigen die Todesnachricht durch den Bürgermeister des Ortes. Kurze Zeit darauf erschien in der Heimat des auf so tragische Weise Verstorbenen ein Kamerad, der alle Einzelheiten dieses Falles und die genauen Daten dieser Mitteilung bestätigte. So waren auch die drei Siebenundzwanziger erklärt. Als später Irlmaier Vorwürfe gemacht wurden, weil er den Tod des Kriegsgefangenen nicht erwähnt hatte, sagte der Hellseher: »Ich habe genau gesehen, wie er ›verschleiert‹ wurde, aber ich wollte es euch nicht sagen, weil's mir derbarmt habt's.«

Im allgemeinen stellt man sich vor, der Hellseher würde einfach einen bestimmten Sektor eines Geschehens aus der Zukunft oder auch aus der Vergangenheit vor sein geistiges Auge treten lassen. Solche vorerst undeutbaren Zahlenangaben lassen aber erkennen, daß hinter dem vordergründigen Bild doch eine tiefere geistige Leistung verborgen sein muß, deren Natur allerdings vorerst im dunkeln bleibt.

Es gibt Anhaltspunkte dafür, daß Hellsehen sogar älter sein könnte als die Menschheit; hat man doch bei Tieren Verhaltensweisen beobachtet, die am ehesten mit Hellsehen erklärt werden können. So ist bekannt geworden, daß Tiere den Ort von Katastrophen schon Tage vor dem Eintritt des fraglichen Ereignisses verlassen haben. Im Falle eines Erdbebens könnte man zwar sagen, die Tiere hätten ein besonders feines Gespür, ähnlich wie ein Seismograph; was soll man aber sagen, wenn zum Beispiel Tauben ein altes Gebäude drei Tage vor dem Ausbruch eines verheerenden Brandes verlassen und nicht mehr zurückkehren? Daß Ratten ein sinkendes Schiff in dem zuletzt angelaufenen Hafen zu verlassen scheinen, ist allgemein bekannt; ebenso bekannt ist aber auch die Zuordnung solcher Vorkommnisse in das Reich der Fabel, in das Gebiet des Seemannsgarns. Es ist vorgekommen, daß man eine Katze wegen eines Umzuges an Bekannte verschenkte und Wochen später erschien die Katze abgemagert in der neuen Wohnung, Hunderte, in einem extremen Fall sogar 2500 km von der alten Wohnung entfernt, in einer Gegend, in der das Tier vorher noch nie gewesen sein konnte.

Im Verhalten von Tieren bezeichnet man, was man nicht erklären kann, gerne mit dem Ausdruck »Instinkt«. Doch was ist Instinkt? Sicher nichts Einheitliches, doch sicher auch in einem Teil der Fälle außersinnliche Wahrnehmung, mediale Begabung, ein Kommunikationsmittel im Tier- und Pflanzenreich, deren Triebfedern weniger Verstand und Logik, als vielmehr Emotionen und Gefühlsleben darstellen.
Man kann gelegentlich Tiere beobachten, die nach wenigen Minuten einen eingenommenen Schlafplatz wieder verlassen, um sich ein neues Ruheplätzchen zu suchen. Bei kritischer Betrachtung läßt sich kein vernünftiger Grund für ein derartiges Verhalten finden. Wahrscheinlich verbirgt sich dahinter eine natürliche Empfindlichkeit gegenüber Umwelteinflüssen wie zum Beispiel unterirdische Wasseradern, die der Mensch im Laufe seiner Entwicklung eingebüßt hat.

Die unheilvolle Wasserader

Ein Bahnbeamter hatte sich irgendwo in Oberbayern ein Häuschen gebaut und geheiratet. Er hatte im vergangenen Krieg einen Fuß verloren und trug eine Prothese, die aber so gut war, daß nicht einmal seine Bekannten etwas davon wußten. Seine Frau kränkelte, und alle Mittel der Schulmedizin, die die Ärzte anwandten, waren vergebens. Bekannte machten ihn auf IRLMAIER aufmerksam. Über diese Begegnung erzählte er dann: »Wie ich hineinkomme in die enge Stube, sagt der IRLMAIER: ›Da setz dich her, brauchst mir gar nicht zu sagen, warum du kommst, deine Frau ist krank.‹ Dann beschreibt mir dieser Mann, den ich im Leben zum ersten Male sehe, mein Haus so genau in allen Einzelheiten, daß ich einfach baff bin. Er sagt mir, daß Wasseradern unter unserem Haus durchgehen, daß in unserem Schlafzimmer das Bett meiner Frau über einer solchen stehe. Wenn er nach M. komme, werde er mir das mit der Rute beweisen. Ihr müßt das Bett anders aufschlagen, sagte Alois,

dann wird es schnell anders mit deiner Frau. Wir kamen dann auch auf die Zukunft zu sprechen. IRLMAIER bestätigte mir das, was so viele befürchten: daß es zu einem dritten Krieg kommt. Er sagte mir, daß alle Männer bis zu einem gewissen Alter dann gemustert würden, aber zum Einsatz käme freilich keiner, weil alles so schnell ginge. Um den Seher auf die Probe zu stellen, fragte ich ihn: ›Werdens mich auch noch erwischen, weil ich ja noch nicht dic Altersgrenze erreicht habe?‹ Der Hellseher meinte darauf: ›Ja, mustern tun's dich schon, aber was willst denn du mit deinem künstlichen Haxen, dich könnens nicht mehr brauchen! Fahr nun wieder heim, ich komm sowieso einmal zu dir, dann schauen wir nach wegen der Wasserader.‹ Verblüfft fuhr ich heim und erzählte meiner Frau alles.
Wir schliefen von da an in einem anderen Zimmer, und ins Bett meiner Frau legte sich die Schwägerin, die für alle Hellseher nur ein Hohngelächter hatte. Es dauerte nicht lange, und mit meiner Frau wurde es besser, während meine Schwägerin über alle möglichen Schmerzen zu klagen anfing, sich über schlechten Schlaf beschwerte und schließlich notgedrungen zu der Überzeugung kam, daß der IRLMAIER doch nicht so unrecht gehabt hatte. Eines Tages kam der Alois selbst zu uns und zeigte uns mit einer Rute und einem Kreidestrich genau den Lauf der Wasserader. Er sagte uns noch mehr: ›Da hast einen Kühlschrank, gell, da hast alle Augenblick Reparaturen, die Sachen verderben. Und da hast eine Klingelanlage mit einer Batterie. Wie oft ist denn die Batterie hin? Gell, alle vier Wochen mußt den Installateur kommen lassen, und keine Batterie hält dir aus. Weißt auch warum? Da schau her: dein Eisschrank steht direkt über der Wasserader, und die Klingelleitung mit der Batterie genauso. Und wenn ihr das Bett von der Schwägerin nicht woanders hinstellt, muß sie noch ins Krankenhaus.‹ IRLMAIERS Ratschläge wurden befolgt und seitdem ist alles gesund zuhaus und die Reparaturen haben auch aufgehört.«

Im Volk ist schon lange bekannt, daß über Wasseradern und anderen geologischen Formationen Störfelder auftreten, die von sensitiven Menschen nachgewiesen werden können. Man denkt an Erdstrahlen, die von Pyramiden abgelenkt werden können, ähnlich wie die Elektrizität am Faraday'schen Käfig. Der Arzt Wilhelm Reich hat mit dieser Bioenergie experimentiert, er hat sie allerdings Orgon-Energie genannt. Doch konnte er einwandfrei feststellen, daß unter bestimmten Umständen aus dem lebensspendenden Orgon plötzlich das lebensfeindliche Dor wurde. Er hat sogar einen Orgon-Akkumulator gebaut, mit dem medizinische Therapieversuche gemacht werden können. In neuerer Zeit befaßt sich das »PS Institute of Japan«* mit der Erforschung der Bioenergie, wenn sie hier auch Aura genannt wird. Nach diesen Forschungsergebnissen besteht der menschliche Körper aus vielen Milliarden organischer Kristalle. Jedes dieser Kristalle wird selbst bei schwächster elektrischer Spannung in Vibrationen versetzt. Positiv geladene Ionen stören das elektrische Gleichgewicht, sobald sie eine bestimmte, äußerst niedrig liegende Quantität erreicht haben. Wird die Störung nicht beseitigt, erkrankt der Körper.

In der Elektroakupunktur gibt es einen Medikamententest, mit dessen Hilfe der Arzt aus seinem Testbesteck das erforderliche Medikament und die genaue Stärke exakt feststellen kann. Die Sache hat aber einen Haken: Von etwa zehn Ärzten, die versuchen diesen Test zu erlernen, hat tatsächlich nur einer die erforderlichen – medialen – Fähigkeiten, diesen Test auch durchzuführen. Da somit der Test auch nicht von jedermann reproduziert werden kann, verfällt er der Ablehnung; denn nur, was von jedermann nachgemacht werden kann, kann einer »wissenschaftlichen Überprüfung« standhalten. Der Elektroakupunkturtest hat gegenüber der herkömmlichen Medizin entschei-

* Hellmuth Hoffmann, Alles strahlt, Esotera 1978/II

dende Vorteile: Mit seiner Hilfe lassen sich Krankheiten bereits erkennen und behandeln, bevor sie zum Ausbruch gekommen sind, also bereits funktionelle Dysregulationen, ohne organischen Befund. Dabei ist eine Behandlung nach den Regeln der Elektroakupunktur völlig frei von Nebenwirkungen. Doch um der Wahrheit die Ehre zu geben, es gibt sogar Ärzte und andere Personen, die lediglich mit Hilfe eines Pendels imstande sind, genau die gleichen Diagnosen zu erstellen. Wenn man Elektroakupunktur wegen eines wissenschaftlichen Mäntelchens noch geduldet hat, ist nunmehr der Bogen aber überspannt: Der Vorwurf der Scharlatanerie, der Kurpfuscherei ist so gewiß wie das Amen in der Kirche.

Mediale Fähigkeiten brauchen zumeist einen Auslöser, einen Induktor, um anlaufen zu können. Dieser Auslöser ist oft ein Foto oder ein Schriftstück der in Frage stehenden Person. Weit verbreitet ist die Ansicht, die Deutung der Zukunft aus dem Kaffeesatz, aus Spielkarten und Handlinien wäre glatter Betrug; solche Vorurteile mögen zwar zum größten Teil berechtigt sein, da mit dem Aberglauben tatsächlich gerne Schindluder getrieben wird, weil er oft grobem Betrug Tür und Tor öffnet. Doch wenn es um die Frage geht, welche der gebräuchlichen Methoden stichhaltig und welche zweifelhaft sind, die Antwort ist eindeutig: Es kommt überhaupt nicht auf die Methode, sondern einzig auf das Medium an. Der eine Hellseher kann Gedanken lesen, ihm genügt ein Blick auf sein Gegenüber, ein anderer braucht eine Schriftprobe, ein Bild, die Linien der Handflächen oder Versenkung ins Gebet.

Inwieweit die Astrologie, die Berechnung der Zukunft aus dem Geburtsdatum eine Sonderstellung einnimmt, sei dahingestellt. Könnte man die Zukunft aus Gestirnkonstellationen berechnen, das Datum des dritten Weltkrieges müßte längst in allen ernsthaften Horoskopen stehen, doch das ist nicht der Fall. Andererseits ist nicht zu verkennen, daß der Zeipunkt der Zeitenwende mit dem Wechsel vom Fische- zum Wassermannzeitalter zusammenfällt: Das Fischezeichen divergierend, das Wassermannzeichen parallel schwingend. Völlig übersehen wurde aber bis jetzt der Einfluß des Smaragdsterns auf die neue Zeit. – Um nicht mißverstanden zu werden: Der Verfasser ist davon überzeugt, daß die gewaltige kosmische Kraft, die nicht nur die Lufthülle, sondern die gesamte Erde glatt durchdringt, den allergrößten Einfluß auf alle Lebewesen, ja sogar auf das gesamte Universum hat. Doch das fällt nicht in den Bereich der Astrologie.

In Rußland soll es eine Frau geben, die sogar mit den Fingerspitzen lesen kann. Die Wissenschaftler, die die Frau untersuchten, haben viel Mühe und Sorgfalt aufgewandt, um auszuschließen, daß die Frau nicht doch die Augen gebrauchte. Es will den Gelehrten alten Stils einfach nicht in den Kopf, daß es eine immaterielle Kraft geben könnte, die die Finsternis ebenso überwindet wie Stahl und Eisen, Zeit und Raum. Lieber nehmen sie zu den absurdesten Hypothesen ihre Zuflucht, als daß sie zugeben, ein medial begabter Mensch könne ein Schriftstück auch einmal ohne Benützung von Sinnesorganen lesen. In dem Beispiel »Der Mörder im Leichenzug« wurde geschildert, wie Irlmaier die Polizisten aufforderte, ein Bild mit dem Mörder vorzuzeigen. Er konnte also das Bild bereits »lesen«, von dessen Existenz er eigentlich noch gar nichts wissen konnte.

Der Mensch ist im allgemeinen sehr stolz auf hohe Intelligenz, glasklaren Verstand und messerscharfe Logik. Es ist auch gar keine Frage, daß diese Eigenschaften nützlich und notwendig sind, um unsere Welt zu erforschen. Leider gilt dies aber nur für die materielle Welt. Auch höchste menschliche Intelligenz hat offensichtlich keinen Zugang in die immaterielle Welt, den Superraum. Hier scheint außersinnliche Wahrnehmung (ASW) wesentlich wertvollere Dienste zu leisten.

Man wundert sich immer wieder, daß es trotz der doch überzeugenden Leistungen der Seher immer noch Menschen gibt, die den Visionen skeptisch gegenüberstehen. Das hat mehrere Gründe; einer davon ist das Zeitproblem. Es ist eine sonderbare Tatsache, daß die Propheten fast durchwegs davon überzeugt sind, ihre Visionen würden »bald« eintreffen. Eine der wenigen glücklichen Ausnahmen wäre Nostradamus gewesen, der als Astrologe seine Gesichte mit dem Stand der Gestirne in Übereinklang bringen konnte, aber leider verschlüsselte er dann seine Vorhersagen wieder. Wenn Irlmaier in dem Beispiel der Wasserader den Invaliden aus dem zweiten Weltkrieg noch einmal zur Musterung gehen läßt, ist das wohl sicher eine Fehlleistung, aber verständlich aus der Überzeugung des Hellsehers, daß mit dem dritten Weltkrieg in allernächster Zeit zu rechnen sei. Irlmaier selbst hat dies einmal so erklärt: da er die Bilder immer deutlicher vor Augen sehe, schließe er daraus, daß ihre Erfüllung nicht mehr lange auf sich warten lasse. Man sieht daraus, wie sich das objektive Bild mit der subjektiven Meinung des Hellsehers vermengt.

Ein anderes Problem soll hier nur gestreift werden. Viele Hellseher geben ihre Visionen als die Botschaft einer überirdischen Macht aus. Diese war bei den Propheten des Alten Testamentes zweifellos Gott der Herr, Johansson nennt Jesus Christus, viele andere die Gottesmutter Maria. Lediglich Sepp Wudi sagt, er wisse nicht, ob es ein guter oder ein böser Geist sei, der ihm diese Bilder vormache. Irlmaier hatte als erste Erscheinung eine Marienerscheinung. Naheliegend wäre gewesen, alle nachfolgenden Gesichte als von Maria eingegeben anzunehmen, doch Irlmaier hatte offenbar nicht so viel Phantasie, wie sie zum Beispiel von Johansson entwickelt wurde. Wie sehr auch Seher Kinder ihrer Zeit sind, kann man daran erkennen, daß sich in letzter Zeit die Fälle mehren, in denen Medien behaupten, ihre Fähigkeiten seien ihnen von Ufo-Besatzungen verliehen worden. Es besteht kein Anlaß, diese subjektive Überzeugung der

Seher anzuzweifeln, ob ihre Ansicht allerdings auch objektiv richtig ist, steht auf einem anderen Blatt.

Die größte Problematik liegt aber in folgendem: Irlmaier konnte auch, ähnlich wie Swedenborg, mit den verschleierten Gestalten, also mit den Seelen der Verstorbenen, reden und sich unterhalten. Er hat des öfteren die Angehörigen mit Tatsachen konfrontiert, die er angeblich von den Verstorbenen erfahren hat. Für ihn war die Frage eines etwaigen Weiterlebens nach dem Tode überhaupt keine Frage. Dieser felsenfeste Glaube erinnert an das Verwurzeltsein der Naturmenschen nicht nur mit ihrem Lebensraum, sondern auch mit ihrer Religion und ihrem Glauben. In den Naturreligionen gibt es übereinstimmend den Glauben an ein Weiterleben nach dem Tode, an gute und böse Geister, die Seelen der Verstorbenen.

Den Glauben an ein Weiterleben nach dem Tode erklärt man heute zumeist so, daß der verständliche Wunsch nach einem Weiterleben, die Angst vor dem endgültigen Tod, die Menschen veranlaßte, sich eine Religion auszudenken, in der ein Weiterleben möglich erscheinen mußte. Wenn man aber die Seher richtig interpretiert, erscheint eine andere Deutung viel wahrscheinlicher: Die medial veranlagten Menschen der Frühzeit, es werden wohl die Seher und Medizinmänner ihrer Stämme gewesen sein, brauchten überhaupt keine Religion zu erfinden, hatten sie doch noch natürlichen Umgang mit den Seelen der Verstorbenen, mit guten und bösen Geistern. Der Mensch wurde mit fortschreitender Zivilisation mehr und mehr entwurzelt, und er ist heute für erfundene Religionen sicher viel anfälliger als dazumal. Man kann davon ausgehen, daß bereits die Druiden der Kelten oder die Priester der alten Ägyper Kenntnisse in der Seelen- und Geisterkunde hatten, die heute etwa noch in fernöstlichen Kulturen angetroffen werden können, die dem abendländischen Menschen aber verloren gegangen sind.

Faktor Psi und Hellsehen

Im Mittelalter glaubten die Menschen in ihrer Gesamtheit noch an Gott, an Himmel und Hölle, an Engel und Teufel, an Dämonen und Hexen, an Spuk und Poltergeister. Man war davon überzeugt, daß ein Gebet nützlich und ein Fluch verderblich sei. Es sieht so aus, als hätten die modernen, exakten Wissenschaften mit diesen Überbleibseln aus einer wunder- und abergläubischen Zeit nunmehr endgültig aufgeräumt. Doch gemach! Auf jede überzogene Aktion folgt alsbald eine Gegenaktion; so auch hier. Man mußte die erstaunliche Feststellung machen, daß mit dem reinen Materialismus zwar vieles, aber beileibe nicht alles erklärt werden konnte. Man lernte unterscheiden zwischen Phänomenen, die sich normal, also mehr oder weniger mechanistisch, und anderen, die sich nicht so normal erklären ließen, man nannte sie paranormal. Eine gewisse Zeitlang konnte man drängende Fragen nach einer Erklärung mit dem Hinweis abspeisen, paranormale Erlebnisse seien ganz normale Erlebnisse, nur leider zum gegenwärtigen Zeitpunkt noch nicht normal erklärbar. Das kann man nun glauben oder auch nicht, so ist die Wissenschaft nunmehr wieder da angelangt, von wo sie einmal so siegessicher ausgezogen ist. Die Frage lautet nach wie vor: Gibt es nun Gott und Geister oder ist das nur Einbildung, ein Produkt der menschlichen Phantasie?

Um diese drängenden Fragen mit den Mitteln der Wissenschaft zu klären und zu beantworten, hat sich ein junger Zweig der Wissenschaft etabliert, die Parapsychologie.

Psi bezeichnet den griechischen Buchstaben P und steht für paranormal oder Parapsychologie. Mit der Vorsilbe *para* wird alles belegt, was nicht normal erklärt werden kann; man spricht von Parapsychologie, Paramedizin, Paraphysik usw. Die heutige Medizin kennt leider nur Körper und Seele und glaubt, die

Psi-Phänomene als paranormale Seelenfunktionen deuten zu müssen. Doch hier liegt ein im System begründeter Irrtum vor. Psi-Phänomene sind in Wirklichkeit ganz normale Manifestationen des Geistes, aber keine paranormalen Seelenfunktionen. Es wäre daher besser, statt von parapsychologischen von geistigen Phänomenen zu sprechen; übersetzt man Geistlehre aber mit Phrenologie, so müßte der Buchstabe Phi verwendet werden, man müßte dann von Phi-Phänomenen sprechen.

Der moderne, angeblich aufgeklärte Mensch ist mit dem Vorwurf des Aberglaubens sehr schnell bei der Hand. Doch die Grenzen zwischen Vorurteil und Aberglauben, zwischen Glauben und Wissen sind fließend, keineswegs feststehend. Was gestern noch als Aberglaube imponierte, ist heute bereits gesichertes Wissen, wie der Londoner Experimental-Psychologe Eysenck schreibt: »Meines Erachtens sind parapsychologische Phänomene ohne Zweifel experimentell bewiesen im Sinne der Wissenschaft, das heißt, es ist nicht mehr eine Frage des Glaubens, sondern nur noch des Wissens.« Andererseits könnte auch das angeblich gesicherte Wissen des Atheisten sich bald als Scheinwissen entpuppen.

Es gibt offensichtlich so etwas wie den herrschenden Zeitgeist. Jedes System legt sich eine Ideologie zurecht, und wehe dem, der es wagt, an den Grundfesten zu rütteln! Je weniger fundiert ein System ist, desto allergischer reagiert es gegen das Abklopfen der Fundamente. Früher waren Scheiterhaufen und Schaffott die obligaten Mittel, um Abweichler wenn nicht zur Vernunft, so doch wenigstens zum Schweigen zu bringen. Heute kann weder die Kirche Ketzer verbrennen noch können die Volksrepubliken die Bürgerrechtler verschwinden lassen, doch man versucht sie so weit als möglich mundtot zu machen. Glauben Sie, in der Wissenschaft würde ein anderer Geist herrschen?

Es sieht so aus, als hätte sich die Wissenschaft, nicht nur die

Medizin, darauf geeinigt, nur das rein Materielle gelten zu lassen. Was mit naturwissenschaftlichen Methoden nicht von jedermann reproduzierbar ist, verfällt von vornherein der Ablehnung. Als Beispiel sei an den bereits erwähnten Test in der Elektroakupunktur erinnert. Selbst Christus würde heute keiner wissenschaftlichen Überprüfung standhalten, denn welche Wunder Jesu sind schon von jedermann reproduzierbar?
Diese Ausführungen waren notwendig, um darlegen zu können, daß nicht alles, was von berufener Stelle als wissenschaftlich unhaltbar abgelehnt wird, deswegen notwendigerweise auch falsch sein muß. Vieles ist nur nicht zeitgemäß, es paßt nicht in das gerade herrschende System. Andererseits soll aber auch nicht behauptet werden, die von dem System erbrachten Forschungsergebnisse seien falsch. Das bisher von der Wissenschaft erbrachte Weltbild ist weitgehend richtig und korrekt, aber leider ein Torso. Es fehlt der geistige Überbau, der Kopf.
Für die Parapsychologie ist die Existenz von ASW längst eine erwiesene Tatsache, ein Studienobjekt unter vielen. Die Frage lautet heute nicht mehr, ob es ASW gibt, sondern wie und unter welchen Bedingungen sie zustande kommt. Es hat sich nämlich herausgestellt, daß prinzipiell alle Menschen, ja wahrscheinlich sogar alle Lebewesen diese Fähigkeit haben, wenn sie auch bei den meisten Menschen nie geweckt wird. Bewußtseinstrübungen wie Trance, Hypnose oder auch Hirnkrankheiten, Unfälle oder heftige Gemütsbewegungen sind offensichtlich geeignet, ASW in Gang zu setzen. Durch Blockierung des Großhirns wird der Organismus veranlaßt, auf das ältere Informationssystem der ASW zurückzugreifen. Dieses System wurde im Laufe der Entwicklung von den Sinnesorganen und dem Verstand verdrängt, ähnlich wie etwa beim Rechtshänder der Gebrauch der linken Hand abnimmt. Doch wie auch der Rechtshänder die linke Hand nicht als überflüssig bezeichnen kann, genausowenig darf der Verstandesmensch auf ASW verzichten; sein

AWS: außersinnliche Wahrnehm

von den Sinnesorganen übermitteltes Weltbild wäre ohne die Hinzunahme von ASW nur die halbe Wahrheit.
Wenn nun Hirn oder Seele in einer besonderen Verfassung sind, wenn die Seelenstruktur durchlässig geworden ist, um dem inneren, dem geistigen Menschen einen Weg in die physische Welt zu bahnen, dann muß noch etwas anderes dazukommen, wie aus dem Lebenslauf großer Propheten zu erkennen ist: JOHANSSON war ein ganz »normaler« Mensch, bis er über Nacht zum Seher wurde. SWEDENBORG war bis etwa zur Lebensmitte ein zwar genialer, sonst aber ganz normaler Gelehrter, bis er eines Tages an sich plötzlich paranormale Fähigkeiten entdeckte. In der Folge beschäftigte er sich Jahrzehnte seines Lebens damit; doch einige Wochen vor seinem Tode verloren sich schlagartig alle Psi-Phänomene, SWEDENBORG war darüber todunglücklich. Zu seiner größten Freude stellten sie sich nach einigen Tagen wieder ein. Dieses Etwas, das so überraschend in das Leben eines Menschen eingreifen kann, scheint noch ein großes Geheimnis zu sein. Zwar sprechen die Theologen von Berufung und meinen damit ein persönliches Eingreifen Gottes, daneben bietet sich aber noch eine andere Erklärungsmöglichkeit an. Wie SWEDENBORG gelehrt hat, besteht durchaus die Möglichkeit, daß ein Geist zu einem Menschen Kontakt aufnehmen und ihn führen und geleiten kann.
Doch die Erwähnung eines jenseitigen Geistes wirkt auf den heutigen Menschen wie das bekannte rote Tuch auf den Stier in der Arena, ein Geist paßt nicht in das gerade gültige System, man reagiert darauf unwillig, allergisch. Dabei wird aber übersehen, daß es ausgesprochen moderne Forscher sind, die nicht nur behaupten, daß der Mensch eine Geistseele besitze, die sie auch weitgehend übereinstimmend beschrieben haben.
Medial begabte Menschen wie Muldoon* haben Aufbau und

* Sylvian J. Muldoon und Hereward Carrington: Die Aussendung des Astralkörpers, Verlag Hermann Bauer, Freiburg. 1976.

Funktion der Geist-Seele im Schlaf, im Traum und bei Seelenwanderungen beschrieben. Bei solchen Wanderungen spaltet sich der Seelen- oder, wie er auch genannt wird, der Äther- oder Astralleib vom physischen Körper ab, bleibt aber durch eine »Silber-Kordel« mit dem Leib verbunden. Das Bewußtsein ist dabei normalerweise im Ätherleib, kann sich aber davon noch abspalten. Die Silber-Kordel, anfangs dick wie ein Strick, kann sich bei zunehmender Entfernung der beiden Körper dünn wie ein Zwirnsfaden ausziehen, sie pulsiert und versorgt den ruhenden Körper mit Lebensenergie. Der Astralkörper muß im Schlaf vom Körper abgetrennt, ausgesandt werden, um ähnlich wie eine Antenne neue Energie, Bioenergie einzufangen. Übrigens wird die Silberkordel – der silberne Strick – schon im Alten Testament (Prediger 12/6) erwähnt.
Im Traum kann die Geist-Seele auch große Wanderungen, sogar Fernreisen machen, ohne daß deswegen die Silberkordel reißen würde. Als Antrieb dient das Verlangen, der Wunsch, die Vorstellung, eine emotionale Spannung. Der Astralkörper kann sich dabei wie ein Mensch bewegen, das heißt zu Fuß gehen, er kann auch fliegen wie ein Vogel oder aber den Raum mit der Schnelligkeit eines Gedankens durcheilen.
Diese Aussendung des Astralleibes erfolgt unbewußt jede Nacht im Schlaf, vielleicht teilweise bewußt im Traum. Begnadete Menschen wie Swedenborg konnten solche Reisen bei vollem Bewußtsein erleben und die Berichte über ihre Erfahrungen in der Welt der Geister verdienen größte Beachtung.
Interessant sind auch die Schilderungen von verunglückten Personen, bei denen Wiederbelebungsversuche erfolgreich verlaufen sind. Diese Menschen beschreiben genau, wie sie nach einem Unglück ihren leblosen Körper am Boden hätten liegen sehen; nach Erlangung des Bewußtseins schildern sie oft Einzelheiten ihrer Bergung und Wiederbelebung, die sie »natürlich« gar nicht hätten wissen können.

Im Jahre 1850 reiste der schwedische Erzbischof von Uppsala mit einem Regierungsvertreter und einem Arzt nach Lappland, um dem dort immer noch praktizierten okkulten heidnischen Treiben ein Ende zu bereiten. Eines Tages übernachtete er bei dem angesehenen Lappen Peter Lärdal. Obwohl der Zweck der Reise streng geheimgehalten wurde, erklärte Lärdal, er kenne den Zweck der Reise und er sei bereit, eine Probe seines Könnens zu geben. Der Bischof stellte die Aufgabe, Lärdal möge sich im Astralleib in die Wohnung des Erzbischofs von Uppsala begeben und dann darüber berichten.

Um es kurz zu machen: Lärdal beschrieb nicht nur die Wohnung bis in Einzelheiten, er konnte auch die Tätigkeit der anwesenden Personen angeben und sagte, als Beweis, daß er wirklich dort gewesen sei, habe er den Ring der Frau Bischof versteckt. Nun, es hatte sich alles genauso zugetragen, es war aber ein fremder Lappe, der einmal kurz gesehen worden war, in Verdacht geraten, den Ring gestohlen zu haben. Der Ring fand sich in dem angegebenen Versteck.*

Gar mancher würde sich gerne mit der geistigen Welt beschäftigen, kann aber keinen rationalen Zugang zu ihr finden; die Begriffe und Darstellungen sind zu verwirrend, ja widersprüchlich. Die einen reden von Spuk- und Poltergeistern, andere von Karma und Reinkarnation, wieder andere von Besessenheit und Exorzismus oder von den armen Seelen, die auf menschliche Hilfe warten. Was ist von Zauberei – schwarzer und weißer Magie – und Hexen zu halten? Alle diese Begriffe hängen mit dem Weiterleben der Geistseelen zusammen. So verschieden die einzelnen Aspekte auch sein mögen, es sind dies alles nur mögliche Variationen der sehr unterschiedlichen Lebensbedingungen der Geistseelen im Jenseits. Wer glaubt, dort gebe es nur Himmel und Hölle, argumentiert ähnlich wie einer, für den

* Aus Werner Keller, Was gestern noch als Wunder galt. Seite 336.

es nur Heilige und Verbrecher gibt ohne sublime Zwischendimension. Für die Mentalität der Durchschnittsmenschen, also der Mehrheit, ist diese Klassifizierung jedoch nicht zu gebrauchen. Das meinte wohl auch Christus, wenn er sagte: »In meines Vaters Haus sind viele Wohnungen!« (Joh. 14.2).

Im Prinzip ist der Tod nichts anderes als eine zeitlich unbegrenzte Astralreise, allerdings eine Reise ohne Wiederkehr, denn die Silberkordel ist gerissen.

Während im Christentum die Vorstellung von ewiger Glückseligkeit oder ewiger Verdammnis herrscht, ist in fernöstlichen Kulturen der Gedanke an eine ständige Reinkarnation auf Grund eines abzutragenden Karmas übermächtig. Hier tragen Botschaften aus dem Jenseits zur Klärung der anstehenden Fragen bei, wie sie etwa von Frederic Myers* übermittelt wurden. Myers war Philologe, bis zu seinem Tode 1901 als Gründungsmitglied und zeitweise Vorsitzender der Britischen Gesellschaft für Parapsychologie an diesen Fragen brennend interessiert. Gleichwohl hat er nicht sofort, sondern erst nach einer gründlichen Einarbeitungszeit von 20 Jahren begonnen, über Medien seine neuen Erkenntnisse aus dem Jenseits mitzuteilen.

Während Swedenborg die sieben Stufen der geistigen Ebene vom religiösen Standpunkt aus betrachtet, schildert Myers mehr den psychologisch-wissenschaftlichen Aspekt. Nach Myers ist das Ziel der Evolution nicht die Erschaffung materieller Formen, diese dienen vielmehr lediglich dazu, geistigen Wesen zu Bewußtheit zu verhelfen. Das Ziel der Evolution ist Bewußtseinsbildung, Bewußtseinserweiterung bis hin zum kosmischen Bewußtsein. Auch andere Forscher sprechen davon, daß die Menschheit jetzt an einem Punkt angelangt ist, der es ihr ermöglicht, selbständig und aktiv an weiterer Bewußtseinserweiterung mitzuwirken.

* Nach Arthur Ford, Bericht vom Leben nach dem Tode, Scherz-Verlag, Bern München Wien.

Die Stufe eins beginnt nicht bei Null, sie fügt den bisherigen Lebenserfahrungen lediglich das Sterbeerlebnis hinzu. Lediglich für einen winzigen Bruchteil der Menschheit, wie zum Beispiel die Gruppe der Selbstmörder, stellt bereits Stufe eins ein schwer zu nehmendes Hindernis dar. Diese Menschen wähnen sich noch am Leben und versuchen immer wieder, natürlich vergebens, sich das Leben zu nehmen.
Die Stufe zwei nennt Myers die Zwischenstation oder Hades. Es ist eine Rückerinnerung, eine Reise in die Vergangenheit, das ganze verflossene Leben erscheint noch einmal vor dem geistigen Auge. Eine schwer überwindbare Barriere stellt diese Stufe für Menschen dar, die von ihren Lastern, Begierden und Süchten beherrscht werden, die sie nicht ablegen können oder auch für Menschen, die in ihrem Leben einen schweren Fehler gemacht haben, der sie auch im Grabe nicht zur Ruhe kommen läßt, den sie aber gerne wieder rückgängig gemacht hätten. Dieses Kleben an der Vergangenheit ist das Kennzeichen der meisten Spuk- und Poltergeister, die sich nicht von der irdischen Welt lösen wollen oder können.
Die Stufe drei nannte Myers das Lotosblütenparadies, allerdings nur während er sich darin aufhielt, später sprach er nur noch von der Stufe der Illusionen. In ihr kann sich der Mensch kraft seiner Imagination seine Umwelt, ja sogar seinen Körper selber schaffen. Auf dieser Stufe bemerkt man den Unterschied zwischen irdischem und geistigem Leben sofort, das irdische erscheint durchsichtig, in die Ferne gerückt, fremdartig. Erst auf dieser Erkenntnisstufe ist es möglich, Freunde und Angehörige zu sehen, mit ihnen Kontakt aufzunehmen, sich von ihnen beraten zu lassen, sich in die ganz anderen Lebensbedingungen des Jenseits einführen zu lassen. Sehr oft erscheint auch ein gütiges, verstehendes Lichtwesen, das Wärme und Geborgenheit ausstrahlt.
Es kann keinem Zweifel unterliegen, daß mit der Erreichung

der Stufe drei für die Geistseele eine der wichtigsten Hürden genommen wird. Die ersten beiden Stufen sind noch sehr erdnah, dunkel, erst die dritte Stufe wird licht, sie eröffnet »den Himmel«. In letzter Zeit haben Forscher über die Erlebnisse klinisch bereits toter, aber mit Erfolg reanimierter Personen berichtet. Darin wird fast ausschließlich über die Stufe drei berichtet, wenn es auch manchmal den Anschein hat, als würde ein Lichtwesen aus der dritten Stufe den Aufnahmekandidaten einige Lektionen der zweiten Stufe wiederholen lassen. Offensichtlich wird der Tatbestand, gestorben zu sein, erst in der dritten Stufe dem Menschen voll und in ganzer Tragweite bewußt. Nach Myers ist die materielle Welt zwischen Stufe zwei und drei zu denken, so daß eine Rückkehr zur Erde, etwa als Besessenheit aus Stufe zwei einen Fortschritt, eine Bewußtseinserweiterung darstellen würde. Andererseits wäre aber eine Rückkehr aus der Stufe der Illusionen, also auch eine Reinkarnation kein Fortschritt, sondern eine Wiederholung, man könnte sagen, der Schüler hat sein Klassenziel nicht erreicht.

Unsere Erkenntnisse über das Jenseits stammen größtenteils aus der Stufe drei. Ihre Bewohner sind nicht so ausschließlich mit sich selber beschäftigt wie die der unteren Stufen, auch nicht so himmelweit von der Erde entfernt wie die höheren Stufen. Über sie kann man die unterschiedlichsten und teilweise widersprüchlichsten Ansichten und Urteile finden, das ist aber wegen der Bandbreite ihres Spektrums nicht verwunderlich. Dieses umfaßt, von Schwerverbrechern und Heiligen einmal abgesehen, alle Höhen und Tiefen des menschlichen Lebens. Der Aufenthalt auf dieser Stufe scheint begrenzt zu sein, eines Tages kommt die Stunde der Entscheidung: Bei entsprechender Eignung kommt ein Aufrücken in die nächsthöhere Stufe, oder aber eine Wiederholung des Erdenlebens in Frage.

Stufe vier wird die Region der Farbe, die Welt des Eidos genannt, Myers nennt sie auch die Phase der Zerstörung des alten

Weltbildes. Hier müssen alle starren, intellektuellen Strukturen und Dogmen, gleich ob wissenschaftlich, philosophisch oder religiös abgebaut und verlassen werden. Dafür treten neue Farben, Gefühle und Strahlen von einer kaum zu beschreibenden überirdischen Schönheit und Intensität auf, die die Diesseitsdimension und ihr Farbenspektrum nicht kennt.

Auf dieser Stufe ist alles energiereicher, intensiver, der Körper ist feiner, mit neuen Sinnesorganen ausgestattet. Diesen neuen Körper kann man nicht langsam erwerben, es muß vielmehr, ähnlich wie beim irdischen Tod, erst der alte Leib abgelegt werden, dann kann ein neuer, feinerer Körper zum Tragen kommen. Die Seele muß sich wieder langsam in die neue Bewußtseinssphäre einleben, muß sie bewältigen. Das Bewußtsein ist auf dieser Stufe kontinuierlich, es bedarf keines Schlafes mehr. Dagegen gibt es aber noch Haß, Feindschaft und Zorn. Eine feindliche Mentalität kann den aus Farben und Licht bestehenden Körper mit einem Gedankenstoß verletzen, daher muß man lernen, Schutzstrahlen auszusenden.

Myers selbst war bis zur Abfassung seiner Berichte lediglich bis zur Stufe vier vorgedrungen, er gibt zu, daß er die höheren Stufen nur vom Hörensagen her kennt.

Auf Stufe fünf, der Region der Flamme, wo dank intensiver Erfahrung von tiefster Verzweiflung und höchster Verzückung die letzten Reste der kleinlichen Emotionen und Feindseligkeiten abgestreift und zurückgelassen sind, kann der Flammenkörper unbeschädigt interstellare Reisen unternehmen, in kosmische Bereiche vorstoßen.

Die Stufe sechs ist die Region des Lichtes oder der reinen Vernunft. In ihr können die Seelen ohne Form leben, als weißes Licht in dem reinen Gedanken ihres Schöpfers. Sie haben das endgültige Ziel der Bewußtseinsevolution erreicht.

Die Stufe sieben, die Phase der Zeitlosigkeit reicht an das Wesen Gottes heran. Doch Myers verzichtet, wie auch Swedenborg darauf, diese Stufe näher zu erklären. Er meint, man würde sich in der Lage befinden, als müßte man einem Säugling die Funktion der innersekretorischen Drüsen erläutern. Dem Menschen fehlen die für das Verständnis erforderlichen Sinnesorgane und Kapazitäten.

Bei den Stufen eins, zwei und drei mag es sich um gewöhnliches Wachstum handeln, bei anderen Stufen soll der Wechsel ähnlich wie der Übergang von der irdischen zur geistigen Ebene mit Tod und Geburt verbunden sein. Wichtig bleibt festzuhalten, daß verschiedene Stufen wenigstens soweit voneinander getrennt sind, daß eine Kommunikation, ein Einblick von einer niederen in eine höhere Stufe nicht so ohne weiteres möglich ist.

Der Geist, der von der Seele nicht behindert wird, ist weder an Zeit noch Raum gebunden, er kann sich mit der Schnelligkeit eines Gedankens fortbewegen. Er kann bei anderen Geistern durch einfachen Gedankenaustausch alle gewünschten Informationen einholen, ohne durch Fremdsprachen behindert zu sein. Diese Fähigkeit, die bei medial veranlagten Menschen schon im Diesseits als Telepathie bekannt ist, ist im Jenseits die normale Art der Verständigung. Dieses Übermitteln von Gedanken und Ideen ist unserer Sprache haushoch überlegen, es lassen sich damit sehr komplexe Sachverhalte relativ einfach weitergeben. Daß dies funktioniert, kann an der englischen Hausfrau Rosmarie Brown beobachtet werden. Aus unerfindlichen Gründen ist sie, die kein Musikstudium genossen hat, ein besonders gutes Medium für Musik und Kompositionen. Die bedeutendsten Musiker der letzten Zeit haben durch sie der Welt neue Kompositionen vermittelt. Beethovens »Unvollendete« wurde vollendet u. a. m. Andere Medien haben künstlerische, wissenschaftliche oder literarische Werke aus dem Jenseits empfangen, sogar Ärzte haben aus dem Jenseits mit Hilfe eines Mediums Operationen ausgeführt. Bekannt geworden ist der

Heiler Ze' Arigo', der ohne die geringsten medizinischen Vorkenntnisse als erste Operation einen Lungentumor entfernte. Er vollendete die Operation in einigen Minuten und benützte außer einem Rasiermesser keinerlei Instrumente. Alle seine Operationen wurden fachärztlich nachuntersucht und als gelungen bezeichnet. Bei vielen Operationen durch Geistheiler bleiben hinterher keinerlei Narben zurück, ganz gleich ob die Operation mit einem Messer, sehr oft einem gewöhnlichen Küchenmesser, oder gar mit bloßen Händen vorgenommen wurde. Dies ist wohl ein Hinweis darauf, daß diese Operationen primär gar nicht am physischen Körper stattfinden.

Nachdenklich stimmen sollte auch der Fall des Dr. med. Karl Nowotny, der bis zu seinem Tode 1965 in Wien eine Nervenheilanstalt leitete. Er bildete ein Schreibmedium aus, um ihr aus dem Jenseits neue wissenschaftliche Erkenntnisse diktieren zu können. Er fordert darin Psychologen und Parapsychologen auf, neue Wege zu gehen, die Psychiatrie neu zu überdenken, insbesondere die Besessenheit als eine heilbare Krankheit anzuerkennen. Hat er das Gefühl, in seinem Leben etwas Wichtiges versäumt, übersehen zu haben?*

In der materiellen Welt herrschen die Gesetze der Kausalität und des blinden Zufalls. In der unbelebten Natur mögen sie vornehmlich am Werke sein. Sie haben ihre Gültigkeit auch in der belebten Natur, doch hier werden sie nach den Lebensgesetzen gelenkt. Man kann sich das ähnlich wie in einem Computer vorstellen: Selbstverständlich funktioniert er nach den Gesetzen der Physik, der Mechanik und der Elektrizität, das schließt aber nicht aus, daß er auch der vorgegebenen Programmierung gehorcht, man könnte sagen, die Programmierung bedient sich lediglich vorgegebener physikalischer Gesetze. Es ist sicher richtig, daß die Evolution nach den bekannten Naturge-

* ausführlich beschrieben in: Wir werden leben, auch wenn wir sterben, Ernst Häckel, Turm-Verlag Bietigheim – 1978

setzen sich entwickeln konnte, ja mußte. Nur waren dabei die Gesetze der Materie, der vierten Dimension, des blinden Zufalls, denen einer höheren Ordnung untergeordnet.

Es gab einmal Kinderärzte, die konnten nicht verstehen, daß die Kinder einer Mutter, die nicht einmal die Mindestanforderungen der Hygiene erfüllen konnte, immer noch besser gediehen als die Kinder eines Kinderheimes, das nach den modernsten Gesichtspunkten der Hygiene geführt wurde. Sie hatten gelernt, der Mensch reagiere nach chemisch-physikalischen Gesetzen, sie verstanden nicht, daß das wichtigste Element der Kindererziehung die Liebe ist. Selbstverständlich reagiert der Körper nach den Gesetzen der materiellen Ebene, aber nur, wenn dem keine Gesetze einer höheren Ebene im Wege stehen. Solange der Mensch Leben in sich hat, reagiert er nach den Gesetzen dieser höheren Dimension. Erst wenn sich die Geistseele aus dem Menschen entfernt, also bei seinem Tod gehört der Körper allein der materiellen Ebene an und unterliegt den Gesetzen dieser Dimension: Der Leichnam verwest und zerfällt nach chemisch-physikalischen Gesetzen, er geht wieder in das Chaos zurück, aus dem er durch die Einwirkung einer höheren Dimension geholt wurde.

Unsere Naturwissenschaften haben einen ungeheuren Aufschwung genommen, demgegenüber führen die Geisteswissenschaften ein bescheidenes Aschenputteldasein. Der Grund dieser auseinanderlaufenden Entwicklung liegt auf der Hand: Die Naturwissenschaften haben eine gesunde Basis, sie gründen ihre Forschungen auf die Beobachtung der Natur mit den fünf Sinnen. Die unzähligen Instrumente und Apparate dienen lediglich dazu, die Wahrnehmung der Sinnesorgane zu verstärken und zu erweitern. Wenn man in der Vergangenheit versucht hat, als Grundlage der Geisteswissenschaften den Verstand, Intelligenz und Logik herzunehmen, so war das falsch, die Geisteswissenschaften verkümmerten dabei. Dabei existiert für die

Geisteswissenschaften ein eigenes Erkenntnis- und Erfahrungssystem und zwar das der ASW.

In den zwanziger Jahren dieses Jahrhunderts machte der Fall Mirabelli von sich reden. Dieses männliche Medium konnte nicht nur erstaunliche Materialisationen hervorbringen, sondern auch schriftliche Geisterkundgebungen. Viele Seiten lange Schreiben in 28 Sprachen wurden durch die Hand dieses Mannes zu Papier gebracht mit einer alle Schnellschreiber in Erstaunen setzenden Geschwindigkeit. Darunter waren Sprachen, deren Schriftzeichen sämtlichen Anwesenden völlig unbekannt waren. Man mußte nach Sprachforschern und Sprachwissenschaftlern suchen, um feststellen und sich belehren zu lassen, daß es sinnvolle und kenntnisreiche Abhandlungen in arabischer, koptischer, syrischer usw. Schrift und Sprache waren, – und das geschrieben im Schlafzustand von einem Manne in Südamerika, der bestenfalls in zwei bis drei Sprachen der dortigen Länder leidlich zu Hause war. Von der Psychiatrie wird als Erklärung für diesen Fall das Bild von der »Spaltung der Persönlichkeit« angeboten. Man soll sich vorstellen, daß im »Steigrohr des Unbewußten« gelegentlich verschiedene Personifikationen hervortreten könnten. Doch mit derartigen Erklärungen ist die Frage nicht beantwortet, wie wissenschaftliche Kenntnisse abgespalten werden können, wenn sie in der Gesamtpersönlichkeit überhaupt nicht vorhanden sind. Sicher kann man sagen, Mirabelli hatte telepathische Fähigkeiten, er konnte sich das Wissen aus dem Bewußtsein von Gelehrten aneignen. Solch ein Gedankenlesen, eine derartige Kommunikation ist in der geistigen Welt ohne weiteres möglich. Damit gibt man aber ungewollt die Existenz einer geistigen Welt zu, die man ja gerade ableugnen will. Läßt man alle Vorurteile beiseite, ergibt sich ein einfacher Tatbestand: Mirabelli's Geist war nicht gespalten, er war nicht schizophren, er war ein Medium. Ein Medium aber ist ein »Sprachrohr des Geistigen«, ein Kommunikationsmittel, eine Brücke zur Welt der Geister, der Welt einer anderen Dimension.

Am 1. 7. 1976 verstarb in Klingenberg die Studentin Anneliese Michel. Sie soll vom Teufel besessen gewesen sein und sie starb an den Folgen des Exorzismus oder besser gesagt, sie verstarb, da der Exorzismus sich als wirkungslos erwies. Nach dem Urteil des Gerichtes, das über den Fall zu entscheiden hatte, und nach der Meinung der Sachverständigen gibt es aber weder Besessene noch Teufel, also ist Exorzismus entweder barer Unsinn oder glatter Betrug.

Christus aber hat Besessene geheilt und noch zur Zeit der Frühkirche hat der römische Kirchenhistoriker Tertullian die Heiden in aller Form zu einem Wettstreit im Dämonenaustreiben aufgefordert. In Naturreligionen wurden und werden Teufelaustreibungen auch heute noch ausgeübt. Am 5. 11. 78 wurde im ZDF der Film gezeigt: »Umgang mit Geistern«. Es wurde demonstriert, wie derzeit in Brasilien im Institut für Medizin und Spiritismus unter Aufsicht von Psychiatern Besessene nach der Methode von Dr. Wickland geheilt werden.*

Die Psychiatrie verhält sich hierzulande der Geistertheorie gegenüber noch sehr abwartend, aber kein geringerer als William James schrieb in Proceedings S. P. R.: »daß die Geistertheorie wieder zur Geltung kommen wird, ist meiner Meinung nach unbedingt sicher. Man muß in der Tat Wissenschaftler werden, um blind und unwissend genug zu sein, solche Möglichkeit nicht zu sehen!«

Nicht nur für Laien stellen sich viele Geisteskrankheiten so dar, als würden sie tatsächlich von Geistern verursacht. Doch die Mehrzahl der Wissenschaftler lehnt diese Unterstellung mit dem Hinweis ab, die Seelenforschung hätte in der Seele keine fremden Geister nachweisen können, was sicher zutreffend ist.

* Ausführliche Darstellung heute geübter Praktiken in Rudolf Passian, Abenteuer PSI, Schroeder-Verlag 1978.

Doch dann wird daraus gefolgert, daß die Geistertheorie deshalb falsch sein müsse. Diese Schlußfolgerung ist aber genau so falsch wie folgende: Da der Anatom im menschlichen Leib keine Seele gefunden hat, kann der Mensch keine Seele besitzen. Hier werden verschiedene Dimensionen durcheinandergeworfen. So wenig wie der Anatom die Existenz einer Seele beweisen kann, genausowenig kann die Seelenkunde die Existenz eines Geistes beweisen. Geist und Seele liegen auf verschiedenen Ebenen. Da sich Seelenkunde und Geisterkunde aber nicht gegenseitig widerlegen, könnten sie sich aber sicher zum Wohle aller, besonders der Kranken, ergänzen.
Die Psychiatrie, die derzeit noch glaubt, Geisteskrankheiten als psychische Erkrankungen abtun zu können, wird in der Zukunft in die Lage versetzt werden, diese Krankheiten nicht nur symptomatisch, sondern ätiologisch behandeln zu können. Zwar ist zur Diagnose und Behandlung dieser Erkrankungen mediale Begabung eine unabdingbare Voraussetzung, doch kann sich der Therapeut dazu der Mithilfe eines Mediums bedienen, wie das Dr. Wickland gezeigt hat, der sich seiner Frau als Medium bedienen konnte. Wie die Erfahrungen in Brasilien zeigen, stellen sich die von Besessenheit Geheilten gerne freiwillig als Medium zur Verfügung, um auch anderen Kranken die Heilung zu ermöglichen.
Dr. Wickland hat sich auch gegen die Todesstrafe ausgesprochen. Er sagt: »Wenn die Menschen gehängt werden, so haben sie ihr Herz voller Haß und Rachegelüste; und sie haben nichts anderes im Sinn als töten, töten, töten! ... Im Herzen nichts als Haß, streben sie ins Erdenleben zurück und richten weiter Unheil an. Sie beeinflussen Menschen, und dann kommt es zu Besessenheit.« Man geht sicher nicht fehl, wenn man diese Aussage auch auf die Verhältnisse bei Terroristen bezieht. Der Unterschied zwischen normaler geistiger Kommunikation und Besessenheit besteht in der Verletzung der Freiwilligkeit: Wäh-

rend man den gewöhnlichen Gedankenaustausch und die Medialität als eine Symbiose zum gegenseitigen Nutzen bezeichnen könnte, ist Besessenheit als geistiges Schmarotzertum anzuprangern.
Mediale Fähigkeiten sind im Pflanzen- und Tierreich, aber auch noch beim Menschen im Kindesalter wesentlich besser und stärker ausgebildet als beim Erwachsenen. Bekannt geworden ist der Hund Swedenborgs, der jeden Geist – bei Swedenborg eine alltägliche Erscheinung – mit Knurren und gesträubtem Fell meldete. Erinnert sei auch an die langsam in Vergessenheit geratenen Fuhrmannsgeschichten, die berichten, daß Pferde den Ort eines Verbrechens durch ihr störrisches Verhalten anzeigten. Doch es blieb Menschen mit hoher Intelligenz, Wissenschaftlern vorbehalten, die geistige Welt, die sie nicht, oder nicht mehr sehen können, einfach für nicht existent zu erklären. Es handelt sich hier zweifellos um geistige Verblendung, um Instinktlosigkeit, selbst wenn damit heute noch der Sieg der menschlichen Intelligenz über den Aberglauben gezeigt werden sollte.

Das neue Weltbild

Der Glaube an ein Weiterleben nach dem Tode läßt sich bereits aus vielen Bestattungsritualen wie den Höckergräbern und Grabbeigaben in der Frühgeschichte der Menschheit nachweisen. Dieser Glaube ist weltweit bis heute erhalten geblieben, ihm liegt ein Weltbild zugrunde, das in schriftlichen Zeugnissen über Jahrtausende zurückverfolgt werden kann. Bereits in den Tibetanischen Totenbüchern, den Veden, im alten Ägypten und Griechenland waren nicht nur die Existenz einer Seele, sondern ziemlich genaue Vorstellungen über die Bedingungen ihres Weiterlebens bekannt.

Wohl bis in die Neuzeit glaubte die Menschheit in ihrer Gesamtheit noch an Himmel und Hölle, an einen oder viele Götter, an Teufel, Dämonen und Hexen; die Menschen waren überzeugt, daß ein Gebet nützlich und ein Fluch verderblich sein könne. Es blieb dem Materialismus vorbehalten zu entdekken, daß der Kosmos im Urknall entstanden, das Leben sich in der Ursuppe von selbst gebildet habe und die Evolution die Folge der Naturgesetze sei, nach denen immer besser angepaßte Lebewesen im Kampf ums Dasein überleben. Jetzt hatten Spuk- und Poltergeister, Dämonen und Hexen ihre Heimat lediglich in der Psyche, im Hirn des Menschen. Wenn mit dem physischen Tod das Gehirn seine Tätigkeit einstellen muß, ist nicht nur das Leben wie ein Traum verflogen, es haben auch alle Gedanken und Emotionen, Dämonen und Geister aufgehört zu existieren.

Auf dem IMAGO MUNDI Kongreß 1978 in Innsbruck diskutierten führende Parapsychologen über die Fragen, ob es ein Weiterleben nach dem Tode gebe, und wie sich eine ernsthafte Wissenschaft zu solch spekulativen Unterstellungen zu verhalten habe. Die Antwort wahr sehr lehrreich, wenn auch für viele enttäuschend. Vom Altmeister Tenhaeff bis zu Prof. Bender waren die Parapsychologen zwar rein privat der Meinung, daß sehr viel für ein Weiterleben spreche, sie wären durchaus bereit, eine solche These anzunehmen, aber keiner der Redner vergaß sofort anzufügen, daß der letzte wissenschaftliche Beweis für eine solche Annahme erst noch zu erbringen wäre.

Auf dem gleichen Kongreß sprach auch der Mathematiker Günther Emde über »Grundlagen einer transzendenzoffenen Theorie paranormaler Vorgänge«. Er führte aus, daß das derzeit vorherrschende transzendenzverschlossene Verhalten der Wissenschaft fortschritthemmend und unwissenschaftlich wäre, vielleicht vergleichbar mit einem Dogma. Er empfahl als Grundlage ein neues Deutungsmodell der Wirklichkeit, die

Theorie des Physikers Burkhard Heim, der zur Beschreibung der physikalischen Vorgänge eine sechsdimensionale Welt aus drei räumlichen (reellen) und drei zeitartigen (imaginären) Dimensionen annimmt. Die bisherige Struktur einer vierdimensionalen Raum-Zeit-Welt wird eingebettet in eine »Überwelt« mit zwei zusätzlichen zeitartigen Dimensionen. Während jedoch Einsteins Relativitätstheorie die Raum-Zeit-Struktur-Evolution als Konsequenz der im Raum vorhandenen Materie interpretiert, gibt es bei Heim ein von der Materie unabhängiges steuerndes, schöpferisches (»entelechales« bzw. »äonisches«) Prinzip in den Koordinaten der fünften und sechsten Dimension. Der Ursprung aller materiellen Erscheinungsformen und energetischen Prozesse geht nach Heim auf diese übergeordnete mathematisch definierbare Gesamtheit zurück. Der Tod kann als Ablösung eines »Parabestandteiles« vom physischen Körper verstanden werden, der dann in einer bisher verborgenen parallelen Weltschicht weiterexistieren kann. Da die zusätzlichen Dimensionen aus physikalischen Gründen quantisiert sein müssen, ergibt sich, daß die verborgenen Weltschichten diskret voneinander und von der unsrigen getrennt sind.

Nach dieser Theorie sind Psi-Phänomene wie Ent- und Re-Materialisation, Versetzungen in Zeit und Raum, aber auch Telepathie und Hellsehen, der Blick über Zeit und Raum hinweg ohne weiteres erklärbar. Damit rücken aber nunmehr auch halbmaterielle Erscheinungen wie die Bilokation, Geistererscheinungen, Ufos und deren Lichterscheinungen plötzlich in den Bereich der Naturwissenschaften. Damit könnte die Parapsychologie endlich den solange von ihr geforderten wissenschaftlichen Beweis erbringen, wenn auch in einer höheren Dimension.

Es darf daran erinnert werden, daß schon Swedenborg von einer materiellen, einer geistigen und göttlichen Ebene gespro-

chen hat. Es ist sicher, daß sich die ersten vier Dimensionen mit der materiellen Ebene decken, ebenso sicher gehört die fünfte Dimension der geistigen Ebene an (Astralebene). Es kann vorerst noch offen bleiben, ob die sechste Dimension als die göttliche Ebene anzusprechen, oder ob sie noch der geistigen Ebene (Kausalebene) zuzurechnen ist. Dann wäre evtl. die göttliche Ebene als weitere Dimension noch darüber zu denken, naturwissenschaftlich entweder vorerst oder überhaupt nicht faßbar. Sicher läßt sich Gott nicht in mathematische Formeln pressen.
Der Naturwissenschaftler mag Geist als Verstand, Intelligenz und Esprit verstehen und in gutem Glauben annehmen, Geisteswissenschaften seien so etwas wie eine Unterabteilung der Naturwissenschaften. Doch das ist ein Irrtum. Geist wird in diesem Buche nicht als Ratio, sondern als Spiritus, als der unsterbliche Anteil der Geistseele, als der »innere Mensch« Swedenborgs, als der göttliche Funke im Menschen verstanden. Geister sind Geistseelen, besonders wenn sie sich als Spukgeister in der materiellen Welt bemerkbar machen, sie stammen aus der geistigen Welt, also aus der Welt der Geister. So sind auch Geisteswissenschaften nicht Wissenschaften, die sich Intelligenz und Logik ausgedacht haben, sondern Wissenschaften, die vom menschlichen Geist, von der Welt des Geistes und der Geister oder auch vom Großen Geist, von Gott handeln. Wenn Swedenborg von einer materiellen, einer geistigen und göttlichen Ebene spricht, entspricht das dem Körper, der Seele und dem Geiste des Menschen. Dieser Brauch, beim Menschen eine andere Schicht als in der übrigen Natur als Geist zu bezeichnen, führt immer wieder zu Mißverständnissen und sollte geändert werden. So muß man sich ständig vor Augen halten, ob in einem speziellen Fall mit dem Ausdruck Geist nun die mittlere oder die obere Ebene beschrieben werden soll.
Das Verständnis für das Neue Weltbild steht und fällt mit dem Verständnis für die verschiedenen Stufen, Dimensionen und

Ebenen. Wie angedeutet, wollen unsere Parapsychologen solange ein Weiterleben nach dem Tode nicht anerkennen, als dafür der wissenschaftliche Beweis nicht erbracht ist.

Nun ist das Weltbild unserer Wissenschaftler vorerst aber lediglich vierdimensional angelegt. Das Weiterleben nach dem Tode ist aber ähnlich wie Psi-Phänomene ein geistiges Phänomen, es stammt aus der geistigen Ebene. Es sollte einsehbar sein, daß zwar die niedere in die höhere Ebene eingeordnet werden kann, nicht aber umgekehrt. Psi-Phänomene können nur in der gleichen oder einer höheren Ebene »bewiesen« werden. Geistige Einsichten können aber überhaupt nicht bewiesen werden, sie müssen erfahren werden, dann kann sogar aus einem Saulus ein Paulus werden.

Früher kannte man nur die sichtbaren Lichtstrahlen und die hörbaren Schallwellen. Inzwischen hat sich herausgestellt, daß die von den Sinnesorganen wahrnehmbaren Strahlen und Wellen nur einen winzigen Ausschnitt einer breit gefächerten Strahlen-Wellen-Palette darstellen. Früher konnte man die angebliche Aurasichtigkeit mancher Menschen belächeln, da diese Aura so beschrieben wurde, wie sie sich ein sich vernünftig dünkender Zeitgenosse nicht vorstellen und deshalb auch nicht glauben konnte: Die Aura ist hell strahlend, sie überragt den Menschen weit, hat zwar bestimmte Formen und Farben, doch Form und Farbe wechseln je nach Gedanken und Emotion beträchtlich. Inzwischen kann man die Aura nicht nur fotografieren, sie wurde sogar schon im Fernsehen gezeigt. Klagte früher ein Beinamputierter über Schmerzen in den Zehen, so konnte man darüber lächeln. Heute gelingt es mit der Kirlianfotografie, die anatomischen Einzelheiten eines ganzen Blattes zu zeigen, selbst wenn ein Teil davon amputiert und entfernt wurde. Früher konnte man über den von Akupunkteuren behaupteten Energiekreislauf lächeln, heute wird er gemessen; man konnte über den Glauben lächeln, von einem Geistheiler gingen unsichtbare Kräfte auf den Patienten über, heute kann die von einem Geistheiler abstrahlende Energie nachweisbar mit der eines nicht medial veranlagten Menschen verglichen werden.

Unser derzeit noch herrschendes, naturwissenschaftliches, vierdimensionales Weltbild, das einmal die Grundlage für den Materialismus, den Atheismus und Nihilismus abgegeben hat, wird heute auch von ernsthaften Naturwissenschaftlern als zu eng angelegt, als überholt angesehen. Der Geist, der aus den geheiligten Räumen des Intellektes verbannt worden war, hat sich unbemerkt sozusagen über die Hintertreppe wieder eingeschlichen, er wird wieder gesellschaftsfähig. Heute herrscht im wissenschaftlichen Bereich ein Zustand, wie er gelegentlich in der Politik angetroffen werden kann. Das Volk ist mit dem System nicht mehr zufrieden, im Untergrund hat sich bereits eine Gegenregierung gebildet. Doch während in der Politik diese Vorgänge streng geheim gehalten werden, werden sie in der Wissenschaft als Außenseitermethoden lediglich der Lächerlichkeit preisgegeben. So ist die Zeitenwende nichts anderes, als eine Revolution, die Übernahme der Macht durch die bisher Unterdrückten.

Das neue Weltbild ist aber gar nicht so neu, es ist eigentlich uralt; es ist eine Rückkehr, eine Rückbesinnung auf einen Zustand, wie er in der Frühgeschichte der Menschheit bereits einmal bestanden hat. Was allerdings damals der Mensch rein gefühlsmäßig erahnte, soll nunmehr wissenschaftlich untermauert werden. So gesehen waren Materialismus und Rationalismus ein Irrweg, eine Sackgasse, die wieder aufgegeben, verlassen werden muß.

Gelegentlich wird die Befürchtung geäußert, das neue Weltbild könne sich gegen das herkömmliche deswegen nicht durchsetzen, da es zu vage, verschwommen und spekulativ sei. Solche Einwendungen sind natürlich nicht ganz aus der Luft gegriffen.

Es ist aber zu bedenken, daß das alte Weltbild gar nicht tangiert wird und neue Dimensionen nur erschlossen werden können, wenn man auch bereit ist, den Fuß probeweise auf schwankenden Boden zu setzen. Dies kann am Beispiel der *Medizin* näher erläutert werden. Die Schulmedizin, streng naturwissenschaftlich eingestellt, bekämpft den Krebs, sobald er groß genug ist, um erkannt werden zu können. Nun hat bereits im Jahre 1932 Gustav Freiherr von Pohl in seinem Buch: »Erdstrahlen als Krankheits- und Krebserreger« (Fortschritt für alle-Verlag, Neuauflage 1978) nachgewiesen, daß nicht nur Krebs, sondern viele Krankheiten entstehen oder sich verschlimmern, wenn die Schlafstelle über einer Wasserader (geopathische Reizzone) steht. Seine Forschungsergebnisse wurden in der Zwischenzeit nie widerlegt, aber vielfach bestätigt. Es kann als sicher angenommen werden, daß, wenn es der Schulmedizin schon damals möglich gewesen wäre, die Erkenntnisse der Radiästhesie zu übernehmen, Krebs, Rheuma und viele andere Erkrankungen heute nur noch selten anzutreffen wären.
Die meisten Außenseitermethoden der Medizin, insbesondere auch Akupunktur und Chiropraktik haben als Grundlage ASW und/oder mediale Begabung. Man spricht von intuitiver Erfassung, starker persönlicher Ausstrahlung, Aurasichtigkeit und heilenden Händen. Zwar gehört zum wahren Arzttum Wissen und Können, doch ist wahre Heilkunst viel eher eine Kunst denn eine Wissenschaft. Manche Menschen glauben, in der Frühzeit der Menschheit müßten katastrophale hygienische Zustände geherrscht haben, da den Menschen damals das notwendige Wissen gefehlt hätte. Wahrscheinlich war es aber so, daß damals paradiesische Zustände bestanden, die Katastrophen sich erst einstellten, als der Mensch sich von der Natur abwandte. Echte Ärzte, Heilkünstler mag es damals mehr als heute gegeben haben, da der heutige Mensch nur Verstand und Intelligenz, nicht aber natürliche Begabung sucht und fördert.

Erst nach der Zeitenwende dürfte es möglich sein, die Außenseitermethoden in der Medizin zu integrieren, erst dann dürfte es der Schulmedizin gelingen, ihr Weltbild so zu erweitern, daß es den tatsächlichen Bedürfnissen des Menschen gerecht wird. Dann könnte auch der Typ eines neuen Hausarztes sich herausbilden, der sich nicht als Mini-Kliniker versteht, der nicht abwartet, bis Krankheiten entstanden sind, sondern der Krankheiten erst gar nicht entstehen läßt. Zur unumgänglichen Ausstattung dieses Arzttypes würde dann eine gewisse mediale Begabung gehören. Er müßte mit Rute und Pendel umgehen können, ist es doch viel zu wenig bekannt, wie gesundheitsschädigend das Leben in Stahlbetonhochhäusern sein kann. Auch die Nähe von elektrischen Apparaten wie Fernseher, ja sogar Metall- oder Quarzgegenstände können für die Gesundheit schwere Gefahren heraufbeschwören. Es ist auch kaum bekannt, daß diese Gefahren mit Rute und Pendel nicht nur erkannt, sondern deren Beseitigung damit auch jederzeit überprüft und kontrolliert werden kann.
Während die Medizin mit einer kleinen Reform wegkommt, ist das bei den Geisteswissenschaften anders; als Beispiel mag die *Philosophie* dienen. Was würden Sie von einem Mann halten, der sich bemüht, ein wissenschaftliches Weltbild zu entwerfen, der aber streng darauf bedacht ist, die Grunderkenntnisse der Naturwissenschaften, insbesondere von Physik und Chemie auszusparen? Wahrscheinlich würden Sie sein Weltbild dahin schicken, wo es hingehört, in ein Kuriositäten-Kabinett. Nun hat Immanuel Kant ein Weltbild entworfen, das sicher scharfsinnig und genial durchdacht ist, als Grundlage aber lediglich die Naturwissenschaften benützt. Demgegenüber hat Emanuel von Swedenborg auch ein Weltbild erarbeitet, das allerdings ganz anders aussieht: sein Weltbild stützt sich neben den Naturwissenschaften auch auf die Erkenntnisse der ASW, Swedenborg selber war ja ein Medium, das mit Geistern wie mit

seinesgleichen verkehrte. Kant fühlte sich deshalb bemüßigt, Swedenborg als Geisterseher und Phantasten zu verunglimpfen, ja lächerlich zu machen. Man muß aber wissen, daß schon damals die große Masse der Gelehrten nichts mehr fürchtete, als lächerlich gemacht, als unwissenschaftlich abgestempelt zu werden. So gilt noch heute Immanuel Kant als großer Philosoph, Swedenborg dagegen als großer Geisterseher. Nach der Zeitenwende wird man es wohl nicht mehr verstehen, daß man einmal Philosophien ernst nehmen konnte, die zwar die materiellen Elemente zum Bau eines Weltbildes zusammengetragen haben, die es aber peinlich vermieden haben, Elemente der geistigen Welt mit einzubauen. Man wird vielleicht sagen, Kants Philosophie ist angewandte Naturwissenschaft, aber da ohne Geist, keine echte Geisteswissenschaft.

Die *Religion* muß den Menschen befähigen, seinen Standort zu bestimmen, sein Ziel zu sehen und muß ihm Mittel und Wege aufzeigen, um bei gutem Willen dieses Ziel auch erreichen zu können. Der Ausgangspunkt ist immer die materielle Welt, das Ziel ist immer die göttliche Ebene. Rein theoretisch ist das Ziel sehr leicht zu erreichen, es brauchen nur der physische und die diversen Seelenkörper abgelegt zu werden. Das Ablegen des physischen Körpers geschieht durch den Tod automatisch, doch erst dann beginnt das eigentliche Problem. Die verschiedenen Schalen der Seele können nur bei entsprechender Charakterstrukturierung abgestreift werden, und das erfordert guten Willen und harte Arbeit, am besten von Kindheit an.

Im Alten Testament waren Geisterbeschwörungen verboten, sogar mit dem Tode bedroht. Christus konnte sich souverän über solche Verbote hinwegsetzen, als er den Geist von Moses und Elias rief. Vielleicht hat Christus auch seine Jünger nicht nach Intelligenz und Bildung, sondern nach ihrer inneren Aufnahmefähigkeit und geistigen Durchlässigkeit ausgewählt.

Im Urchristentum wurde in »Zungen« gesprochen, Kranke und

Besessene geheilt und der Geist Christi erfahren. Man zelebrierte auf breiter Grundlage eine Kontaktaufnahme mit der geistigen Welt. Es war ein großer Fehler des späteren Christentums, eine mediale Begabung als entweder von Gott herrührend anzuerkennen oder aber auch willkürlich und oberflächlich zu verteufeln. Folgerichtig wurden deshalb manche Medien als Heilige verehrt, die meisten aber als Hexen und Zauberer verurteilt und verbrannt. Die geistige Welt wurde in Himmel und Hölle, die Menschen aber in Heilige und Sünder eingeteilt, die entweder ewige Glückseligkeit oder aber ewige Verdammnis zu erwarten hätten. Erst die moderne Parapsychologie erbrachte den Beweis, daß Medialität primär weder mit Gott noch dem Teufel zu tun hat und daß Wunder nicht einfach von Gott und Besessenheit vom Teufel herrühren müssen. Natürlich gibt es auch in der geistigen Welt die Polarität gut und böse, und Wahrheit und Irrtum oder Lüge, denn die geistige Welt ist ein getreues Spiegelbild der menschlichen. Trotzdem wird sich der Mensch damit abfinden müssen, daß er nur über die geistige Stufenleiter, über Bewußtseinserweiterung in die Nähe Gottes kommen kann. Solange ist für ihn primär nicht Gott, sondern die geistige Welt der Gesprächspartner, wie ja auch Christus gesagt hat: »Ich bin der Weg und die Wahrheit und das Leben; niemand kommt zum Vater denn durch mich« (Joh. 14,6). Swedenborg sagt dazu, Gott würde nur über die geistige Ebene in der materiellen Ebene wirksam werden.

Aus der Prophezeiung, wunderwirkende Engelpäpste würden wieder die reine Lehre Christi verkünden, darf geschlossen werden, daß der von Christus angebahnte Kontakt zur geistigen Welt wieder aufgenommen wird.

Verwunderung muß auch die Vorhersage erregen, das neue Christentum würde eines Tages den Islam überwinden. Heute sieht es doch so aus, als würde das durch ständigen Bevölkerungsschwund geschwächte Abendland eines Tages automatisch den angrenzenden kinderreichen islamischen Ländern in den Schoß fallen. Wie soll auch der laue Glaube eines heutigen Christen gegen den Fanatismus eines Muselmannes bestehen können? Für den entwurzelten Menschen der Krisenzeit mögen diese Befürchtungen zutreffend sein. Man sollte aber nicht übersehen, daß mit der Zeitenwende tatsächlich andere Zeiten anbrechen: Wo heute die Pflege eines Kindes den Menschen an Konsum und Lebensgenuß hindert, könnte eines Tages die Liebe zum Kind und zum Nächsten die Aufgabe und Erfüllung des irdischen Lebens sein. Wenn auch heute noch alle außersinnlichen Wahrnehmungen, da nicht im Sinne der klassischen Naturwissenschaften beweisbar, von der »Fachwissenschaft« abgelehnt werden, könnte doch eines Tages ein von allen Wissenschaften gemeinsam getragenes Weltbild die Grundlage einer religiösen Lebenshaltung sein. Einem von echtem Glauben und tiefer Religiosität getragenen Menschen ist aber kein noch so hoch gestecktes Ziel unerreichbar.

Ausklang

Nichts scheint den Menschen mehr zu beeindrucken als das eigene Erlebnis übersinnlicher Wahrnehmungen. Es ist noch gar nicht lange her, da schickte sich in einem kleinen niederbayerischen Dorfe eine alte Frau, eine redliche Bauers- und Gastwirtsfrau an, das Zeitliche zu segnen. Von ihren zahlreichen Kindern waren einige gekommen, um der Mutter den Abschied von dieser Welt zu erleichtern. Da aber im Sterbezimmer, damals noch im alten Haus, eine bedrückende Enge herrschte, hielten sich mehrere Personen mit den Enkelkindern in der geräumigen Küche neben dem Gastzimmer auf. Während nun die Großmutter sich zum Sterben anschickte, spielten die Enkelkinder in der Küche. Da strich plötzlich ein kalter

Windhauch durch den Raum, so daß alle erschrocken zu den Fenstern blickten, doch die 4 Fenster waren geschlossen, dafür aber purzelten gerade die 8 Scheibengardinen alle gleichzeitig auf die Fensterbretter, wo sie liegen blieben. Während sich noch alle gegenseitig betroffen anschauten, kam schon jemand die Treppe herab mit der Aufforderung, nach oben zu kommen, die Mutter sei eben verschieden.

Dieses Anmelden, also psychokinetische Phänomene, übersinnliche Wahrnehmungen beim Tode einer Bezugsperson, scheint deswegen so häufig zu sein, weil hier einige Faktoren zusammenwirken, die sich gegenseitig potenzieren: Ein Nachlassen der kritischen Verstandestätigkeit zugunsten eines mehr gefühlsmäßigen Erlebens, starke emotionelle Spannungen beim Herannahen des Todes und ein Aufreißen der festen Bindung der Seele an den Körper bis zur völligen Freigabe. Das Reißen der Silberschnur scheint bisher gebundene Energien plötzlich freizusetzen. Erinnert sei in diesem Zusammenhang auch an die Naturerscheinungen beim Tode Jesu.

Von Flüchtlingen aus der Bukowina wird eine Geschichte erzählt, die sich dort um die Jahrhundertwende ereignet hat und, obwohl unscheinbar, doch alle tief beeindruckte:

In dem Dorfe Czernowitsch lebten zwei Freundinnen, die etwa zur gleichen Zeit Hochzeit gefeiert hatten. Während nun die eine der beiden Frauen, Frau Anna, bald von einer Tochter entbunden wurde, stellte sich bei Frau Maria kein Nachwuchs ein. Das kleine Mädchen, die Anuschka, wuchs heran und sie spielte am liebsten auf dem Dachboden, wo ihr eine kleine Spielküche eingerichtet wurde. Jedoch im Alter von 4–5 Jahren starb die kleine Anuschka, die Trauer war riesengroß. Nicht lange danach stellte sich bei der Freundin, Frau Maria, auch Nachwuchs ein, es war wieder ein Mädchen. Die kleine Maruschka wuchs heran, und im Alter von etwa drei Jahren war sie auf Besuch bei der »Tante« Anna. Da stutzte die kleine Maruschka plötzlich und bat, auf den Dachboden gehen zu dürfen, um ihr blaues Töpfchen holen zu können. Auf die Frage, um was für ein Töpfchen es sich denn handle, erklärte sie bestimmt, sie habe das letzte Mal beim Spiel ihr blaues Töpfchen in den Ofen fallen lassen und wolle es nun wieder herausholen. Nun war aber seit dem Tode der kleinen Anuschka das Spielzimmer im Dachboden abgesperrt gewesen und von niemand mehr betreten worden. Da Maruschka unbedingt, wie sie behauptete, »ihr« blaues Töpfchen haben wollte, begab man sich auf den Dachboden, und siehe da, das blaue Töpfchen, das Anuschka besessen hatte, war noch von Spinnweben umgeben im Küchenherd. Maruschka nahm es an sich und war glücklich, »ihr« blaues Töpfchen wieder zu haben.

In dem vorliegenden Falle kann es sich um Hellsehen oder Gedankenübertragung der beteiligten Personen gehandelt haben. Denkbar wäre aber auch, daß der Geist der kleinen Anuschka sich bemerkbar gemacht hat, doch wer wollte das beweisen? Trotzdem, oder gerade deswegen sind solche Vorkommnisse dazu angetan, um in besinnlichen Stunden über sich, Gott und die Welt nachzudenken.

Quellenverzeichnis

Adlmaier, Dr. C.:Blick in die Zukunft. Chiemgaudruck, Traunstein/Obb., Ludwigstr. 13, 1961

Angerer, Anton: Der 3. Weltkrieg und was danach kommt. Kreuz-Verlag, Wien, Beatrixgasse 4, 1972

Bachmund, P. Norbert: Hellseher schauen in die Zukunft. Verlag Morsak, Grafenau, 1972

Becsi, Kurt: Aufmarsch zur Apokalypse. Paul-Zsolnay-Verlag, Wien–Hamburg, 1971

Bekh, Wolfg. Joh.: Bayerische Hellseher. Verlag W. Ludwig, Pfaffenhofen, 1976

Eller, Josef: Prophezeiungen über die Zukunft der Menschheit. Kreuz-Verlag, A 1150 Wien, Sechshauserstr. 24, 1972

Erbstein, Max: Der blinde Jüngling. Kammwegverlag, 1972

Friedl, Paul: Prophezeiungen aus dem bayerisch-böhmischen Raum. Rosenheimer Verlagshaus, 1974

Geymüller, H. de: Swedenborg und die übersinnliche Welt. Deutsche Verlagsanstalt, Stuttgart–Berlin, 1936

Gustafsson, A.: Merkwürdige Geschichte – Die Zukunft der Völker, vom Eismeerfischer Anton Johansson gesehen. Sverigefondens Förlag, Stockholm, 1953

Kahir, M.: Nahe an 2000 Jahre. Turm-Verlag, Bietigheim Württ., 1961

Noorbergen, Renè: Leben und Prophezeiungen der Jeane Dixon. Turm-Verlag, Bietigheim Württ., 1969

Philberth, Bernhard: Christliche Prophetie und Nuclear-Energie. Christiana-Verlag, Stein, 1972

Putzien, Rudolf: Nostradamus, Weissagungen über den Atomkrieg. Drei-Eichen-Verlag, München–Engelberg, 1968

Register

Aiello, Helena: (1895–1961) Cosenza, Süditalien; sie war stigmatisiert. Z. n. Angerer.

Antonius: Einsiedler, geboren 1820, lebte in der Umgegend von Aachen. Z. n. Becsi.

Asdente, Rosa Columba: (gestorben 1847) Nonne in Taggia, Italien. Z. n. Eller.

Blinder Jüngling: Prophezeite 1356 in Prag vor dem Kaiser Karl IV. Z. n. Erbstein.

Böhme, Jakob: (1575–1624) Schuhmachermeister in Görlitz, der »Gramprophet«. Z. n. Kahir.

Bourg, Josefa de: (gestorben 1870), Toulouse (Frankreich) Stifterin der Kongregation der Schwestern vom heiligen Erlöser. Z. n. Eller.

Cäsarius von Heisterbach: (1180–1240) Zisterzienserprior von Köln. Z. n. Eller.

Claesson, Birger: Pfarrer in Schweden, hatte 1950 ein Gesicht. Z. n. Putzien.

Dixon, Jeane: Eine derzeit lebende Immobilienhändlerin in Nordamerika, die sich großer Berühmtheit erfreut. Z. n. Noorbergen.

Don Bosco: (1815–1888) Ordensgründer, Turin. Z. n. Eller.

Feldpostbriefe: 1914 wurden von einem Soldaten R., der im Elsaß stand, die Prophezeiungen eines »spinneden« Zivilisten in 2 Feldpostbriefen nach Hause berichtet, die die drei Weltkriege behandeln. Z. n. Angerer. Z. n. Bekh.

Franz von Paula: (gestorben 1508) Einsiedler in der Nähe von Neapel, Wundertäter und Prophet. Z. n. Eller.

Garabandal: Am 18. 6. 1961 hatten 4 etwa 11jährige Mädchen in dem Bergdorf San Sebastian in Nordspanien erstmals eine Erscheinung, der noch bis zum Jahre 1965 mehrere nachfolgten. Z. n. Eller.

Hepidanus von St. Gallen: Schweiz um 1080, Mönch. Z. n. Eller.

Higginson, Theresa Helena: Eine stigmatisierte englische Lehrerin. Sie schrieb im Jahre 1880 in einem Brief an ihren Seelenführer Prophezeiungen nieder (gestorben 1905). Z. n. Eller.

Jasper: Genannt der alte Jasper, ein Kleinbauer namens Wessel Dietrich

Eilert, (1764–1833). Ein Patriarch der westfälischen »Spöken-Kieker«. Z. n. Eller.

Johansson, Anton: (1858–1927) Eismeerfischer aus Finnmarken. Z. n. Gustafsson.

Junge von Elsen: Einäugiger Bauer aus Elsen bei Paderborn; gedruckt 1848. Z. n. Putzien.

Irlmaier, Alois: (1894–1959) Brunnenbauer in Freilassing. Z. n. Adlmaier.

Knopp von Ehrenberg: Johann Peter Knopp (1714–1794) aus Westfalen. Z. n. Eller.

Kugelbeer: Ein Bauer aus Lochau bei Bregenz am Bodensee. Er hatte 1922 Visionen, zuerst im Traum, später im Wachzustand. Z. n. Angerer.

Leistnerin, Katharina: (gestorben 1831) war ein umherziehendes Bettelweib aus dem Schwarzwald. Z. n. Backmund.

Lichtenberger, Johannes: Um 1488 in der Prophezeiung »Prognosticatio«. Z. n. Putzien.

Lied der Linde: Das Lied der Linde: In einem hohlen Stamme einer uralten Linde, die an einem Hohlweg zum Friedhof in Staffelstein steht, wurde vor ca. 100 Jahren ein Gedicht gefunden. Der Verfasser ist unbekannt; die Verse bringen eine Weissagung über die deutsche Geschichte. Z. n. Adlmaier.

Lorber: Jakob, der »Schreibknecht Gottes« 1800 – nach 1860. Ein Musiklehrer aus Graz, der in seinem vierzigsten Lebensjahr eine innere Stimme vernahm, die ihm gebot: »Nimm deinen Griffel und schreibe!«. Er hat 25 umfangreiche Bände, darunter das zehnbändige Werk »Das große Evangelium Johannes« geschrieben. Z. n. Kahir.

Malachias, Päpsteweissagung: Eine der berühmtesten Prophezeiungen der Weltgeschichte. Sie wird dem heiligen Malachias, Erzbischof in Irland (gestorben 1148) zugeschrieben. Wahrscheinlich handelt es sich aber um eine Ende des 16. Jahrhunderts entstandene Wahrsagung eines anderen Sehers. Z. n. Angerer.

Maria Laach, Mönch: Klostermönch (16. Jahrhundert). Z. n. Eller.

Mühlhiasl: Unter diesem Namen werden hier die Prophezeiungen der Waldpropheten zusammengefaßt. Es sind dies:

1. Matthias Stormberger, Waldhirte und Aschenbrenner zu Rabenstein (18. Jahrhundert).

2. Der Mühlhiasl von Apoig, Matthias Lang (1753–?). Er war Waldhüter, Mühlknecht und Waldhirte. Über seinen Tod ist nichts bekannt. Seine Prophezeiungen leben heute noch im niederbayerischen Volk. Die Vor-

hersagen beider Seher decken sich zum großen Teil, so daß sogar behauptet wird, es hätte überhaupt nur einen Seher im Bayerischen Wald gegeben. Z. n. Paul Friedl und N. Backmund.

NECTOU, Pater, SR: War Vorsteher eines Hauses der Jesuiten in Belgien. Um 1760 weissagte er vieles, was inzwischen eingetroffen ist. Z. n. Angerer.

NOSTRADAMUS: War einer der größten Seher aller Zeiten, er lebte von 1503–1566 in Südfrankreich. Er war Leibarzt und Berater der Könige, Astronom und Astrologe. Seine Vorhersagen reichen nach eigenen Angaben von 1555 bis 3797 nach Christus und sind in etwa 1000 Versen enthalten. Leider hat es Nostradamus für notwendig gehalten, die Reihenfolge der Verse nach einem bisher unbekannten Schlüssel zu versiegeln. Ebenso sind gelegentlich Namen entstellt, so daß allen Versen eine gewisse Unsicherheit anhaftet. Z. n. Putzien.

PFARRER, katholischer: Aus: P. Ellerhorst, »Prophezeiungen über das Schicksal Europas«. Z. n. Becsi S. 281.

PRIESTER, Nähe Salzburg: DRM Nr. 38 vom 29. 8. 1975.

PROKOP: Waldhirte im Bayerischen Wald um 1920 (1887–1965). Z. n. Friedl.

ROCCO, Ludovico: OFM Der Franziskaner vom Berge Sinai. Ein Franziskanermönch, der die Heiligen Stätten in Palästina besuchte. Er starb 1840 am Berge Sinai nach 5wöchiger Krankheit, während welcher er von Zeit zu Zeit aus tiefer Bewußtlosigkeit aufwachte und weissagte. Z. n. Angerer.

LA SALETTE: In der Bergeinsamkeit von Grenoble hatten 1846 zwei Kinder eine Erscheinung Mariens, die überliefert ist. Z. n. Angerer.

SCHLINKERT, Peter: Der Seher im Möhnetale. Z. n. Putzien.

SIBYLLINISCHE Bücher: Oracula Sibyllina von Friedlieb 1852. Z. n. Putzien.

SPIELBÄHN: Bernhard Rembort (1689–1783). War der Sohn eines armen Leinewebers in Eschmar an der Sieg im Rheinland und versah häufig Botengänge für die Klöster Siegburg und Heisterbach. Da er Geigen spielen konnte, wurde er Spielbähn genannt, Bähn als Kurzform für Bernhard. Z. n. Eller.

SWEDENBORG, Emanuel von: (1688–1772) verfaßte bahnbrechende Bücher über Geologie, Mathematik, Physik, Astronomie, Kosmologie, Anatomie, Biologie. Seit dem Jahre 1745 war er mit übersinnlichen Fähigkeiten ausgestattet. Jetzt schrieb er grundlegende Arbeiten über Psychologie, Theologie und Philosophie.

SYBILLE, Seherin von Prag: Die Tochter eines verarmten Grafen, gestorben 1658. Sie kam mit Zigeunern viel in der Welt umher. Z. n. Putzien.

TAIGI, Anna Maria: (1769–1837) Rom, Mutter von sieben Kindern, wurde 1920 selig gesprochen. Z. n. Angerer.

WERL, Mönch: Um 1701. Z. n. Putzien S. 318.

WUDI, Sepp: Ein Bauernknecht vom Frischwinkel, der vor dem 1. Weltkrieg auf Fragen des Bauern gelegentlich Vorhersagen machte. Z. n. Paul Friedl.

Inhaltsverzeichnis